지시가 아닌
질문의 리더십으로
경영의 패러다임을 바꿀
대한민국의 리더들에게
이 책을 바칩니다

_____님께

_____드림

지시 말고 질문하라

셀프헬프   "나다움을 찾아가는 힘"
self·help
시 리 즈   사람들은 흔히, 지금의 내가 어제의 나와 같은 사람이라고 생각한다. 이것만큼 큰 착각이 또 있을까?
사람들은 매 순간 달라진다. 1분이 지나면 1분의 변화가, 1시간이 지나면 1시간의 변화가 쌓이는 게
사람이다. 보고 듣고 냄새 맡고 말하고 만지고 느끼면서 사람의 몸과 마음은 수시로 변한다. 그러니까
오늘의 나는 어제의 나와는 전혀 다른 사람이다. 셀프헬프self·help 시리즈를 통해 매 순간 새로워지는 나 자신을
발견하길 바란다.

self·help
시리즈⑰

지시 말고 질문하라

1쇄 발행. 2021년 7월 30일
2쇄 발행. 2021년 8월 15일
3쇄 발행. 2022년 6월 30일

지은이. 이관노
발행인. 김태영
발행처. 도서출판 씽크스마트
주소. 서울특별시 마포구 토정로 222(신수동) 한국출판콘텐츠센터 401호
전화. 02-323-5609·070-8836-8837
팩스. 02-337-5608
메일. kty0651@hanmail.net

ISBN 978-89-6529-277-7 13320

이 도서의 국립중앙도서관 출판예정도서목록(CIP)은 서지정보유통지원시스템 홈페이지(http://seoji.nl.go.kr)와
국가자료공동목록시스템(http://www.nl.go.kr/kolisnet)에서 이용하실 수 있습니다. (CIP제어번호: CIP2018002245)

씽크스마트 더 큰 세상으로 통하는 길
도서출판 사이다 사람과 사람을 이어주는 다리

도서출판 '사이다'는 사람의 가치를 발하며 서로가 서로의 삶을 세워주는 세상을 만드는 데 기여하고자 출범한
인문학 자기계발 브랜드 '사람과 사람을 이어주는 다리'의 줄임말이며, 도서출판 '씽크스마트'의 임프린트입니다.

ⓒ2021 씽크스마트
이 책에 수록된 내용, 디자인, 이미지, 편집 구성의 저작권은 해당 저자와 출판사에게 있습니다.
전체 또는 일부분이라도 사용할 때는 저자와 발행처 양쪽의 서면으로 된 동의서가 필요합니다.

지시 말고
질문하라

당신이 조직을
이끌
단 하나의
방법

이관노 지음

'나처럼 해봐' 보다
'나와 함께 하자'

지금도 목표를 향해 조직을 이끄는 것이 리더십의 핵심이라고 주장하는 사람이 있습니다. 맞는 것 같지만 시대 지난 주장입니다. 과거의 수직적인 기업문화에서는 조직을 일사불란하게 이끄는 것이 최고의 리더십이었습니다. 대부분의 리더들은 자기 경험과 신념으로 무장하고 확고한 자기 기준을 가지고 조직을 이끌었지요. 이때 누가 더 자기 경험과 신념을 과격하게 추진하느냐가 좋은 리더의 기준이었습니다. 그러나 리더가 자기 경험과 신념에 갇히면 이미 생산된 답으로 조직을 이끌게 됩니다.

이런 환경에서는 똑같은 결과물만 계속 재생산되고 확대될 수밖에 없습니다. 똑같은 과정이 반복되는 상황에서 생각은 거추장스런 것이 되었고, 질문은 한가한 사람이나 하는 것으로 여겨졌습니다. 그렇다 보니 구성원들은 생각 없이 수용에 길들어졌습니다. 리더는 조직을 이끈다고 생각했겠지만 구성원들은 생각 없이 끌려갔던 것입니다.

그러나 디지털 공동체 속에서 성장한 신세대들이 조직 구성원의 주축이 되고 있는 요즘, 리더십에도 변화가 불가피해졌습니다. 공동체란 구성원이 일정한 공간과 시간 속에서 상호 의존적 관계를 유지하는 것을 의미합니다. 즉 참여와 공유가 공동체의 핵심 가치라고 할 수 있지요. 신세대들은 참여를 통해 자기 생각을 표현하고 지적 공유를 통해 활발하게 상호작용을 합니다. 그리고 이런 가치를 통해 자기 존재감을 느끼며 관계를 공고히 해갑니다. 그들은 자기중심적인 사고를 가지고 있으면서 일에 흥미를 느끼고 싶어하고, 잘 할 수 있는 일을 선호하며, 시키는 일이 아니라 하고 싶은 일을 하고 싶어합니다.

많은 글로벌 기업들이 자율적인 근무환경과 수평적인 조직문화로 바꾸는 것도 이런 상황과 무관하지 않습니다. 그러나 단순히 신세대들에게 맞추기 위해서만은 아닐 것입니다. 새로움을 창조하지 않고 따라하고 모방해서는 더 이상 시장에서 살아남을 수 없다는 것을 알기 때문입니다. 즉 구성원들의 창의적 사고가 필요해서입니다.

창의적 사고의 기능에는 짧은 시간 안에 문제를 해결하고 독창적 아이디어를 만들어낼 수 있는 유창성, 하나의 문제에 대해 다양한 해법을 추구하는 융통성, 관습화된 가치와 해결 방식으로부터 벗어나 문제를 뒤틀어서 해결하는 독창성, 그리고 이런 생각의 결과를 좀 더 정교하게 다듬어서 종합하는 정교성이 있습니다. 기업들이 환경과 문화를 바꾸는 것은 이런 기능이 활발하게 작동되게 하기 위해서입니다. 이제 조직은 상명하달식 지시 문화하고는 완전히 다른 의미를 가지게 된 것입니다.

우리는 지금 한 번도 예상하지 못한 코로나19 팬데믹 상황 속에 있습니다. 팬데믹으로 인해 온라인 공간에서 더 많은 것이 만들어지고 연결되면서 직장에서도 이미 언택트와 재택근무가 뉴노멀이 되었습니다.

그러나 이런 환경이 편하고 좋을 것이라고 예상했던 것과 달리, 시간이 지나면서 사람들은 동료들과 진정으로 연결되고 공감을 느끼며 일하기를 원하고 있습니다. 기기에 의존하고 문자와 메일이 인간관계를 대체하면서 외로움과 불안감을 느끼고 있다는 것입니다. 그뿐 아닙니다. 잦은 화상회의와 의사결정 지연으로 업무효율은 떨어지고 스트레스만 높아진다고 합니다.

그래서일까요. 경제지 〈포춘〉에 따르면 최근 미국에서는 직원들이 사무실 출근에 적극적이고, 기업들도 대면 출근을 적극 추진하거나 검토한다고 합니다. 특히 효율과 혁신, 창의성, 소통을 생명으로 여기는 실리콘밸리의 테크기업들이 비대면 재택근무의 한계를 느끼고 있다고 합니다. 아마존이나 구글은 물론 미국의 대부분의 기업들도 코로나19에 대한 집단면역이 달성되는 대로 전면 출근을 추진한다고 합니다. 국내에서도 최근 서울대학교가 2학기부터 전면적으로 대면수업을 재개해 교육을 정상화할 것이라는 보도가 있었습니다.

우리가 코로나 이후 비대면 재택근무가 대세가 될 것이라 생각하고 여기에 맞는 조직과 환경을 바꿀 준비를 하고 있는 것과는 대조적이지요. 왜 다시 대면 출근으로 회귀하는지 저도 처음에는 의아했습니다. 그런데 코로나19로 인해 언택트나 재택근무의 효율성보다 의사소통, 구성원 간의 신뢰, 업무의 공유와 공감, 의사결정 등 조직에서의 자율과 책임에 관련한 문제가 심각하다는 말을 많이 하는 것을 보면 이해됩니다. 특히 신세대들은 자기 역량을 충분히 발휘하지 못하는 것에 힘들어하고, 조직은 상호작용을 통한 잠재력을 발휘하지 못하면서 개인은 물론 조직도 고충을 토로하고 있는 것입니다.

저자는 이러한 문제해결을 질문에서 찾고 있습니다. 사실 질문은 사람만이 할 수 있는 유일한 도구입니다. 인류는 답이 아니라 질문에 의해서 발전했다는 것을 누구도 부인할 수 없지요. 결국 조직의 문제도 답이 아니라 질문에 있습니다. 다시, 사람에 집중해야 합니다.

이 책은 매우 시기적절한 책입니다. 4차 산업혁명으로 급변하는 환경에서 방향 감각을 잃은 리더는 물론 좋은 리더가 되기를 희망하는 예비 리더들에게도 좋은 이정표가 되리라고 생각합니다. 좋은 조직은 좋은 구성원이 많은 조직을 말합니다. 그러나 좋은 리더 없이 좋은 조직이란 없습니다. 새로운 시대에 새로운 리더십을 고민하는 분들께 일독을 권합니다. 책 속에 이런 말이 나옵니다. '나처럼 해봐'라고 하기보다 '나와 함께 하자'. 구성원들과 함께라면 어떤 어려움도 이겨내며 이곳에서 저 곳으로 빠르게 이동할 수 있을 것입니다.

롯데인재개발원 원장 **윤 종민**

최고의 리더십은
질문이다

과거의 리더는 지시하는 사람이었다면
미래의 리더는 질문하는 사람이다.

피터 드러커

시대를 많이 담아야 좋은 리더십이다.

사람은 부모를 닮기보다 시대를 닮는다는 말이 있다. 시대를 닮는다는 것은 자신의 일상적 삶을 통해 세상에 참여함을 의미한다. 우리는 참여를 통해 세상과 어울리고 세상의 일부를 만들어간다.

또한 시대를 닮는다는 것은 현재를 산다는 의미이다. 현재를 산다는 것은 만들어진 대로 사는 것이 아니라 세상을 만들어가는 것이고, 한 줄기 아름다운 빛으로 참여하는 것이다.

시대와 잘 어울리는 삶이 좋은 삶이다. 그러나 모두가 좋은 삶을 사는 것은 아니다. 어떤 사람은 세상이 만들어 준 대로 살고, 성공의 기억으로 사는 사람도 있다. 편안할지 모르지만 비겁하고 안타까운 일이다.

북극을 가리키는 나침판의 바늘 끝이 멈추지 않고 떨고 있으면 바늘이 가리키는 방향을 믿어도 좋다. 그러나 바늘이 떨림을 멈추고 어느한 쪽에 고정될 때 우리는 그것을 믿어서는 안 된다. 이미 나침판의 기능을 상실했기 때문이다.

이처럼 어떤 리더는 현재를 과거의 시선으로 보고 과거의 시간 속에만 머물러 있다. 이런 리더들은 과거의 경험을 기준으로 부하들에게지시를 내리는 것에 익숙하다. 시간의 흐름을 모르고 자신의 경험 속에서만 답을 찾으려고 하며, 오로지 자신의 경험만 최고로 삼는다. 자기 경험을 최고의 가치로 삼는다는 것은 그 외의 다른 것은 부정한다는 말과 다르지 않다. 이들에게 있어 다른 사람의 의견은 중요하지 않고, 오직 지시에 순종하고 만들어진 대로 살아가기를 요구한다. 지시는 일방적이고 수직적이면서 다름을 부정하고, 천 개의 문제가 있어도답은 오직 하나라고 생각한다. 이들에게 있어 답은 만들어가는 것이아니라 이미 만들어진 것이다.

이런 리더는 권위 또한 자리에서 나온다고 믿는다. 그래서 부하직원에게 질문하는 것은 품위를 잃는 일이고, 부하직원의 질문을 권위에대한 도전이며 버릇없는 행위라고 생각한다. 이들에게 새로운 세대는언제나 버릇없는 놈일 수밖에 없다.

다음 이야기를 통해 자신을 한번 들여다보자.

초(楚)나라의 어떤 칼잡이가 장강을 건너기 위해 나루터에서 배에 올라 뱃전에 앉았다. 그런데 배가 강 중간쯤에 도착했을 때, 배가 출렁거리는 차에 검객이 차고 있던 칼이 그만 강물에 빠지고 말았다. 놀란 검객은 급히 작은 단도로 떨어뜨린 뱃전에 표시하면서, "이곳이 칼을 떨어뜨린 곳이다."라고 표시했다. 배가 건너편 나루터에 도착하자 검객은 칼을 찾아야겠다고 표시해 놓은 뱃전에서 물에 들어가 칼을 찾으려고 했다. 배는 이미 움직였으나 칼은 움직이지 않았으니 칼을 찾을 도리가 없었다. 우리가 알고 있는 각주구검(刻舟求劍)의 유래다.

이 이야기는 시대의 변천도 모르고 낡은 것만 고집하는 미련하고 어리석음을 비유적으로 표현한 이야기다. 이 이야기를 통해 나는 어떤 리더인지 한 번쯤 돌아볼 필요가 있다. 이야기 속의 칼잡이가 그랬듯이 지금도 과거 경험을 기준으로 타성에 젖어 일을 지시하고 있는지, 아니면 매일 변하는 상황에 맞서 새로운 문제를 발견하기 위해 구성원들과 함께 지혜를 모으고 있는지 말이다.

내가 생각하는 좋은 리더와 리더십은 이와는 좀 다르다. 시대를 많이 닮아야 좋은 리더이고, 시대를 담고 있어야 좋은 리더십이라고 생각한다. 좋은 리더는 변화에 민감하여 온몸으로 세상의 변화를 느낀다. 과거 경험보다 현재의 삶 속에서 답을 찾으려고 한다. 과거와 현재, 미래를 분류하지 않고 한 나무에서 피고 지는 꽃이라 생각한다. 경험은 현재를 살아가는 자양분으로 쓸 뿐 기준으로 삼지 않는다. 그리고 과거의 답을 타성과 관습 그리고 확정 속에 굳어 있는 화석같이 생각한다. 그들은 어제의 답과 오늘의 답이 다르다는 사실을 알고 있다.

또한 좋은 리더는 새로운 답을 찾기 위해 질문 활동을 게을리하지 않는다. 질문한다는 것은 끝없이 처음으로, 모르는 상태로 되돌아가는 것이다. 스스로 모름을 인정하고 매일 원점으로 되돌아감으로써 현실을 직시한다. 현실을 제대로 볼 수 있어야 미래를 상상할 수 있고 비전을 제시할 수 있다. 리더라면 마땅히 그래야 한다.

질문은 우리가 가지고 있는 최고의 도구다.
우리는 지시하고 지시받는 것에 익숙하기 때문에 질문이 서툴고 어색하다. 그러나 어떤 일이든 자주 하면 익숙해지는 법이다. 질문도 그렇다.

질문은 윗사람이 아랫사람에게 하는 것이 아니다. 모르는 사람이 알기 위해 하는 활동이다. 그러기에 질문자는 겸손해지고 답변자는 존중받는 느낌을 가지게 된다. 우리는 존중받고 있다고 느낄 때 존재의 가치도 느낀다. 자신의 가치를 인정받는 사람은 자율적이고, 자율적인 사람은 책임감이 강하다.

질문은 알려고 하는 사람과 알려주고자 하는 사람 사이의 상호작용이다. 그리고 누구라도 배우고 배움을 줄 수 있는 관계를 형성할 수 있기 때문에 자연스럽게 수평적 문화가 만들어진다.

그리고 질문은 질문자의 활동이라기보다는 답변자의 활동이다. 때문에 답변자는 생각이 깊어지고, 상대방의 말에 귀를 기울이게 된다. 또한 질문에 대한 답을 찾는 활동을 통해 학습하게 된다. 조직의 학습 문화 또한 질문이 만든다. 그래서 질문이 있는 조직은 언제나 활기차고 시끄럽다.

지금 당신의 조직은 침묵을 금으로 생각하는가 아니면 활기차게 시끄러운가? 아니면 지금도 회의가 결론 없이 끝나거나, 각자 준비해 온 자료만 보고하고 모두 침묵하는가? 대부분의 조직은 질문 없이 리더의 설교를 듣고 경영진이 의도하는 방향으로 결론이 난다. 답은 이미 정해져 있고 단지 직원들은 답을 확인하기 위해 모였을 뿐이다. 부하직원들의 의견과 질문이 없는 회의에는 리더의 지시만 있을 뿐이다. 이런 조직의 리더는 말 없는 부하직원들이 무능하고 의욕도 없다고 탓하지만, 사실은 그들도 몰라서 말이 없는 것이 아니다. 상호 불신은 이렇게 만들어진다.

불신은 구성원들에게 심리적 불안감을 준다. 심리적으로 불안한 조직의 구성원들은 자기 생각을 표현하는 것을 두려워하고 상사의 평가를 의식한다. 이런 조직은 창의는 없고 지시에 대한 수용만 있다. 그러나 심리적으로 안전한 조직은 리더가 겸손하고, 지시보다 질문을 한다. 구성원이 의견을 말해도 무시하거나 질책하지 않고, 평가에 대한 두려움을 없게 하며, 권한은 위임되고 일은 자율적이다. 창의는 자율 속에서 싹튼다.

이 책은 4차 산업혁명이라는 새로운 전환기 속에서 신세대와 함께 일해야 하는 리더의 리더십을 다루고 있다. 나는 그 리더십의 중심에 '질문'을 두었다. 이 시대의 많은 리더들이 작은 규칙과 관행 그리고 자기 경험에 얽매여 산다. 그러면서 '변화'라는 커다란 원칙을 잊고 산다.

변화는 살아 있음을 의미한다. 또한 변화는 시대와 어울리며 세상과 자신 사이의 균형을 잡아가는 활동이다. 변화하지 않는 것은 죽은 것이다. 그대의 리더십이 어제의 기준과 답에 의존하고 있다면 그것은 죽은 리더십이다. 죽은 리더십은 조직도 죽인다. 그러므로 다른 사람이 만들어 준 대로 살아가고 있을 때 우리는 이미 죽은 것이며, 4차 산업혁명의 희생자가 될 뿐이다.

그러나 질문은 다음 단계로 넘어가기 위한 문지방이며, 새로운 세계로 진입하게 해 주는 안내자다. 우리는 지금 한 번도 경험해보지 못한 새로운 세계로 들어서고 있다. 질문은 지금껏 매달려온 신념이나 편견을 넘어 낯선 시간과 장소에서 리더가 마주하고 통과해야만 하는 문이다.

집필 도중 'COVID 19' 팬데믹이 엄습했다. 그리고 직장에서는 리더의 역할과 리더십의 시각도 상당한 변화를 가져다주고 있다. 불안과 혼란이 커지면서 리더의 역할이 더 중요해졌다. 이런 상황에서 리더의 위기관리 능력이 시험대에 오른다는 점도 주목해야 한다. 어떤 측면에서는 이번 COVID 19 사태가 기업 내에서 '좋은 리더'가 누구인지 구별할 기회를 제공한 것으로도 볼 수 있다. 그런 만큼 리더와 구성원들과의 관계 또한 재정립이 필요하다.

특히 재택근무가 일상인 언택트 시대에 리더의 소통 능력은 어느 때보다 중요하다. MZ(1980년대 초~2000년대 초반 출생자) 세대들은 비대면과 재택근무가 뉴노멀이 되면서 심리적 편안함을 느끼면서도 시간이 지남에 따라 불안감을 보이기 때문에 리더의 소통을 위한 연결 능력도 중요해졌다. 그뿐 아니다. 대면의 기회가 줄어든 만큼 리더의 정확한 업무 공유와 공감 능력, 자율과 책임감을 갖고 자기 역량을 충분히 발휘할 수 있는 문제 해결 능력도 매우 중요해졌다. 어떻게 이런 역량을 한 번에 키울 수 있냐고 반문할 수 있다. 그러나 방법은 간단하다. 지시하지 않고 질문하면 된다. 질문이 최고의 리더십이다.

생각해보면 나도 직장에서 상사로부터 열린 질문을 받았을 때 가장 일할 맛이 났다. 그때 처음 내가 인정과 존중을 받고 있다는 생각을 했다. 상사의 열린 질문을 받았을 때 상사가 나를 신뢰한다고 생각했고, 나도 상사를 믿고 존경했다. 질문을 받았을 때 처음으로 시키는 일이 아니라 스스로 생각하는 일을 하게 되었고, 생각하는 일을 하니까 문제 해결 능력도 커졌다. 그렇게 스스로 문제를 찾고 해결하면서 일도 즐겁고 재미있는 놀이가 될 수 있다는 것을 알았다. 일이 재미있어지면서 자신감과 자부심을 갖게 되었고, 이후 일을 주도적으로 했던 기억이 난다. 그리고 리더가 되어 그렇게 실천하려고 노력했다. 이제 그대가 질문할 차례다.

2021년 6월 **이관노**

CONTENTS

1장

질문하는
리더만이
살아남는다

질문을 정확히 제기하는 능력은
리더가 갖춰야 할
가장 중요한 역량이다.

도널드 피터슨(前 Ford CEO)

정보 권력이 사라졌다

정보는 비밀스러운 만큼 힘을 가지고 있다. 그래서 정보는 그동안 소수가 독점하면서 권력으로 사용하기에 가장 좋은 도구였다. 정보 권력을 지닌 이들로 인해 조직은 수직적이고 폐쇄적으로 변했다. 직급에 따른 계급과 계층이 먹이 사슬처럼 형성되었다. 윗사람은 아랫사람 위에서 군림하려고 하고, 아랫사람은 윗사람에게 아첨하면서 자기보다 더 아래에 있는 사람들 위에서 군림하려고 하였다. 갑과 을의 탄생 배경이다.

나는 직장에 있을 때 이런 것을 많이 봤다. 조직의 동향을 먼저 접할 수 있는 위치에 있던 관리자들이 윗사람의 동향을 비밀스럽게 관리하며 정보의 비대칭을 만들었다. 그리고 자기한테 정보를 집중시켜 권력으로 삼았다. 그뿐 아니라 이들은 전략 없이 전술에 치중하며 자기 사람을 만들어 줄을 세우고 자리 보존을 위한 자기 경영을 했다.

이런 독점적 관리가 가능했던 것은 정보가 위에서 아래로 내려오는 흐름이 길었기 때문이다. 정보의 가치는 느리게 흐를수록 커진다. 그래서 아랫사람들이 정보를 궁금해하고 예측이 난무할수록 정보를 가진 자의 권력 또한 커진다.

이런 조직은 지시와 통제에 익숙하다. 창의성은 없고 오직 지시와 수용만 있을 뿐이다. 외부의 통로는 제한되고 부서 간 교류도 단절되며 이타는 없고 이기만 만연하다. 일은 공유되지 않고 리더들은 구성원들이 시키는 일만 하면 된다고 생각한다. 지시하고 통제하는 것이 더 빠르고 효율적이라고 생각하기 때문이다. 모든 것을 통제해야 마음도 편하고 일의 결과도 좋다고 확신한다. 그러나 확신이 강한 만큼 구성원에 대한 불신은 커진다. 불신이 쌓일수록 사사건건 간섭하게 되고 이로 인해 업무처리는 길어지고 필요 없는 에너지 소모가 많아진다.

명령에 따라 일사천리로 일이 진행된다는 것은 다름을 인정하지 않는 것과 다르지 않다. 나와 다른 사람을 거부하고 멸시하며 외면한다. 그러면서 자기 명령대로 일이 처리되고 규칙을 지키고 기밀이 유지되는 문화가 안정적이라고 생각한다. 그러나 안정과 안전은 새로운 것을 시도하고 자신의 한계를 넘어서는 것을 방해한다. 이것은 안정이 아니라 폐쇄이며, 수직적 사고가 낳은 해악이다. 다행히도 지금까지는 느린 변화의 영향으로 조직도 자리도 보존할 수 있었다.

정보가 공유되는 시대가 되면서 데이터의 생성과 소비가 우리의 일상에서 보편화되었다. Alcatel Lucent의 연구에 따르면 사람들은 아침에 일어나자마자 스마트폰을 손에 쥐며, 하루 평균 150번 정도 스마트폰을 본다고 한다. 수십 번씩 각종 SNS에 접속하여 업데이트된 소식을 확인하고 구독하는 정보를 탐독한다. 포털에 업데이트된 뉴스를 읽고 그 중에서 내게 유용한 정보를 '즐겨찾기' 하거나 '북마크' 하거나 댓글을 달거나 '좋아요'를 하는 등, 일련의 활동을 통해 수많은 정보와 씨름하거나 배열하거나 재가동한다. 검색과 접속으로 시간을 소비하지만 나에게 의미 있는 정보를 놓치지 않기 위해 실시간으로 갖가지 정보를 확인하는 것이 생활습관이 되었다. 인터넷의 발달로 인해 위에서 아래로 일방적으로 흐르는 '정보 발신의 권력'이 더 이상 큰 의미를 가지지 못하게 된 것이다.

그런데 지금도 정보를 독점할 수 있는 것으로 취급하고 막강한 힘을 가지고 있다고 생각하는 사람이 있을까? 어이없게도 많다. 조직의 많은 관리자들이 지금도 사내 정치를 통해 얻은 찌라시 수준의 정보를 가지고 일방적으로 가치를 규정하고 힘으로 과시하고 있다. 그런가 하면 정보의 발신지가 윗선이라며 정보 권력의 가치를 높이려 하지만 누구도 그런 정보를 신뢰하지 않는다.

이제는 정보가 가지고 있는 의미, 가능성, 필요한 가치와 같이 콘텍스트(context)를 부여할 수 있는 존재의 중요성이 더 커졌기 때문이다.

이제는 더 이상 정보를 독점할 수 없는 시대가 되었다. 누구나 정보를 발신하고 접속하고 소비, 공유할 수 있게 되었다. 즉, 위에서 아래로 흐르지 않고 사방으로 흐르며 빠르게 변하고 소멸한다는 뜻이다. 허락받지 않아도 동시에 수천, 수만 명이 단 몇 초 만에 소통하고, 정보를 가진 자는 못 줘서 안달이다. 얻고자 하는 것은 무엇이든 얻을 수 있고 찾고자 하는 것 또한 무엇이든 찾을 수 있다.

이제 리더의 힘이 조직의 조직도에서 온다는 믿음을 버려야 한다. 정보가 물처럼 흐르는 시대에 위계의 힘을 빌려 영향력을 행사하려 하는 것은 돈이 없는 계좌에서 돈을 찾으려고 하는 것처럼 어리석은 일이다. 이제 리더의 힘은 독점에서 오는 것이 아니라 경영의 모든 정보를 투명하게 공유하는 데에서 온다.

정보를 가지고 이동하는 시대

창업자 스튜어드 버터필드는 '조직 구성원 모두가 회사의 모든 것을 알아야 한다.'는 취지에서 세계 최대의 기업용 메신저인 '슬랙(Slack)'을 만들었다. 빠른 의사결정이 필요한 경영 환경에서는 누구라도 최적의 의사결정을 할 수 있어야 하는데, 그러기 위해서는 회사가 돌아가는 상황을 알아야 하기 때문이다.

기업들은 슬랙을 이용하면서 일정 메일은 물론 직원 간의 모든 대화까지 통합된 파일을 공유하며 일을 하게 되었다. 현재 슬랙은 전 세계 150개국에서 약 50만 개 이상의 기업이 활용하고 있다. 〈포춘〉 선정 100대 기업 중 65개 기업이 이용하고 있으며, 우리나라도 이용하는 기업이 빠르게 증가하고 있다.

이처럼 기업정보가 기밀처럼 관리되고 정보를 가진 자의 힘이 시장에서 크게 작동되었던 예전에 비해 지금은 어떤 정보도 투명하게 공유되고 있으며, 경제 또한 공유경제가 주도하고 있는 것이 현실이다.

실리콘 밸리의 혁신 원동력은 투명한 정보 공유에 있다. 일반적으로 스타트업의 산실이면서 세계 테크기업의 본사가 몰려 있는 미국의 실리콘 밸리 같은 곳은 철저한 보안 속에 정보가 관리될 것 같지만 그렇지 않고 물 흐르듯 흐른다고 한다. 예를 들어 구글의 실력 있는 엔지니어가 정보를 가지고 쉽게 페이스북으로 이직할 수 있다. 이곳은 정보를 찾아 들어오고 정보를 갖고 떠나는 곳이라고 할 수 있을 정도로 이직이 쉽고 정보는 자유롭게 흐른다.

이직이 곧 실력인 실리콘 밸리와 같은 상황이 우리 사회에도 번지고 있다. 그동안 우리 기업들은 입사와 퇴사 시 정보보호 서약서를 요구했지만 이제 우리 기업의 현실도 변하고 있다. 역량 있는 젊은 직원들은 한 곳에 머무르지 않고 언제라도 떠날 준비를 하고 있다. 기회가 되면 떠나는 것을 주저하지 않고 이직을 SNS를 이용해 자랑까지 한다. 이직은 한 사람이 떠나는 것 이상으로 그 사람이 가지고 있는 기업의 모든 정보도 함께 이동하는 것이다. 이제는 이러한 현상이 우리나라에서도 일반적인 현상으로 자리 잡을 것이다.

그렇다 보니 기업들의 채용문화도 바뀌고 있다. 기간을 정해 일시적으로 많은 인원을 채용하는 공개 채용보다는 필요할 때 인력을 채용하는 수시 채용 쪽으로 바뀌고 있다. 취업포털 잡코리아가 매출액 규모 500대 기업을 대상으로 2019년 하반기 신입사원 채용 계획을 조사한 결과 248개 응답 기업 가운데 대졸 신입사원을 채용하지 않는다는 기업이 34.2%로 조사되었고, 우리나라 5대 그룹 중 삼성을 제외한 나머지 그룹은 이미 공개 채용을 하지 않는다고 발표했다.

이것은 지금 시장의 변화와 무관하지 않다. 이제 더 이상 정보 독점으로 자리를 유지하고 기업의 안정을 기대하면 안 된다. 리더는 정보를 어떻게 더 빠르게 공유하여 변화를 주도할 것인가를 고민해야 한다.

소비자는 바보가 아니다

시장도 오랫동안 정보의 비대칭 속에 있었다. 시장에서 정보의 비대칭성이란 거래하는 쌍방 중 한 쪽만이 특정 정보를 가지고 있는 현상을 의미한다. 그동안 소비자는 상품에 대한 정보를 가질 수 없었다. 상품에 대한 정보가 없는 소비자는 광고 카피가 허구인 줄 알면서도 구매할 수밖에 없었다.

그러나 인터넷과 스마트 기기의 발전으로 시장의 새로운 지각변동이 일어나면서 더 이상 소비자는 기업의 마케팅과 광고 카피에 속지 않고 반대로 생산에 깊이 관여할 만큼 까다롭고 똑똑해졌다. 이제 소비자는 인터넷 정보를 기반으로 상품의 가격과 성능, 품질은 물론 다른 상품과 비교하고 사용자 후기까지 꼼꼼히 따져 구매하며, 상품에 대한 의견을 기업에 적극적으로 제시하기도 한다. 여기에서 끝나지 않고 본인도 상품 사용 후기를 블로그나 인스타그램 등 자신의 SNS 계정에 올려 다른 소비자들과 정보를 공유한다. 이렇다 보니 기업들도 파워 블로그는 물론 체험단 활동을 통해 소비자 정보를 반영해 상품을 개발하고 있다.

뿐만 아니다. 소비자들은 적극적인 불매운동을 통해 비도덕적이거나 비위생적인 기업과 상품을 시장에서 퇴출시키기도 한다. 이러한 사례가 2013년 남양유업의 소비자 불매운동이었다. 당시 남양유업은 부동의 1위로 라이벌 매일유업과 경쟁하고 있었다. 하지만 대리점 강매, 폭언 등 갑질 행위와 결혼과 출산을 이유로 퇴사를 강요하고 차별한 사례가 밝혀지면서 시민들의 분노가 불매운동으로 번져 결국 남양유업은 매출은 물론 주식시가 총액에서도 매일유업에 크게 역전되었다.

이제 소비자는 더 이상 힘없는 개인이 아니라 집단 여론과 집단 지성을 통해 막강한 힘을 가지게 되었다. 불행하게도, 답은 이제 고객의 마음에 있다. 정답의 수가 고객의 수만큼 많아진 것이다.

〈마켓 4.0〉의 저자 필립 코틀러는 〈마켓 3.0〉에서 기업의 키워드가 '가치'였다면, 4.0에서는 '같이'라고 말했다. 그동안 기업이 비전과 핵심가치를 바탕으로 영(靈)마케팅을 했다면 이제 매력과 친밀감의 정(情)마케팅으로 바뀌고 있다. 이것은 시장 권력이 생산자인 기업에서 소비자인 고객으로 완전히 이동했다는 것을 의미한다. 더 이상 시장은 정보의 비대칭으로 인해 수직적이지 않으며, 생산자와 소비자의 관계는 수평적이다. 소비자는 동료이자 친구이며 수동적 목표물이 아니라 적극적인 커뮤니케이션 미디어가 된 것이다.

요즘 젊은이들은 '라떼'를 싫어한다

앞으로 정보는 더 쉽고 더 빠르게 공유될 것이고, 그에 따라 사람들은 참여하고, 기고하고, 자신이 가진 정보와 견해를 덧붙이는 것을 즐길 것이다. 그리고 비슷한 생각을 가진 사람들과 함께 정보를 공유하고 생각하며 수평적으로 일하는 것을 선호하게 될 것이다. 구성원들은 스스로 조직화되고 투명해지면서 상사에 의한 통제를 줄이고 체계적이고 자유로운 결합관계를 만들 것이다.

　전통적으로 수직적인 조직에서는 상부로부터 과업을 배당받고, 상부에서 어떤 업무가 필요한지 파악해 업무과정이나 생산라인을 계획했었다. 그러나 정보가 공유되는 수평적인 조직에서는 조직과 조직, 구성원과 구성원 사이를 공유된 정보가 중재할 것이다. 구성원들은 필요하다고 생각하는 과업이 있고 그것을 수행하기에 적합한 기술이 자신에게 있다고 판단하면 자발적으로 그 과업에 종사할 것이다. 업무의 자발적인 배분으로 상부의 업무 분할보다 비용이 적게 들 것이며, 조직은 더 혁신적이고 창의적으로 변모하게 될 것이다.

　구성원과의 관계도 권력의 이동과 무관하지 않다. 요즘 세대들이 회식을 싫어하고 선배나 리더와 함께 있는 시간을 기피하는 것은 결코 우연한 일이 아니다. 더 이상 상사의 경험과 정보를 통해 얻을 게 없음을 알기 때문이다. 어제의 답으로 오늘을 살 수 없는 시대에 '나 때는 말이야'를 달고 사는 상사를 좋아하고 함께 있고 싶어할 사람은 없다. 오죽하면 젊은 직원들이 가장 싫어하는 메뉴가 '라떼'라고 하겠는가.

　그러니 먼지 쌓인 경험 상자를 언박싱하지 말고 시대를 배워야 한다. 현명한 리더는 젊은 세대에게 자꾸 배우는 사람이다. 꼰대로 전락하지 않고 젊어지는 비결은 젊은이들로부터 새로운 것을 배우는 길밖에 없다. 배우는 방법 중 가장 좋은 방법은 질문하고 경청하는 것이다. 비구름이 하늘에서 만들어지는 것이 아니라 땅 위의 수많은 물방울이 올라가서 만들어진다는 것을 기억해야 한다. 정보와 권력은 더 이상 위에 있지 않다.

자기 경험의 함정에 빠지지 마라

농경사회에서는 노인의 경험이 중요했다. 영국 속담에는 '노인이 죽는 것은 그 동네 도서관 하나가 불탄 것과 같다.'는 말이 있을 정도다. 시간과 상황이 반복되는 사회에서 경험은 그만큼 소중하다. 직장에서도 경험은 중요한 자산이면서 의사결정의 기준이었다. 지금까지 많은 리더들이 자기 경험을 통해 결정하고 선택하기를 반복하기도 했다. 그러나 더 이상 시간과 상황은 반복되지 않는다. 이제는 하루하루가 다르고 같은 경험이라도 전혀 다른 결과가 나오는 시대에 살고 있다. 나의 경험이 모든 상황에 더 이상 먹히지 않는다는 뜻이다.

경험은 자칫하면 생각을 협소하게 만들고 편향된 프레임을 만들어 상황을 자기가 보고자 하는 방향으로만 인식하게 하는 경향이 있다. 즉 경험이 새로운 상황을 인식하고 더 나은 의사결정을 하는 데 걸림돌이 될 수 있다는 것이다.

창의적이고 낯선 상황이 반복되는 환경에서 단순히 과거 경험에만 의존해서는 안 된다. 그럼에도 많은 리더들이 경험에 새로움을 추가하기보다 자기 경험에 완벽을 기함으로써 과거에 머물려고 한다. 완벽은 다른 의견이나 정보가 비집고 들어갈 틈을 내주지 않는다. 완벽함을 추구하는 리더일수록 자기 경험에 대한 의존을 더 많이 하는 경향이 있다. 경험에 의한 결정이 안도와 안정감을 주기 때문이다. 그렇게 균형을 잃고 자기 경험의 함정에 빠진다.

자기 경험의 함정에 빠진 리더의 특징은 경험이 만든 자기만의 기준으로 구성원을 이끌어 간다는 것이다. 나처럼 하면 된다고 말하지만, "나처럼 해봐"라고 하는 리더 곁에서는 배울 게 없다. 오로지 "나와 함께 해보자."라고 말하는 사람만이 배움을 주는 진짜 리더라고 할 수 있다.

나도 한때는 자기 경험의 함정에 빠져 있었다. 처음 팀장이 되고 임원이 되면서 입버릇처럼 한 말이 "나처럼만 해라."였다. 나름 평사원에서 임원까지 오른 스토리를 가지고 있었기도 했지만, 가르치고 이끄는 것을 리더십으로 생각했기 때문이다.

그러나 이제 후배들에게 기성세대를 따라하게 하고 오래된 관습과 조직문화를 따르게 해서는 안 된다. 관습화된 조직문화는 소금물과 같다. 소금물은 푸르고 펄떡이는 젊음을 죽게 한다. 그러니 우리보다 못하단 생각을 버리고 그들이 새로운 조직문화를 만들어가는 것을 도와야 한다.

불치하문(不恥下問)하는 리더가 되어라

하나 묻고 싶다. 여러분은 청년의 문화에서 살고 싶은가, 아니면 노년의 문화에서 살고 싶은가? 우리는 모두 청년의 문화에서 살고 싶을 것이다. 그러기 위해서는 경험이 아니라 경험에 새로움을 더하는 배움이 필요하다. 나는 힘의 원천은 배움에 있다고 믿는다.

정보와 지식의 사회 속에서 살고 있다는 것은 정보와 지식이 사회의 가장 중요한 에너지가 되었다는 것을 의미한다. 언제나 그랬듯이 정보와 지식을 가진 사람이 힘을 가지고, 그렇지 못한 사람은 자신이 몰락하는 소리를 스스로 듣게 될 것이다. 이것이 지식사회의 메시지다. 이제 리더의 힘과 권위는 조직도의 위계와 시대 지난 경험의 권위에서 오는 것이 아니라 배움에서 온다는 것을 알아야 한다.

불치하문(不恥下問)이란 말이 있다. 직역하면 아랫사람에게 묻는 것을 부끄러워하지 않는다는 말이다. 비록 나이가 어리고 지위가 낮더라도 훌륭한 리더가 되기 위해서는 젊은 세대들에게 불치하문(不恥下問)할 줄 알아야 한다. 리더가 점점 젊어지는 비결은 따로 있는 것이 아니라 젊은 구성원들로부터 새로운 것을 배우는 길밖에 없다. 젊은 세대에게 배워야 하는 이유는 많지만 특히 그들이 이 시대의 주인이면서 새로운 것을 빠르게 받아들이는 지능이 발달해 있기 때문이다.

젊은 세대는 우리가 가지고 있는 지식보다 시대의 지식과 정보를 더 많이 가지고 있다. 그들이 우리보다 이 시대를 더 많이 닮았기 때문이다. 시대는 언제나 그 시대의 주인이 지배하게 되어있다. 고대에는 고대인이, 근대에는 근대인이, 산업화 시대에는 산업화에 적합한 사람이 시대를 지배했듯이 디지털 시대는 디지털 환경에 적응한 인간이 지배하는 것이다.

그러므로 이들에게 기성세대의 기준을 강요하는 것은 꼰대의 생각이다. 하지만 이 말은 경험을 부정하고 경계해야 한다는 뜻이 아니다. 경험이 만든 통제의 기준을 거부해야 한다는 뜻이다. 경험은 여전히 쓸모가 있다. 경험에 대한 자존과 자부심을 가지는 것은 좋다. 다만 경험이 권위가 되면 쓸모가 없어진다.

리더는 자신과 구성원들의 성장을 통해 조직의 높은 성과를 원한다면, 먼저 구성원들이 훌륭한 역량을 충분히 발휘하게 하는 것이 중요하다. 구성원 개개인이 자기의 강점을 충분히 발휘할 수 있는 환경을 만들고 기회를 주어야 한다. 내 기준이 아니라 그들의 기준이 작동되게 해야 한다.

그러니 후배들을 이끌고 성장시키는 것이 리더십이라고 생각하지 마라. 그것은 리더십의 본질을 잘못 이해하고 있는 것이다. 리더십의 본질은 자기 성장에 있지 후배들의 성장에 있지 않다. 자기 성장을 위해 훌륭한 구성원들이 필요하고, 구성원들은 자기 일을 통해 성장하는 것이지 내 기준에 부합해 성장하는 것이 아니라는 것이다.

결정적 지능에서 유동적 지능으로

심리학자 카텔은 지능의 일반적인 요인을 유동적 지능과 결정적 지능으로 분류했다. 유동적 지능은 선천적, 생물학적으로 결정된 정신과정을 반영한 능력이다. 여기에는 비언어적인 지각적 요인과 공간적 요인이 있다. 유동적 지능이 높은 사람은 새로운 상황에 대한 적응력이나 새로운 문제를 해결하는 능력이 높다. 특히 유동적 지능은 20대 초반까지 발달하다가 이후 점차 감소한다고 한다.

반면에 결정적 지능은 살아가면서 축적되는 지식이나 경험을 통해 후천적으로 획득된 지능으로 언어적 요인과 논리적 요인, 일반상식 등을 포함한다. 결정적 지능은 유동적 지능을 기반으로 형성되지만 차이가 있다. 환경, 교육 정도, 직업 등의 문화적인 요인으로 인해 40세 이후까지 발달할 수 있다.

그동안 선천적이고 생물학적으로 결정된 유동적 지능은 크게 주목받지 못하고 무시된 반면에 학습과 경험으로 형성된 결정적 지능은 오랫동안 조직과 사회에서 그 힘을 발휘했다. 이념과 가치 논리와 규칙 등이 만들어진 지식체계 안에서 이미 정해진 답을 습득하면서 살아갈 수 있었기에 개인의 선천적 타고남은 중요하지 않았다. 뿐만 아니라 시대와 상황이 반복되는 환경에서 새로운 상황에 대한 적응력이나 문제해결력 또한 큰 의미를 갖지 못했다. 그것은 결정적 지능이 유동적 지능보다 더 긍정적이었기 때문이 아니라 시대에 더 적합했기 때문이다.

그러나 세상이 다양해지고 개인의 독립된 개성이 존중받게 되면서 선천적 타고남, 즉 개인의 재능과 개성이 중요해졌다. 창조성을 발휘하는 크리에이터들이 성공하고 괴짜들이 각광받는 사회, 똑같은 생각을 해야 성공하는 획일적인 사회가 아니라 다르게 생각해야 성공하는 다양성의 사회가 된 것이다.

경제는 온디맨드(수요자가 원하는 물품이나 서비스를 바로 공급하는 비즈니스 모델) 경제로 변하고 이에 따라 조직 또한 긱 이코노미(기업들이 사람이 필요할 때마다 계약직 혹은 임시직으로 사람을 고용하는 경제)와 같은 새로운 노동 환경으로 급속도로 변하면서 창의성은 물론 새로운 환경에 대한 적응력과 빠른 문제해결력이 중요해졌다.

다시 말해 지금은 결정적 지능보다 유동적 지능이 더 적합한 시대다.

참견하지 말고 참여시켜라

중요한 것은 어떻게 하면 유동적 지능이 높은 젊은 세대들이 조직의 기여도를 높일 수 있는가이다. 알다시피 요즘 세대는 기성세대하고 달라도 너무 다르기 때문이다. 특히 이들이 조직에 기여하기를 원한다면 먼저 참견하지 말고 참여시켜야 한다.

산업화 사회에서 우리는 선배나 상사가 하고 있는 일에 관심 갖고 참견해주기를 원했다. 그러나 요즘 세대는 본인이 참여하기를 원한다. 요즘 세대는 상사가 이래라저래라 간섭하는 것을 꼰대질이라 생각한다. 그것은 상사의 참견, 즉 상사가 과거 경험에 의존하여 참견하는 것이 일에 도움이 되지 않기도 하지만 이들은 참여를 통해 자신을 표현하고 성과를 만들어 주목받기를 원하기 때문이다.

또 하나 중요한 것은, 주목받기를 원하는 이들에게 작은 성공경험을 만들어 주고, 작은 성공을 통해 조직이 본인의 존재감을 인정하여 자부심을 갖게 하는 것이다. 일과 조직에 대한 자부심이 업(業)을 보는 눈을 갖게 하고 업을 볼 수 있어야 새로운 비즈니스를 생각하는 힘을 가지게 되기 때문이다. 그러니 기회를 공평하게 제공하면서 성과를 낼 수 있도록 일을 맡겨주고, 그들이 자유롭게 다양한 시도를 해볼 수 있게 해주어야 한다.

마지막으로 젊은이들에게 타고난 재능과 적성을 활용할 기회를 주어야 한다. 그동안 기업은 시스템에 적합하게 자원을 배치하고 활용했다. 전공과 개인의 의사는 무시되고 조직마다 조금의 차이는 있지만 대부분 2~3년 간격으로 보직이 순환되었다. 그렇다 보니 업무가 적성에 맞지 않아도 견디고 이겨내야 했다. 이때 개인의 최고역량은 적응력이었다. 적응력이 떨어지면 문제아가 되어 조직을 떠돌게 되었다.

직장에 있을 때 일이다. 입사 3년 만에 4개 부서를 떠돌다 내게 온 후배가 있었다. 나도 처음에는 A가 문제가 있는 줄 알았다. 그러나 A는 인성이 바르고 차분하며 논리적이었다. 나는 A에게 자세를 바꾸고 조직에 적응하라고 요구하지 않고 질문했다. 하고 싶은 업무가 있는지, 그리고 왜 그 업무가 하고 싶은지도 물었다. A는 데이터를 분석하고 전략을 세우는 일을 하고 싶어했고, 분석한 데이터를 바탕으로 고객의 동선을 상상하면 재미가 있다고 했다. 나는 A에게 마케팅 전략을 세우는 업무를 맡겼다. 그 후 A의 표정은 밝아지고 업무에서도 생각지 못한 결과를 만들어냈다. A는 지금도 조직에서 인정받으며 성장하고 있다.

A의 사례는 나에게도 큰 변화의 계기가 되었다. 조직을 이끄는 것만이 리더십이 아니라 개인이 역량을 충분히 발휘하도록 환경을 조성하고 적재적소(適材適所)에 자원을 배치하는 것이 리더십의 핵심이란 생각을 하게 되었다.

특히 수요자가 원하는 제품을 빠르게 공급해야 하는 온디맨드 경제에서는 더 이상 경직된 조직계층에 직원들을 집어넣는 방법은 유효하지 않다. 급변하는 환경 속에서 발생하는 새로운 문제에 발빠르게 대처하기 위해서는 상품을 중심으로 최적의 팀을 구성해야 하기 때문이다.

정리하면 이렇다. 답이 정해져 있던 시대에는 경험이 소중한 자산이었다면 급변하는 환경에서는 답을 만들어가야 하기 때문에 창의적인 생각과 문제를 발견하는 일이 중요해졌다. 그렇기 때문에 경험 중심으로 획득된 결정적 지능이 높은 세대보다 새로운 상황에 대한 적응력과 새로운 문제 해결력이 높은 유동적 지능이 높은 젊은 세대의 활용이 중요해졌다. 중요한 것은 앞서 젊은 세대의 특징들을 말했지만 자기 생각을 쉽게 말하지 않는다는 것이다. 이들의 생각의 창을 열기 위한 열쇠가 바로 질문이다.

지시하지 말고 스스로 일하게 만들어라

팀원들이 생각 없이 시키는 일만 하고 한 번도 예상을 넘긴 적이 없다고 푸념하는 팀장들을 많이 봤다. 그러나 과연 그 팀은 처음부터 생각도 창의성도 없는 팀원들로 구성되었을까? 그렇지 않을 확률이 높다. 대부분 팀원들의 문제이기보다는 리더의 문제일 가능성이 크다.

이런 리더의 특징은 지시에 능하고 작은 것에 민감하다. 지시에 능한 리더는 모든 일이 자기 지시에 따라 움직여야 한다고 생각한다. 지시 사항 외의 다른 일은 인정하지 않고, '시키는 일이나 잘하세요.'라고 말한다. 이때 구성원은 시키는 일만 하게 된다.

또 기준과 매뉴얼만 끼고 일하는 팀장도 있다. 그러나 매뉴얼을 바탕으로 구성원을 통제하면, 매뉴얼을 따라 단순한 업무만 수행하는 로봇만 양산하게 된다.

이런 팀장들은 자기와 잘 통하는 팀원들하고만 가까이 한다. 통한다는 것은 자기와 생각이 같다는 것을 의미한다. 상대적 비교를 통한 차이는 있을지언정 원칙에 있어서는 같다고 생각한다.

심리학자들은 '세상의 많은 다름은 결국 공통점에 기초한다.'라고 말한다. 유사한 관계에 있는 대상에서 차이점을 더 강하게 느끼기 때문이다.

이 비교를 아주대 김경일 교수는 아주 쉽게 잘 설명해줬다. 예를 들어 두 대의 자동차 A와 B가 있다고 하자. 자동차 A의 연비와 출력, 최고속도는 각각 16.3/L, 190마력, 시속 200km이다. 자동차 B는 각각 15.3/L, 180마력, 시속 180km이다. 자동차 B에는 내비게이션과 선루프가 있고 자동차 A에는 없다. 어느 자동차가 더 좋은 것일까?

자동차 A가 좋다면 왜일까? 아마도 연비, 출력, 최고속도에서 자동차 B보다 더 앞서기 때문일 것이다. 그런데 이 세 가지 측면은 '엔진'이라는 것을 두 자동차 모두 가지고 있기 때문에 가능한 '상대비교'의 요소들이다. 즉 공통점에 기초한 차이점들이다. 그래서 평가에 대한 이유를 댈 때도 구체적이고 쉽다.

그런데 자동차 B가 더 좋다면? 자동차 A에는 아예 없는 내비게이션과 선루프가 있기 때문일 것이다. 그런데 이는 상대비교가 되지 않는 측면이다. 비교가 어려우니 왜 더 좋은지를 설명하기가 쉽지 않다.

지시에 익숙한 리더라면 분명 팀원들을 엔진과 같은 상대비교의 기준으로 평가할 것이다. 리더가 정한 단 하나의 기준만으로 팀원이 일을 잘하는지 못하는지를 평가한다는 뜻이다. 그래서 팀원들은 팀장이 지시한 내용을 수행하면서도 팀장의 생각을 뛰어넘지 못한다. 또한 팀원들은 각자가 '선루프'나 '내비게이션' 같은 독특한 장점이 있음에도 불구하고 그것을 살려낼 수 없다.

이제는 공통점에 기반한 상대비교를 해서는 안 된다. 상대비교를 한다는 말은 다름을 인정하지 않는 것이다. 결국 팀원들이 팀장의 생각을 넘지 못하는 원인은 지시에 능한 팀장에게 있다.

또 하나 중요한 것은 리더가 팀원들과 함께 주요 사안에 대해 결정할 때는 낙관성이 올라가는 반면에 리더 혼자 결정한 내용을 팀원들이 일방적으로 수용할 때는 비관적이라는 것이다. '비관적'의 사전적 의미는 어떤 일이든 뜻대로 되지 않을 것이라고 생각하고 일을 해보기도 전에 실망한다는 뜻이다. 팀장인 리더의 지시에 따라 일하는 것이 습관화된 조직의 구성원들은 대부분 무엇을 해도 되지 않을 것이란 인식이 강해 새로운 가치에 대한 도전을 하지 않고 복지부동(伏地不凍, 땅에 엎드려 움직이지 않는다는 뜻으로 일이나 업무에 주어진 상황에서 몸을 사린다.) 하게 된다.

이런 조직의 특징은 첫번째로 구성원들이 열정이 없다는 것이다. 열정은 자기 의지의 지속성을 가지게 하는 힘인데, 열정이 없다면 자기 일에 의지가 약해진다. 일에 대한 열정과 의지가 반복의 차이를 만들어 내는 반면에 의지가 없으면 그때 그때 일을 처리하고 끝내기만 하면 된다고 생각한다. 그리고 열정이란 내면적 발현이지 외부의 영향으로 발현되는 것도 아니다. 그렇기 때문에 자신의 의지와 전혀 다른 업무를 지시받을 때는 불평하고 무책임하게 된다.

두번째는 무엇을 해도 되지 않을 것이라는 무기력한 수동성 때문에 동기부여가 안 된다는 것이다. 이때 팀원들은 하는 일을 미루고 회의 때도 '얘기하면 뭐하나'하는 생각에 입을 닫는다. 특히 지시받은 업무는 아무리 잘해도 앞서 자동차로 예를 들었듯이 상사의 지시에 부합하지 못하는 반복된 지적으로 무력감에 빠지게 된다.

세번째는 조직에서 자기 존재감의 상실이다. 시키는 일만 하다 보면 스스로 조직에서 중요하지 않은 사람이란 생각에 일의 의욕도 상실하게 된다. 이미 미래를 알고 있는 마당에, 다른 가능성을 점쳐볼 이유가 없기 때문이다.

네번째는 자기 일에 성취감을 못 느낀다. 자기 의지와 생각이 없는, 즉 영혼이 없는 일을 하고 있다고 생각하기 때문에 성취감을 느낄 수 없게 된다. 이러한 상황들이 반복되면서 학습된 무기력증을 만들게 된다. 그러니 지금까지 팀에 하나의 생각만 있었던 것은 당연한 일이다. 결국 팀원들이 생각 없이 일하는 것도 지시에 능한 팀장의 책임이 크다고 할 수 있다.

그럼 어떻게 하면 팀원들이 좀 더 생각을 많이 하면서 창의적으로 일을 할 수 있을까? 이것은 팀원들보다 리더 자신에게서 찾아야 한다. 먼저 리더는 해야 하는 것보다 하지 말아야 하는 것을 찾아야 한다. 이유는 간단하다. 리더가 지속적으로 할 일만 찾는다면 그 일은 다시 고스란히 구성원들에게 지시될 것이다. 그러면 팀원들은 계속해서 지시

받은 일의 노예가 되어 생각 없이 일하게 된다. 그러니 리더는 지금 하지 않아야 할 일을 찾아 팀원들이 선택과 집중을 통해 깊이 있는 일을 하게 해야 한다.

피터 드러커는 이렇게 말한다. "주변 상황의 압력은 항상 미래를 제치고 과거에 일어났던 일을, 기회보다 위기를, 외부의 실제보다는 직접 눈에 보이는 내부의 것을, 그리고 의미 있는 것보다는 급한 것을 우선으로 한다."

그러니 리더가 주변 상황의 압력에 굴하지 않고 바른 일의 우선순위를 결정하는 것은 매우 중요하다. 그러나 드러커는 진짜 중요한 것은 일의 우선순위 결정이 아니라 '2차(posteriorities) 순위'라고 말한다. 여기서 2차 순위란 지금 당장 하지 않아야 될 일을 결정하고, 또 그것을 지키는 일이다. 그래서 드러커는 2차 순위를 정하는 일은 이성적인 분석이 아니라 리더의 대단한 용기가 필요하다고 말했다.

드러커는 2차 순위를 정할 때 중요한 네 가지 법칙을 제시하고 있다.

첫째, 과거가 아니라 미래를 판단 기준으로 선택하라.

둘째, 문제가 아니라 기회에 초점을 맞춰라.

셋째, 자신의 독자적인 방향을 선택하라. 인기를 누리고 있는 것에 편승하지 마라.

넷째, 무난하고 달성하기 쉬운 목표가 아니라, 뚜렷한 차이를 낼 수 있는 좀 더 높은 목표를 누려라.

그러므로 리더는 문제해결을 통해 조직이 과거의 균형을 회복하는 일보다 기회를 결과로 전환시키는 생산적인 일을 해야 하는 것이다.

다음은 월트 디즈니에 대한 많은 환상과 궁금증을 가지고 있던 한 소년과 월트 디즈니와의 대화다.

소년이 물었다.

"할아버지가 미키마우스를 그리나요?"

월트 디즈니가 대답했다.

"아니, 이젠 내가 그리지 않아."

소년은 다시 물었다.

"그럼 재미있는 이야기들은 할아버지가 만들었어요?"

월트 디즈니가 다시 대답했다.

"아니, 그것도 내가 만드는 게 아니란다."

소년은 뜻밖의 대답에 실망한 듯 풀이 죽어 보였다. 소년의 모습을 바라보며 미소를 짓던 월트 디즈니는 이렇게 말했다.

"나는 마치 꿀벌처럼 스튜디오 안을 이리저리 날아다니면서 사람들을 부추기지. 그리고 꽃가루를 거둬들인단다. 그게 내가 하는 일이란다."

이 대화 속에서 리더란 어떻게 해야 하는지를 잘 말해 주고 있다.

우리는 새벽별을 보며 일을 시작하는 일 잘하는 리더, 말로써 일을 다 하는 말 잘하는 리더보다 아무것도 안 해도 좋으니 일을 하고 싶게 만드는 리더를 원한다.

훌륭한 리더는 하나부터 열까지 전부 다 자기가 도맡아서 하지 않는다. 말로만 구성원들을 움직이게 하지 않는다. 대신 팀원들이 스스로,

자발적으로 역량을 충분히 발휘할 수 있도록 만든다. 이렇게 해야 팀원들은 스스로 생각하고, 수동적이지 않고 능동적으로, 주도적으로 일을 하게 된다.

위와 같이 하려면 질문을 통해 팀원들이 스스로 사고하게 만들어야 한다. 팀원들이 생각하지 않는 것은 리더가 질문하지 않고 지시만 했기 때문이다. 사람들은 자신의 관심사와 의견, 경력과 전문 분야에 대한 질문을 받는 것을 좋아한다. 질문을 받으면 관심과 존중을 받고 있다고 느껴지기 때문이다. 그리고 관심과 존중을 받는다고 느끼면 마음이 열리고, 입이 열리면서 자기의 생각을 표현하게 된다.

팀장인 리더가 먼저 질문을 하면 팀원들은 자연스럽게 생각하고 표현한다. 그러나 질문이 생각을 유도하려면 생각 있는 질문을 해야 한다. 나는 직장에 있을 때 아무 생각 없이 질문하는 리더들을 많이 봐왔다. 예를 들어 현장 방문 시 흔히 있는 일인데 A지역에서 B지역의 실적을 묻는다거나, A부서에서 B부서의 업무를 묻는 경우 등 답변자와 전혀 관계없는 질문을 하여 당황하게 하거나 제대로 답변을 못했다는 자책을 하게 만든다.

그럼 생각 있는 질문이란 어떻게 하는 것일까? 그것은 기꺼이 대답해줄 수 있는 질문을 하는 것이다.

첫번째는 답변자가 관심 있는 분야를 묻는 것이다. 질문이란 답변자의 활동이기 때문에 답변자가 충분히 답변할 수 있는 것을 질문해야 한다. 이를 위해 리더는 평상시에 팀원들에게 관심을 가져야 한다. 누가 어떤 분야에 관심 있고 좋아하는지를 알고 그에 맞는 질문을 한다면 충분히 좋은 답을 얻을 수 있을 뿐 아니라 답변자에게 자부심과 존재의 이유 또한 줄 수 있다.

두번째는 전문성에 대한 질문이다. 답변자가 무엇을 공부하고 어떤 분야에 전문성을 가지고 있는지를 알고, 그에 맞는 질문을 하게 되면 답변자는 자기 지식의 유용성에 자부심을 갖게 된다. 그래서 답변자는 자기만의 전문성을 업무에 적극 활용하게 되고, 새로운 가치를 만드는 데 적극적으로 활동하게 된다.

세번째는 같이 고민하는 질문을 하는 것이다. 예를 들어 "우리 팀의 업무를 재정의한다면 어떻게 정의할 수 있을까?"라고 질문을 던지고 각자 생각해서 다음 팀 미팅에 의견을 말해보도록 하는 것이다. 이렇게 하면 구성원들은 자기 생각을 말하면서 개인의 표현력도 늘릴 수 있고, 다른 사람들의 의견을 들으면서 다양한 생각을 받아들일 수도 있다. 뿐만 아니라 자기 팀의 향후 업무 방향에 대해 적극적으로 고민하고 개선할 수도 있다.

네번째는 "앞으로 어떻게 될 것 같은가?"라고 질문하여 미래 조직의 모습을 팀원들이 그려보게 하는 것이다. 이로써 팀원들이 스스로 팀의 큰 그림 속에서 자신들의 역할을 주도적으로 이끌어 갈 수 있다.

리더는 이렇게 질문을 통해 팀원들의 생각을 이끌어내어 생각을 확장시켜줘야 한다. 반복해서 말하지만, 지시에 능한 리더는 팀원들의 생각도 리더의 생각에 머물도록 만든다. 이것이 리더가 지시하지 말고 질문해야 하는 이유다.

'틀림'과 '다름'의 차이

우리는 문화가 다른 것을 '틀리다'라고 생각하고 배격한다. 언젠가 TV
에서 고부열전(다문화 가정의 외국인 며느리와 한국 시어머니의 갈등을 다룬 프로그
램)을 시청하는데 시어머니가 젓가락질을 못하는 며느리를 꾸중하는
장면이 있었다. 며느리는 불편한 젓가락보다 자기 손을 이용하는 것
이 편하다고 했고 시어머니는 더럽게 손으로 먹는다고 꾸중하는 것이
다. 그러나 세계에서 손을 사용하여 식사를 하는 인구는 40%로 젓가락
30%, 포크 30%보다 많다. 그러니 젓가락이 깨끗하고 손이 더럽다는
생각은 맞지 않다.

그런가 하면 맛집을 찾아가서도 "어제 먹은 집과 오늘 먹은 집 맛이
왜 이렇게 틀려"라고 표현한다. 다른 집, 다른 음식을 먹으면서 서로 틀
리다고 표현하는 것이다.

나도 다름을 틀리다고 표현할 때가 있었다. 학창시절에 쌍둥이 친구

가 있었는데 둘은 성격이 너무 '틀려'서, 한 친구하고만 친하게 지낸 적이 있다. 둘은 분명 '다른' 사람인데 틀리다고 생각하면서 나와 마음이 맞는 친구와만 친하게 지냈던 것이다.

당신은 상대방의 생각이 서로 일치하지 않을 경우 '생각이 다르다'고 표현하는가 아니면 '생각이 틀리다'고 표현하는가? 정확한 표현은 '다르다'가 맞다. '다르다'는 서로 같지 않다는 의미의 형용사인 반면에 '틀리다'는 동사로, 맞지 않고 어긋나다 또는 사실이나 답이 맞지 않다는 뜻이다. 그렇기 때문에 나와 모습, 습관, 생각, 취미, 성격, 여건이나 환경이 같지 않을 경우 '다르다'로 표현해야 하고, 계산이나 답, 비밀번호, 판단, 정보, 예측 등이 어긋나는 경우 '틀리다'로 표현해야 한다. 그러나 우리는 모든 상황에서 대부분 '맞다', '틀리다'라는 이분법적 사고를 대입하여 갈등을 키우며, 이는 발전을 저해하는 원인이 되고 있다.

그럼 왜 우리는 '틀리다'란 말에 익숙하고 '다르다'라는 표현에는 인색할까? 많은 이유가 있겠지만, 먼저 첫번째로 교육이 미친 영향이 가장 클 것이다. 그동안 공부를 잘한다는 것은 주어진 문제에 대답을 잘한다는 뜻이었다. 우등생의 기준은 주어진 시험문제에 대한 정답을 사지선다형 선택지 안에서 잘 찍어 내고, 다른 사람이 만들어 놓은 지식을 잘 전달받아 그대로 내뱉는 기술을 지니고 있으며, 사유 없이 '맞다', '틀리다'를 빠르게 찍어 내는 사람이었다. 교육이 우리를 이렇게 되도록 강요했다. 개념에 대한 이해 없이 무조건 외우고 기출문제를 열심히 푸는 것이 공부였다. 그렇다 보니 시험이 끝나고 돌아서면 시험에 대한 기억도 끝나버렸다.

나는 신입사원 채용 면접을 할 때 피험자들에게 졸업시험문제가 무엇이었는지 물어보곤 했는데 대부분 기억하지 못했다. 4년간의 공부도 '맞다, 틀리다'를 가리는 일회용 시험으로 전락되면서 사고의 힘이 사라진 것이다. 사고하지 못하니 개념에 대한 이해가 없고 이해가 없으니 '다름'을 볼 수 없는 것이다.

정답은 하나만 있는 게 아니다

몇 년 전에 책 쓰기 프로그램에 참석한 적이 있었다. 10명 이내로 진행하는 프로그램이었는데, 조용한 북카페에서 진행했던 첫 시간이 깊은 인상을 남겼다. 진행자는 익숙하지 않은 공간에서 눈에 들어오는 모든 것을 대상으로 키워드를 10개만 적어보라고 했다. 그리고 다시 몇 가지 키워드로 정리하여 각자 그 이유를 설명하였다.

이 수업은 자기의 관심분야를 찾기 위해 진행되었는데 나는 성장, 리더십, 영향력과 같은 키워드를 정리했고, 모두의 관심사항이 달랐다. 그런데 갑자기 묘한 기분이 들었다. 이 프로그램이 진행되는 동안 책을 보고 일하고 여행을 할 때도 이 키워드가 내 생각을 지배한다는 느낌을 받았기 때문이었다.

지금 생각해보니 직장인들의 성장에 관한 책을 쓰게 된 것은 결코 우연한 일이 아닌 것 같다. 모두가 경험하는 일이지만 외국어 공부를 할 때도 그렇다. 새로운 문장을 알게 되면 한동안 그 문장만 생각하고 사용하는 것도 같은 현상이다. 처음 차를 사고 나면 내가 산 차종이 눈에 많이 보이게 되는 것도 비슷한 현상인 것 같다.

이것은 내가 관심 갖는 것에만 정신이 집중한다는 뜻이다. 우리는 교육을 통해 정신을 집중하는 것을 배우고 긍정과 부정을 배우고 세상을 알기 위한 의문을 배운다. 뿐만 아니라 정보를 찾고 개념과 사고하는 법을 배우고, 세계를 이해하고 차이와 다름을 이해하면서 관점에 따라 모두가 답일 수 있다는 것도 알게 된다.

그러나 학교에서는 이런 문제를 다루지 않는다. 우리가 받아온 대부분의 교육은 하나의 '정답'을 찾도록 강요한다. 수업은 대부분 답을 찾는 문제 풀이에 집중되고, 기출문제와 예상문제를 푸는 과정을 통해 '정확한 답'을 찾아야 한다는 생각이 머릿속에 깊이 각인된다. 그러면서 하나의 문제에는 하나의 정답만 생각하게 되었다.

예전에 직장에서 사내 교육에 초빙된 강사가 이런 질문을 한 적이 있다. 칠판에 분필을 꼭 눌러 점을 찍은 사진을 보여주면서 이것이 무엇처럼 보이는지 우리에게 물었다. 질문의 의도가 궁금했지만 칠판에 찍은 점이란 것을 근거로 한 직원이 점이라고 답했다. 나머지 직원들도 그 답을 긍정하는 분위기였다. 아무도 여기에 추가 답을 하지 못하고 침묵이 흘렀다. 강사는 더 이상 답을 못하는 우리를 보고 놀랍다는 표정을 하며, 똑같은 질문을 유치원생에게 했는데, 아이들은 별, 자갈, 담배꽁초, 올빼미 눈, 전봇대 꼭대기, 달걀껍질.....등 무려 50개가 넘는 답이 나왔다고 말했다. 그런데 이러던 유치원생들도 제도권 학교에 들어가 정답만 찾는 방법을 배우면서 하나 이상의 답을 찾는 방법을 상실했다는 것이다.

우리는 모든 사물의 의미를 하나로 한정짓는 것을 배우면서 꽃을 보고도 슬퍼하지 못하고, 하늘을 파란색으로만 한정 짓고, 일출의 장엄함도 해질녘 붉은 노을의 아름다움도 잊는다. 일방적으로 지식을 수용하면서 한정된 생각의 틀에 갇히게 되었다. 하나의 답만을 선택하고 수많은 답을 버리면서 확장성을 포기했고, 하나의 선택으로 많은 것을 상실하면서 새로운 가치를 만드는 일 또한 상실한 것이다. 생각이 기억하는 것을 찾는 일 이상의 수준을 넘지 못하고 주입된 답만으로 움직인다면 최초의 인공지능 로봇은 우리가 아닌지 의심해 봐야 한다.

이렇듯 수용에 익숙해진 문화는 합리적인 객관성을 신봉하는 경향이 강하다. '합리적'이라는 말은 '모두가 그렇게 생각하는 것을 선택하는 것'이라는 뜻이다. 즉, 모두가 똑같이 생각하는 단 하나의 답을 의미한다. 그렇기 때문에 합리성을 강조하는 조직일수록 다름을 인정하기가 어렵다.

그렇다고 어떤 대안 하나가 다른 대안들을 모조리 배제할 수 있을 만큼 확실한 합리적 근거를 갖는 경우도 현실에서 찾아보기 어렵다. 합리성을 강조하는 리더들이 경영 환경에서 의사결정을 과감히 하지 못하는 이유도 이와 관련이 있다. 그렇기 때문에 합리성을 추구할수록 선택은 더 어려워진다.

객관성 또한 개인보다 다른 사람의 의견에 의지한다. 객관성의 객(客)이 손님을 뜻하듯이 객관성이란 외부의 다수의 의견을 더 신뢰한다는 뜻이다. 다수의 의견도 모두가 그렇게 생각하는 하나의 답을 의미하기 때문이다. 결국 합리성과 객관성을 강조하는 기업은 스스로 답을 만들어 가기보다는 이미 만들어진 하나의 답을 업무의 기준으로 삼게 되고, 조직은 수동적으로 변하게 된다. 이렇게 하나의 답에 의지하는 것은 이름이 대상을 지나치게 축소시키고 한계를 지어주는 것과 같다.

친구 중에 식물에 해박한 지식을 가진 친구가 있다. 그와 함께 산행을 하게 되면 모르는 꽃 이름과 꽃말에 대해 알게 되어 재미가 쏠쏠하기도 하다. 그런데 이상하게도 그때 알게 된 꽃을 다음에 또 보게 되면 처음 와~했던 느낌이 오지 않는다. 처음 꽃을 봤을 때와 다르게 자세히 보지도 않고 코를 가까이 하여 향기도 맡지 않는 나를 보게 된다. 그냥 이 꽃은 무슨 꽃이고 이런 의미를 가졌어, 하고 지나친 적이 많다. 이름이 대상의 아름다움을 축소하고 감정마저 무디게 하는 순간이다. 어찌 보면 모를 때가 더 자유롭고 더 많은 의미와 느낌을 받는다.

이렇듯 확정된 답 또한 구성원의 사고를 제한하고 무디게 한다. 답이 하나밖에 없다고 생각하면, 하나의 답을 발견하고 나면 그만이다. 그래서 또 있을지도 모르는 다른 답을 찾아보지 않는다. 하나의 답이 주는 편리성이 반복되고 습관이 되면서 손은 비록 기민하게 움직일지 몰라도 생각은 무뎌진다.

기업의 위기는 수많은 다른 답을 찾는 일을 멈추면서 시작되었다. 그러나 건강하고 성공한 기업은 보유하는 것만이 아니라 끊임없이 새롭게 획득하는 것을 멈추지 않는다.

망각하라, 그리고 새로운 답을 찾아라

그러므로 지금 우리에게는 이미 알고 있던 답을 망각하고, 고객이 우리에게 무엇을 원하고 있는지를 새롭게 알고 끊임없이 새로운 답을 찾는 활동이 필요하다.

그런데 우리는 망각을 부정적으로만 생각한다. 기록하고 지시에 순종하고 하나의 답에 의지하는 기업 문화에 있어서 망각은 무기력이나 태만이라고 생각한다. 그런데 지금처럼 급변하는 환경에서 망각 능력은 긍정이다. 창조가 가능하려면 과거에 얽매인 구속 상태로부터 벗어나는 것이 필요하기 때문이다. 우리가 외부의 변화에 능동적으로 반응하기 위해서는 우리의 의식이 기억의 구속 상태에서 벗어나야 한다. 많은 기업들이 과거의 성공이라는 덫에 걸리는 것도 망각하지 못해서 벌어지는 것이다. 결국 망각은 변화와 혁신을 위한 필요 요건이다.

윌리스 카프만은 〈길을 잃는 즐거움〉(나무 심는 사람/강주헌)에서 다음과 같이 말했다. "숲에서 길을 잃는 것은 무엇인가 새로운 것을 발견하는 기회였다. 숲을 걷는 일이 잦아질수록, 길 잃을 가능성은 줄어든다. 그러나 나는 길 잃을 새로운 방법을 찾아냈다. 밤은 길을 잃기 가장 쉬운 시간이다."

지금 우리는 길을 잃지 않으면 어떤 것도 찾아낼 수 없다.

새로운 답을 발견하는 방법 중 하나는 리더가 질문을 하고 질문을 바꾸는 것이다. 질문한다는 것은 모르는 자리로 다시 돌아가는 것이고, 끝없이 시작점에 다시 서는 것이다. 카프만의 이야기처럼 밤길을 나서는 것이다. 그동안 조직을 비추고 있던 답과 기준의 등불을 끄고 엉뚱하게 문제를 뒤집어 생각해보고, 어기면 절대 안 된다고 생각했던 기준과 규칙을 위반해보는 것이다. 나침판처럼 여기던 많은 매뉴얼들을 폐기하고 더 자세히 관찰하고 더 세심하게 귀 기울여 들어볼 일이다. 그리고 '만약에?'라고 질문하는 것이다.

'만약에?'라는 질문은 상상력을 발동시키는 매우 효과적인 방법이면서도 쉬운 방법이다. 이때, 실제 조건, 생각, 상황과 반대로 질문하기만 하면 된다. 이렇게 질문함으로써 우리가 제한하고 있는 여러 전제들로부터 벗어나, 상상의 틀 안으로 진입할 수 있다. 질문은 생각하는 초점을 바꾸고 감정의 변화를 만들어 다른 관점을 가지게 한다. 지금까지 집중하던 것을 버리고 새롭게 집중하는 힘을 갖게 한다. 그리고 우리가 가진 잠재력을 고양시킨다. 이런 질문은 개인의 내면적 동력이 작동되어야만 가능하다. 그러므로 조직도 지극히 사적이고 독립적인 주체가 일반화되어야 한다.

다름을 받아들이는 관용

우리나라의 고질병이 학연, 지연, 혈연에 있다는 것을 모르는 사람은 없다. 우스갯말로 최근 직장에는 흡연(담배 피우는 사람끼리 모인다고 해서 나온 말)이란 말까지 있다고 하니, 얼마나 끼리끼리 문화가 우리에게 익숙한 것인가를 알 수 있다. 이런 파벌은 직장뿐 아니라 정치, 경제, 사회에 만연하면서 양극화를 키우고 있다. 우리는 오랫동안 동서지역 갈등 속에 있었고, 최근에는 진보니 보수니 하는 이념의 대립으로 이어지고 있는 것도 파벌의 문화에서 생겼다고 할 수 있다. 무조건 상대방을 배격하는 문화가 사회 갈등을 키우고 있는 것이다. 최근 광장의 대립문화는 이를 잘 보여주고 있다. 우리나라의 사회갈등 지수가 OECD 국가 중 터키에 이어 2위에 오른 이유이기도 하다.

'다름'을 '틀림'이라고 말하며 갈등을 키우는 우리나라 사회 지도층에 비해 미국의 정치인들은 다름을 인정하며 상대를 이해하려고 한다. 2008년 미국 공화당 대선 후보에 오른 존 메케인 후보의 답변은 우리에게 큰 교훈을 주고 있다. 상대진영인 버락 오바마 민주당 후보에 대한 비난의 의견을 듣고 그는 이렇게 답한다. "아닙니다. 그는 훌륭한 가장이고 시민입니다. 다만 저와 근본적인 문제에서 의견이 다를 뿐입니다."

　그들에게는 경쟁이 서로 발전할 수 있는 계기를 만들어낸다. 하지만 우리에게 있어서 경쟁은 '싸움'이다. 우리가 아니면 남이 되는 것이다. 이러한 파벌 문화가 조직과 사회를 흑백으로 갈라놓고 그 사이의 다양한 색을 보지 못하는 색맹으로 만든 것이다.

　'다름'은 우리가 보지 못했던 것, 몰랐던 것, 경험하지 못한 것, 가보지 않은 길이다. 그렇기 때문에 다름을 받아들인다는 것은 관용을 필요로 한다. 관용은 열린 상태이고, 마음을 열고 외부의 경이로운 아름다움을 받아들이는 자세를 의미하기도 한다. 마음의 문이 열려 있다는 것은 나와 다름을 인정하고 받아들이는 것이고 이것이 바로 배움이다. 그래서 배우는 사람은 자신을 자기 경험으로만 무장하지 않는다.

　어제의 방법으로 오늘의 문제를 해결할 수 없는 시대, 내일의 문제를 해결하고 선도하는 조직이 되기 위해서는 생각의 차원을 바꾸어야 한다. 우리가 찾는 것이 이미 존재하는 정답이어서는 안 되고, 따라가고 중간을 강요하고 기계적으로 자기 일에만 매달리게 해서도 안 된다. 그러니 내가 모르는 것을 상대방이 틀렸다고 하지 마라. 그런 것이 없다고 생각하면 배움의 기회를 놓친다.

많은 사람들이 요즘 밤하늘에는 별이 보이지 않는다고 한다. 그러나 별이 보이지 않는 것이 아니라 불빛이 너무 밝아졌기 때문이다. 별은 그대로 밤하늘에 있다. 처음 조직에 들어와서 한창 일하고 일이 재미있을 때는 주변의 모든 것이 새롭고 다르게 보였던 기억이 있을 것이다.

그러나 지금 내게는 맞고 틀리다만 있지 다름은 보이지 않는다. 다름이 보이지 않으니 배움이 없고 배움이 없으니 두렵고 불안한 것이다.

배울 때는 마음의 문을 완전 무장해제하고 두려워해서도 안 된다. 낯선 것들이 들어온다고 해서 내 경험이 작아지고 초라해지는 것도 아니다. 두려움은 기존의 것을 지키고, 가진 것을 잃지 않을까 하는 불안에서 생긴다. 다시 말해 경험에 새로움을 더하지 못했을 때 불안이 찾아오는 것이다.

그러니 내가 의지하는 등불을 꺼야 밤하늘이 아름답다는 것을 알게 된다. 다름은 틀린 것이 아니다.

2장

질문으로
새로운 가치를
만들어라

질문하라.
너를 둘러싼 세계에
'왜'라고 물어라.
그것이 성공의 비결이다.

스티븐 스필버그

다름과 차이를
만들어내라

따라가지 말고 앞질러 가라

우리가 '다름'을 '틀림'으로 혼동하는 이유는 선도하지 못하고 따라가는 조직문화에 있다. 이미 만들어진 기준이나 방법을 빠르게 베끼고 따라가다 보니 기준에서 벗어나는 것은 모두 틀리다고 생각한 것이다. 모든 기준은 이미 정해져 있고 그 기준은 나보다 앞서가는 기업 즉 외부에 있기 때문에 조직 내에서 다른 의견은 시간 낭비일 뿐이다. 외부에 답이 있다고 생각하는 순간 내부 구성원들은 무조건 수용하기 바쁘다.

따라가는 것을 기업의 숙명처럼 여기던 환경에서 리더들이 입버릇처럼 하던 말을 나는 기억한다. "다른 회사는 하는데 왜 우리는 못하는데?" 이 한 마디가 한 곳에서 신제품이 나오면 얼마 안 있어 우후죽순처럼 유사제품이 쏟아지는 이유다. 5년 전 허니버터칩을 따라한 유사제품이 무려 11개가 나온 사례는 우리의 따라하기 문화를 잘 반영해주고 있다. 과자뿐만 아니라 산업 전반에 걸쳐 우리의 따라가는 문화는 만연하다.

얼마 전에 따라가기 바쁜 기업에서 강연을 한 적이 있다. 이 자리에서 나는 지금처럼 앞서가는 회사를 따라가는 데만 집중하면 영원히 2등을 면치 못할 것이라고 하였더니 대표이사를 비롯해 참석자 모두가 표정이 굳어졌다. 열심히 따라가고 있는데 초를 치고 있다는 표정이 역력해 보였다. 그래서 다시 "여러분의 경쟁 상대가 누구라고 생각합니까?"라고 물었다. 모두가 지금 앞서가는 기업이 경쟁 대상이라고 답했다. 그래서 어떻게 따라가면서 앞설 수가 있는지 궁금하다는 질문에 모두 할 말을 잃었다.

그렇다. 지금까지 따라가서 일등이 된 사례는 한 번도 없었다. 일등은 언제나 변방에서 일어났으며, 기존의 방식을 거부하고 새롭게 나타난 변종이었기 때문이다. 일등이 된 것은 같은 방식이 아닌 전혀 다른 패러다임의 전환을 통해서였지 따라가서 가능했던 것이 아니다. 그러니 경쟁 상대가 지금 1등하고 있는 기업이어서는 안 된다. 우리도 일등을 해야 하는 이유를 만드는 것이 중요하다.

그러기 위해선 먼저, 지금 우리가 제공하는 가치를 인정하고, 원하고, 중요하다고 느끼는 사람, 즉 '고객'으로 경쟁 상대를 바꿔야 한다. 고객이 원하는 것을 먼저 알아서 제공하고, 고객이 느끼고 싶어하는 것을 먼저 알아내기 위해서는 고객과 경쟁해야 한다. 답은 오직 고객이 가지고 있으니 시간이 조금 더 걸리더라도 경쟁사를 기웃거리지 말고 고객의 마음을 훔쳐야 한다.

벤치마킹에서 퓨처마킹으로

벤치마킹은 우리가 그동안 사회 전반에 걸쳐 가장 많이 사용한 말이 아닐까 생각한다. 따라가는 입장에서 가장 적합한 전략이었기 때문이다. 벤치마킹이란 일반적으로 경쟁우위를 차지하기 위해, 최고 수준의 기술이나 업무 방식을 배워서 경영성과를 높이려는 창조적 모방 전략을 일컫는다. 창조적 모방이란 말을 굳이 사용한 것은, 우수 기업이 최고 수준의 성과를 어떻게 만들었는가에 대한 정보와 자료를 파악하고 분석해서 상대보다 더 좋은 성과를 달성할 수 있기 때문이다.

성과를 달성했다고 해서 그 일이 창조적인 것은 아니지만 지금까지는 어울리는 표현이었다. 그러니까 우리는 개선이든 모방이든 실적을 올리는 대부분의 활동을 창조적이라고 표현했다. 분명한 것은 벤치마킹 전략은 선도하는 것이 아니라 따라가는 전략이라는 것이다. 그럼에도 많은 기업들이 벤치마킹을 선호한 것은 비용과 리스크, 실패에 대한 부담을 줄이면서 쉽게 따라할 수 있기 때문이었다. 그리고 많은 기업들이 벤치마킹 전략을 통해 성공한 것도 사실이다. 특히 근대화의 후발 주자이면서 자본과 자원이 부족한 우리에게 패스트 팔로워 전략은 가장 적합한 전략이었다. 그 결과 한강의 기적을 이룰 수 있었다.

적어도 지금까지는 벤치마킹으로 성공이 가능했다. 변화의 속도가 빠르지 않아 다른 사람이 만든 답을 베끼고, 빠르게 따라가기만 해도 중간은 갈 수 있었고 운 좋으면 앞설 수도 있었다. 그러나 기대는 여기까지다.

산행을 해본 사람은 알 것이다. 빠르게 변하는 환경에서 따라가는 사람이 할 수 있는 것은 앞서가는 사람의 뒷모습만 바라보는 일 아니면 중도 포기다. 평소에 준비하지 않은 사람은 시작할 때의 설렘도 금방 사라진다. 몸과 마음은 따로 가고 쓰지 않던 근육과 관절은 여기저기 아우성이다. 숨이 차고 심장은 터질 것 같다. 산이 아름답고, 공기가 맑아 살 것 같다는 탄성은 사라지고, 주위의 아름다운 풍경을 보고 느낄 새도 없이 점점 멀어져 가는 동료의 뒷모습을 따라잡기 급급해진다. 저 앞에서 한참을 쉬며 기다려 주던 동료들과 합류하여 배낭을 벗어 놓고, 땀이라도 한번 닦을 참이면 동료들은 벌써 다시 일어나 배낭을 짊어지기 시작한다. 그러니 준비하지 않은 사람이 따라가서 함께 갈 수 있다는 생각은 처음부터 틀린 것이다.

빠르다는 것은 어제의 답이 오늘 틀릴 수 있음을 의미한다. 빛의 속도로 변하는 시대에 따라가면서 시장에서 살아남을 수 있다고 생각한다면 착각이다. 시장은 그렇게 관용적이지 않다.

세계적인 경영학자 톰 피터스는 우리에게 전혀 생소한 '퓨처마킹'이란 말을 한 적이 있다. 우리는 톰 피터스가 한 말에 귀 기울일 필요가 있다. "베끼고 따라하는 벤치마킹 시대는 끝났다. 미래에 통할 것들을 상상해서 먼저 만들어야 한다. 이제는 퓨처마킹 시대다."

톰 피터스가 말하고자 한 것은 모방하고 따라하는 시대는 끝났으니 미래에 통할 것들을 상상해서 먼저 만들어야 한다는 것이다. 퓨처 에이전트인 양성식은 그의 저서 〈미래를 읽고 싶은 사람들을 위한 안내서〉(책비/양성식)에서 퓨처마킹을 이렇게 정의한다. "복잡한 환경 변화의 맥락을 이해하고, 다양한 미래를 예측하면서, 위기와 기회에 선제적으로 대응하기 위한 변화와 혁신을 실행함으로써 원하는 미래를 창조해 내고, 이 같은 활동을 지속 반복해 나가는 것이다." 여기서 중요한 것은 급변하는 환경을 지속적으로 분석하고, 미래를 상상하고 예측하여 변화를 실천하여 선도하는 것이다.

그러나 우리는 그동안 한 우물을 파야만 성공한다고 생각했다. 그뿐 아니라 기업이 본업이 아닌 다른 사업에 관심을 갖고 투자를 하는 것을 부정적 시선으로 봤던 것도 사실이다. 사실 틀린 말은 아니다. 따라가기 바쁜데 다른 사업에 눈을 돌리는 것은 한눈파는 것과 다름없었다. 이런 환경에서 본업을 벗어나 새로운 먹거리를 위한 신사업을 생각한다는 것은 쉽지 않은 일이었다. 환경변화에 민첩하게 대응하는 것은 호들갑을 떠는 일이었고, 미래를 상상하고 예측한다는 것은 망상이었다. 그러나 그렇게 한 우물만 파며 잘 나가던 기업들이 지금은 급속도로 변하는 환경에 적응하지 못하고 위기에 처해 있다.

다행인 것은 많은 기업들이 위기의식을 갖게 되었다는 것이다. 늦었지만 많은 기업들이 사내 벤처를 만들고, 산학이 협업하고, 민관이 협조하면서 활로를 찾으려고 애쓰고 있다. 또 다른 한편으로 인문학적 관심과 함께 인간의 삶을 바라보기 시작했다는 것은 대단히 고무적인 일이다. 기업이 인문학에 관심을 가졌다는 것은 상품 중심에서 사람 중심으로 시선이 이동했다는 뜻이다. 이것은 무조건 상품을 만들어서 팔겠다는 것이 아니라 인간이 욕망하는 필요를 찾아 만들겠다는 사고의 전환을 의미한다. 중요한 것은 인간이 무엇을 욕망하고 무엇을 필요로 하는가이다. 이 욕망과 필요를 찾기 위한 기업들의 경쟁이 시작되었으니 기업에서 인문학 열풍은 우연한 것이 아니다.

서강대 최진석 교수는 그의 저서 〈인간이 그리는 무늬〉(소나무/최진석)에서 인문을 이렇게 설명한다.

"문(文)은 원래 무늬라는 뜻으로, 우리 옷에 그려져 있는 무늬를 형상화한 글자이다. 문양(文樣)은 물건의 거죽에 어룽져 나타난 어떤 무늬, 조각품 따위를 장식하기 위한 여러 가지 무늬라는 뜻으로, 이 모양은 인간이 그리는 것이다. 그러므로 인문이란, '인간이 그리는 무늬'라는 말이다."

그리고 이렇게 부연한다.

"인간은 그냥 들쑥날쑥 사는 게 아니다. 하나의 큰 무늬, 커다란 결 위에서 산다. 결이란 나무, 돌, 살갗, 비단 따위의 조직이 굳고 무른 부분이 모여 일정하게 켜를 지으면서 짜인 바탕의 상태나 무늬를 말한다. 모두가 다르고 개성이 있지만 다른 개성들도 모두 다 하나의 결, 무늬 속에서 움직인다. 이렇게 일정한 결을 따라 움직인다면 상상과 예측이 가능하지 않을까?"

문제는 이 결의 간격이 갈수록 좁아지고 있다는 것이다. 과학기술의 발달이 상상력을 현실화하면서 삶의 결은 먼 미래를 말하지 않게 되었다. 한 세기, 한 시대와 같이 너무 먼 미래를 상상하고 예측하기에는 너무 많은 변수가 있다. 우리의 상상과 예측은 지금 우리의 삶에 영향을 미치는 것이어야 한다. 다시 말해 우리의 삶의 결은 이제 2~3년 간격으로 바뀌는 메가트랜드를 만들어 가고 있는 것이다.

이렇다 보니 매년 많은 학자와 전문가들이 미래를 예측하고 시나리

지식 말고 질문하라

오를 제시한다. 경제학자들은 세계경제에 닥칠 암울한 미래를 경고하기도 하고, 새로운 먹거리를 필요로 하는 기업들은 미래 사회가 필요로 하는 소비 키워드를 알아내기 위해 전문가를 찾거나 내부적으로 별도 조직을 만들어 준비하기도 한다.

스티브 잡스의 애플이나 일론 머스크의 테슬라 같은 기업이 어느 날 갑자기 나타난 것은 사실이지만 하늘에서 뚝 떨어진 것도 아니다. 이들은 끊임없이 인간의 욕망과 사회변화를 상상하고 예측하고 준비했다. 알다시피 애플은 컴퓨터를 만드는 회사였지만 스마트폰을 만들어 세계를 우리 손에 쥐어주었다. 일론 머스크 역시 자동차하고는 전혀 다른 인터넷 사이트를 운영하였지만, 전기차를 상용화하여 거리를 달리게 하고 있으며, 우주여행이라는 또 다른 사업에 도전하고 있다.

새로운 먹거리를 찾아야 한다

최근 우리 기업들이 신사업을 발굴하고 미래의 먹거리를 찾기 위해 팀과 조직을 만들어 투자하는 것은 고무적이다. 그러나 본업의 주변을 벗어나지 못하는 것은 안타까운 일이 아닐 수 없다. 우리와 같이 절박한 상황에서 신사업을 통해 미래의 먹거리를 찾은 후지필름과 자신의 사업 영역을 스스로 한정하지 않고 다양한 제품 포트폴리오 전략으로 성공가도를 달리고 있는 샤오미의 사례는 우리에게 많은 것을 시사하고 있기에 간단히 정리해 본다.

2000년에 후지필름은 절정을 이루고 있었다. 주력사업이었던 사진 필름 매출은 역대 최고를 기록하며, 경쟁사인 코닥마저 제쳤다. 그러나 절정은 순간이었고 디지털 카메라의 보급이 확대되면서 위기에 처한다.

매출이 급감하고 필름 시장이 급락하자 후지필름은 제2의 창업을 선언하며 혁신하기 시작했다. '상품을 판다'는 안일함에서 벗어나 '시장에 통하는 새로운 가치를 개발한다.'라는 의식 전환을 통해, 그동안 축적된 화학기술 노하우를 화장품과 의약품 등 다른 신규 사업에 응용하였다. 필름의 변성과정이 신체의 노화과정과 매우 흡사하다는 사실을 알고 이를 착안해 노화방지용 화장품 개발에 성공하게 된다.

그 결과 새 시장 개척에 성공하면서 본업의 소멸 위기를 극복하고 10년 만에 절정기 매출보다 70% 이상 높은 매출을 기록했다. 반면에 세계 필름시장을 양분하고 미국 필름시장의 90%를 차지하던 코닥은 2012년 1월 19일 파산신청을 했다.

이 과정에서 후지필름이 사용한 4분면 분석법은 유명하다. 4분면 분석법은 X축과 Y축으로 나누어 X축은 시장을 기존 시장과 신규 시장으로 나누고, Y축은 기술을 기존 기술과 신기술로 나누어 4분면을 만들었다. 그리고 필름 시장을 대신할 성장 시장을 찾기 위해 우선 사내에 어떤 기술이 있는지를 전부 꺼내 놓고 분석하고, 4개 영역에 어떤 기술을 적용해 어떤 제품을 낼 수 있을지를 철저히 연구하였다.

후지필름은 4분면 분석을 통해 다음 4가지 질문을 스스로 던졌다고 한다.

첫째, 기존 기술 가운데 기존 시장에서 우리가 적용하지 않은 것은 없는가?

둘째, 새로운 기술로 기존 시장에 적용할 것은 없는가?

셋째, 기존 기술로 새로운 시장에 적용할 것은 없는가?

넷째, 새로운 기술로 새로운 시장에 적용할 것은 없는가?

이런 분석을 통해 후지필름은 충분히 활용되지 않은 숨겨진 자산을 찾아내는 한편, 어떻게 변화하는 시장에 대응할 것이며 부족한 것은 무엇인지를 명확하게 알 수 있었다고 한다. 우리도 신사업을 준비하는 과정에서 충분히 재고해볼 가치가 있다.

샤오미는 2011년 8월 첫 제품 발표회를 연 지 불과 7년 만인 2018년 7월에 홍콩 증권거래소에 기업을 공개했다. 샤오미는 기업공개를 통해 47억 달러(약 5조 3000억 달러)를 조달하는 데 성공하면서 중국 최대 IT기업 중 하나가 되었다.

샤오미는 창업 첫 해에 두 가지를 증명했다. 하나는, 사용자의 참여로 더 좋은 제품을 만들고 있다는 것과, 또 하나는 좋은 제품은 입소문을 통해 더욱 널리 퍼진다는 것이다. 샤오미는 사용자와의 상호교류로 더 좋은 제품을 만들고, 입소문을 통해 마케팅의 파급력을 높이는 것, 즉 사용자 참여를 통해 개발하고 마케팅하고 서비스를 완성하여 젊은 이들이 모이는 멋진 브랜드로 만들고자 했다. 그러니까 샤오미의 성공은 "사용자를 친구로"라는 이념에 있었던 것이다.

창업자 레이쥔은 처음에는 짝퉁 아이폰을 만든다고 혹평을 받았고, '잡스의 모방꾼'이라는 조롱을 받기도 했다. 하지만 지금은 고객이 좋아하는 모든 제품을 상품화해 나가고 있다. 이렇게 할 수 있었던 비결은 자신의 사업 영역을 스스로 한정하지 않는 제품 포트폴리오 전략에 있었다. 샤오미 매장에 가보면 알겠지만 IT제품의 영역을 넘어 여행용 캐리어, 스마트 운동화, 공기청정기, 드론, 체중계, 전동스쿠터 등 일상생활영역까지 제품 포트폴리오를 확대하고 있다.

샤오미는 사업의 영역을 제품으로 규정짓지 않고, 고객이 샤오미로부터 원하는 것이 무엇인지를 파악해 다양한 시도를 해나가고 있다. 나는 샤오미 매장에 갈 때마다 새로운 상품이 늘어나는 것을 보고 놀란다.

우리는 질 들뢰즈가 했던 말에 귀를 기울일 필요가 있다.

'우리는 모방을 통해서 행동을 수정할 수는 있지만 결코 어떤 것을 창시할 수는 없다.'

리더는 물론 우리 모두의 고민이 깊어져야 한다. 지금 하고 있는 일은 물론 미래의 먹거리에 대한 고민이 멈춰서는 안 된다. 급변하는 변화를 읽고 끊임없이 상상하고 예측해야 한다. 리더 혼자의 생각으로 멈추면 망상이지만, 구성원들과 공감대를 형성하며 함께 상상하고 예측하는 일은 현실이 되고 미래가 된다는 것을 기억해야 한다.

조직이 창의력과 상상력에 대한 공감대를 형성하려면 역시 질문만한 것이 없다. 사람의 진정한 생각은 질문에 있지 답에 있지 않기 때문이다. 따라하고 답습하는 벤치마킹 시대에는 생각이 기억하는 것을 찾는 일이었다면 퓨처마킹 시대의 생각은 새로운 가치를 만드는 활동이다. 생각이란 새로움을 만드는 활동이지 기억하는 답을 찾는 일이 아니다.

'인간지능'이 중요하다

4차 산업혁명에 대한 관심이 뜨겁다. 변화는 항상 있어왔지만 이번은 과거의 양상과 다른 공포를 안겨 준다. 공포의 근저에는 이제까지와는 다른 차원의 기술로 인간의 고유 영역이 밀려나는 현상이 있다.

과거 산업혁명을 거치며 기계는 계속 인간의 물리적 한계를 뛰어넘었지만 그럼에도 인간이 주인의 역할을 유지할 수 있었던 이유는 지식을 습득하고 종합적으로 분석하여 판단하는 능력이 있었기 때문이다. 그러나 최근 인공지능이 이러한 인간의 능력을 더 효율적으로 수행할 수 있다는 것이 여러 분야에서 입증되면서 기존 인간과 도구로서의 관계에 일대 변혁을 예고하고 있다. 그리고 이러한 현상이 점점 더 가속화되면서 인간과 기계의 새로운 역할 정립을 고민해야 하는 시점이 빠르게 다가오고 있다.

최근 미국의 인공지능 회사 '오픈AI'가 2020년 5월에 공개한 GPT-3는 지금까지의 AI와는 차원이 다르다. 지금까지의 AI는 간단한 질문에만 답하고 사람이 하는 말을 잘 이해하지 못해 엉뚱한 결과를 내놓기도 했다면, GPT-3는 인간의 말을 인간처럼 다 알아듣는다. 1750억 개에 달하는 파라미터(매개변수)로 다양한 답변을 할 수 있고, 인간이 생각하지도 못했던 이야기를 능숙히 이어갈 수 있다고 한다. 최대 2048개의 단어까지 기억해 문맥을 파악하고 어떤 말이든 질문을 이해할 수 있으며, 초등학교 5학년 수준의 상식 확보가 가능하다고 한다. 여기서 멈추지 않고 오픈 AI는 앞으로 100조 개의 파라미터까지 발전시켜 더 다양한 기능을 수행할 수 있게 하겠다고 발표했다.

AI의 발달로 인해 분명 사회 전반에 큰 변화가 일어나겠지만, 그렇다고 AI가 교사가 되고, 의사가 되고, 판사가 될 수 있는 것은 아니다. 다만 교사를 보조할 수 있고, 의학적 지식을 조언하고, 법률 지식을 조언할 수 있을 것이다. 그러니 기계와 경쟁하기보다는 기계와 공생하는 방법을 모색해야 한다. 역사가 말해주듯 기계와의 경쟁에서 인간이 이긴 적은 없었다.

1870년대 철도노동자로 일했던 '존 헨리'라는 전설의 노동자가 있다. 그는 압도적인 체격과 업무능력까지 겸비한 넘사벽(매우 뛰어나서 아무리 노력해도 따라잡을 수 없거나 대적할 만한 상대가 없음을 이르는 말)이었다.

어느 날 공사현장에 시간과 인건비를 줄이기 위해 기계가 도입되고, 철도노동자들은 기계 때문에 자기들의 일자리를 잃을까봐 걱정을 하게 된다. 이때 존 헨리가 기계보다 인간이 훨씬 잘 할 수 있다며, 기계와 경쟁을 펼쳐 보겠다고 나선다. 그리고 존 헨리와 증기 드릴은 동시에 산을 뚫기 시작했다.

얼마가 지났을까. 굴을 뚫고 먼저 모습을 드러낸 것은 존 헨리였다. 모두가 환호하며 열광하는 순간 존 헨리는 쓰러져 죽는다. 인간이 최초로 기계와의 경쟁에서 패하는 순간이다. 존 헨리의 이야기는 우리에게 이런 메시지를 전한다. 죽을 만큼 하지 않으면 기계를 이길 수 없구나. 그리고 지금은 이겼지만 조만간 기계가 이기겠구나.

2012년 2월, IBM의 왓슨이 2004년에 74번이나 우승한 켄 제닝스와 그런 제닝스를 2005년에 이긴 브래드 루터를 상대로 퀴즈 게임에서 승리를 거두었다. 이 대회에서 왓슨은 43번의 단추를 눌러 38번의 정답을 맞혔다. 제닝스와 루터가 먼저 누른 횟수는 둘이 합쳐 33번에 불과했다.

이틀에 걸친 대회가 끝났을 때, 왓슨은 상대인 인간들이 번 액수의 3배가 넘는 7만 7천 147달러를 벌었다. 2위를 한 제닝스는 패배를 인정하며 이렇게 말했다. "20세기에 새 조립라인 로봇이 등장하면서 공장 일자리가 사라졌듯이, 브래드와 나는 '기계에게 밀려난 최초의 지식산업 노동자'가 되었습니다. 그리고 나는 내가 마지막이 아닐 것이라고 믿습니다."

2016년 3월에는 컴퓨터와 인간의 바둑 대결에서 알파고가 이겼다. 그리고 이어서 1년 후 알파고는 2017년 5월에 당대 바둑 랭킹 1위인 중국의 커제에게 완승을 거두었다. 이세돌은 알파고와의 대결에서 조금도, 한 순간도 앞섰다고 느낀 적이 없다며 완패를 인정했다. 바둑은 경우의 수가 흔히 우주에 존재하는 원자의 수보다도 많다고 한다. 이렇게 경우의 수가 많음에도 불구하고 인간은 기계에게 완패를 했다.

이것은 딥러닝 기술의 결과다. 딥러닝은 컴퓨터가 사람처럼 생각하고 배울 수 있도록 하는 기술을 뜻한다. 즉, 인간의 가르침을 거치지 않고도 스스로 학습과정을 통해 미래의 상황을 예측할 수 있다는 것이다.

이러한 인공지능의 영역이 이미 우리가 만들어 놓은 답에 의해서 만들어진 기계학습을 넘어 스스로 학습을 통해 무서운 속도로 진화하고 있다. 알파고도 이세돌과 대결하기 전에 끊임없이 바둑 기보를 가지고 전략을 스스로 학습했다고 한다. 뿐만 아니라 인공지능 의사인 IBM의 왓슨은 의학서 1500만 쪽 분량의 의료정보로 구축된 데이터베이스와 환자의 진료 정보를 바탕으로 가장 성공률이 높은 치료법을 제안해주고 있으며, 지금도 한 달에 7만 개 이상의 의학 논문을 분석하며 무서운 속도로 성장하고 있다고 한다. 이것은 인간이 인공지능의 영역에서 경쟁한다는 것이 얼마나 무모한 일인가를 잘 보여주고 있다.

24시간 잠을 자지도 먹지도 커피를 마시지도 않고 365일 단 하루도 쉬지 않고 학습이 가능한 기계와 같은 영역에서 경쟁한다는 것은 어리석은 일이다. 이미 사람의 일자리는 위협받고 기계의 일자리만 늘어나고 있는 것이 현실이다. 그러므로 지금 우리에게 필요한 것은 인공지능이 아니라 '인간지능'이다.

인지과학자 스티브 핑거는 이렇게 설명한다. "35년 동안의 인공지능 연구가 준 중요한 교훈은 어려운 문제는 쉽고 쉬운 문제는 어렵다는 것이다. 새로운 세대의 지적인 장치가 등장함에 따라, 주식 분석가와 석유화학 공학자와 같이 어려운 일은 기계로 대체될 위험에 처할 것이다. 반면에 예상할 수 없는 일이 수시로 발행하고 이러한 문제를 해결하기 위해 직관이 동원되어야 하는, 정원사, 요리사, 간호사와 같은 일은 수십 년 동안 직장을 지킬 것이다." 이 말은 모두 정원사나 요리사, 간호사가 되어야 한다는 말이 아니다. 인간만이 가능한 인간지능에 관심을 가져야 한다는 의미다.

인공지능은 인간지능의 한 부분을 극단적으로 발전시키려는 시도에서 탄생했다. 그리고 특정 분야에서는 이미 인간을 넘어섰지만 아직은 그 특정 분야가 인공지능의 한계다. 여전히 인공지능 로봇은 프로그래밍된 틀 안에서만 인간을 능가할 수 있다. 딥블루는 체스, 왓슨은 퀴즈게임에 능력을 보이고, 알파고는 바둑에만 놀라운 능력을 보일 수 있는 것이다. 반면에 우리는 보고, 듣고, 만지고, 느끼는 오감을 가지고 있다. 사물이 닿는 순간 정서적 파동이 일어나며 새로운 의미를 만들고 생각하고 판단하는 힘이 있다.

사람만이 할 수 있었던 영역을 인공지능이 잠식해오고 있기는 하지만 아직은 오감을 기반으로 감정을 표현하고 삶의 패턴을 인식하고 복잡한 커뮤니케이션을 하는 등 직관적인 활동에서는 대부분 인간이 우위를 보이고 있다. 예를 들어 영업사원은 고객과 커뮤니케이션을 통해 수준 높은 상호작용을 만들어갈 수 있으며, 상대방의 욕구와 필요를 생각하고 파악한다. 인간만이 쓸 수 있는 질문이라는 도구를 사용해 부족한 부분의 차이를 좁혀갈 수도 있다. 이렇게 서로 이해의 과정을 거쳐 신뢰하고 사랑하게 된다.

스페인 의류회사 '자라'는 인공지능이 아닌 인간지능의 이점을 적극 활용하여 소비자의 변화를 가장 빠르게 반영한 패스트 패션 전문기업이다. 자라는 매장 관리 알고리즘을 참조하는 것이 아니라 매장 관리자들의 의견을 참조한다. 매장 관리자들은 매장을 방문하는 고객들의 옷을 관찰하고, 어떤 옷을 좋아하고, 어떤 옷을 찾는지 이야기를 하고 들으면서 고객의 필요를 상세히 느끼고 파악한다. 매장 관리자들은 이런 과정을 통해 얻은 정보를 정리하여 본사에 전달하고, 수집된 정보를 바탕으로 새로운 디자인의 옷이 나온다. 자라는 한 번 생산한 디자인은 특별한 경우가 아니면 재생산하지 않는 것으로 유명하다. 자라의 디자인이 언제나 새로운 이유는 끊임없이 변하는 고객의 욕구를 반영하고 있기 때문이다.

우리는 아직 창의성을 지닌 기계나 모험과 혁신을 스스로 해내는 기계를 본 적이 없다. 운율에 맞춰 문장을 지어낼 수 있는 소프트웨어는 나왔다고 하지만 감정이입이 된 시를 쓰는 소프트웨어를 개발했다는 소식은 없다. 산문을 지을 수 있는 프로그램의 탄생은 놀라운 일이지만 무엇을 써야 할지를 이해하는 프로그램은 아직 나오지 않았다. 인공지능은 아직 인간의 창의성을 따라올 수 없다.

궁금해하고 상상하고 다양한 아이디어를 떠올리는 것은 기계가 인간을 따라올 수 없는 영역이다. 과학자는 새로운 가설을 떠올리고, 기자는 좋은 기사를 구상한다. 요리사는 새로운 요리를 추가하고, 공학자는 기계가 작동하지 않는 이유를 생각한다. 디자이너는 인간이 욕망하는 디자인을 구상한다. 기계는 이런 일들을 지원하고 촉진시킬 수 있지만 이런 활동을 주도적으로 이끌지는 못한다.

어느 날 파블로 피카소가 컴퓨터를 두고 '대답만 할 수 있는 것'으로 평가한 것은 맞는 말이다. 기계는 답은 할 수 있지만 질문하지 못하기 때문이다. 새로운 가치를 생각하는 질문은 오직 인간의 영역이다. 그러나 여전히 대답하는 일에 열심인 사람은 머지않아 기계에 의해 밀려날 것이다. 그리고 이제 기업의 채용도 어떤 답을 하는가보다 어떤 질문을 하느냐로 사람을 판단할 것이다.

앞으로 우리는 인공지능과 함께 살아갈 날이 길어지게 될 것이다. 그 속에서 잘 살 수 있는 방법이 무엇일까 고민해야 한다. 인간만이 할 수 있는 일, 인간이 더 잘할 수 있는 일을 고민해야 한다. 그것이 바로 사유하고 질문하는 일이다. 인류는 생각과 질문이 만드는 차이의 반복으로 발전해 왔고, 앞으로도 그럴 것이다. 조직의 발전도 다르지 않다. 생각하지 않아도 살아갈 수 있는 조직이란 없다. 사유하고 질문하는 조직만이 살아남는다. 리더의 사유와 질문이 멈추면 구성원들은 수용에 길들게 된다. 이러한 조직은 기계와 다르지 않다.

숫자의 차이가 아니라 고객가치의 차이를 만들어라

기업은 매년 4분기가 되면 다음 년도의 경영전략 수립에 바쁘다. 그 계획은 경제 동향과 산업 조건의 상황에 대한 거창한 묘사로 시작한다. 매출 목표와 예산을 설정하고 그에 따른 M/S확대 전략, 새로운 시장 개척, 비용 감축 방법 등 수많은 숫자로 채워지고 지나칠 정도로 많은 그래프가 첨부된다.

그러나 이 과정의 목표는 경제 상황과 무관하게 언제나 위에서 정해진 숫자로 결정된다. 이렇게 목표가 정직하지 못하니 과정 또한 아름답지 못하고, 경영자들은 경쟁에서 벗어나 새로운 가치를 만드는 방법을 찾고 개발하는 대신 전형적인 틀에 끼워 맞추는 수치를 찾느라 시간을 보낸다.

이렇게 만들어진 목표와 전략이 각 부서에 하달되지만 누구도 목표에 공감하고 전략을 이해하지 못하는 경우가 대부분이다. 그리고 자세히 보면 기업이 나아가야 할 선명하고 통일된 방향성 없이 각 부서마다 잡다한 전술로 가득하다. 이런 상황이 우리 회사의 경영 전략 수립 과정과 비슷하다고 생각하지 않는가?

시장조사를 통해서는 더 이상 시장의 변화를 다룰 수가 없다. 시장조사는 미래와 점점 멀어지는 과거를 분석할 뿐이고, 미래에 대한 통제는 시장경쟁에서 패배를 초래하는 요인이다.

시장이 안정되고 약간의 변화가 수반되는 상황에서는 지금과 같은 기업의 전략이 효과적일 수 있었다. 그동안 기업들이 3년에서 5년 단위로 세우던 계획도 예측 가능한 변화만큼만 수정하면 되었다. 그러나 최근에는 많은 기업들이 본래 계획이라고 만든 전략이 얼마 안 가서 진부해지는 경험을 한다. 계획기간이 끝나기도 전에 시장이 이미 앞서가는 상황을 많은 기업들이 경험하고 있다. 3년 계획은 1년 계획이 되어버리고 1년 계획은 6개월을 넘기지 못하고 폐기되는 사례도 있다. 숫자로 세우는 계획은 더 이상 유효하지 않게 되어버린 것이다.

시장이 발달한 경로를 따라가는 전략은 기업에 장애가 되고, 시장의 가능성에 대해 민첩하게 대응할 수 있는 가능성을 방해한다. 이제 어떤 전략도 시장보다 강하고 빠를 수 없다. 뿐만 아니라 아무리 우리가 민첩하더라도 시장의 변화속도에 맞추어서 전략을 변화시킬 수도 없다. 빈틈없이 숫자로 세운 전략 때문에 시장 변화에 꼼짝할 수 없다면 기업의 미래는 위험하다. 급변하는 시장을 앞서가려면 시장과 함께 흘러가는 유연한 사고가 필요하다.

이제는 숫자 중심의 전략과 소수 경영진의 통제로부터 벗어나야 한다. 그리고 고객가치의 차이를 만들어야 한다. 그렇게 하려면 시장의 가능성에 민감한 직원들의 다양한 안목을 가이드로 삼아야 한다.

그럼 왜 많은 기업들이 기회가 있을 때마다 고객가치를 말하지만 성공하는 기업은 적을까? 이걸 논하기에 앞서 고객가치의 본질과 왜 본질에 충실할 수 없었는지에 대해 알아볼 필요가 있다.

첫번째 고객가치의 본질은 기업이 아닌 고객이 가치의 기준이 된다는 것이다. 고객이 가치를 인정하는 것만이 시장에서 살아남는다는 말이다. 그동안 우리 기업들은 고객가치보다는 기업가치를 기준으로 제품과 서비스를 만드는 경향이 높았다. 원가에 맞춰 재료를 선택하고, 운영의 편리함을 고려하여 서비스를 제공했던 것이 사실이다.

대량생산, 대량소비 시대의 상품은 기업의 기준에 맞춰 생산되고 광고 선전을 통해 고객의 소비를 촉진시켰다. 우리가 알다시피 CF가 보여주고 약속하는 이미지가 사실이 아니라는 것은 모두가 잘 알면서도 기업이 의도하는 대로 소비되었다. 이렇게 광고 카피의 허구와 진실성이 결여된 시장은 공급자 중심이다. 그러나 이제 아무리 손익이 좋고 기업이 운영하기 편리하여 내부적으로 만족도가 높아도 고객의 선택을 받지 못하면 끝이다. 가성비는 고객이 느끼는 것이지 기업이 느끼는 것이 아니다.

두번째 본질은 고객의 필요가 모두 다르다는 것이다. 그러나 각기 다른 욕구와 필요를 느끼면서도 공급자 중심의 시장에서 고객의 가치는 '가격'으로 표준화되었다. 기업은 가격 경쟁을 하고 고객은 가격이 저렴한 상품을 선택했으며, 기업은 더 좋은 상품을 연구하고 개발하기보다 표준화와 자동화 설비 투자를 통해 가격을 낮추는 데에만 노력했다. 시장에 고객은 없고 가격만 존재했다. 그러나 이제 시장은 자기욕구를 실현하고자 하는 개인들로 가득하다. 더 이상 시장은 이성적이지 않고 감성적으로 변했다.

세번째 본질은 고객의 가치는 변한다는 것이다. 장수 상품하고는 다르게 한 상품을 참 오래도록 우려먹는 경우가 많다. 단물 빠지면 잠시 생산을 중단했다가 어느 날 포장만 바꾸어 슬그머니 다시 시장에 등장한다. 이것은 고객에 대한 기만이고, 한 번 성공한 방법으로 두 번 세 번 재탕하는 것은 경영에서 가장 큰 실패의 원인이다. 시장은 계속 변한다. 흐르는 강물과 같이 말이다. 이제 흐르는 강물에 두 번 발을 담그려 해서는 안 된다. 어리석은 짓이다. 그동안 우리 기업들이 고객가치의 본질을 이해하는 데 소홀했다면 이제 고객가치에 대한 정확한 이해를 통해 시장의 변화에 맞게 새로운 고객가치를 만들어야 한다.

그럼 고객가치는 어떻게 만들 수 있을까? 어려운 문제다. 타인의 마음을 아는 것은 쉬운 일이 아니다. 그것도 고객이란 불특정 다수의 마음을 읽는 것은 더 어려운 일이다. 그동안 많은 기업들이 고객의 마음을 알려고 노력했지만 성공하지 못했다.

이유는 간단하다. 고객으로부터 무엇을 파악해야 하는지 충분히 생각하지 않고 보고를 위한 조사가 되었기 때문이다. 이때 많은 기업들이 주로 했던 방법이 고객 설문조사다. 설문조사의 결과는 언제나 숫자로 표시되었고, 우리는 이런 숫자에 대한 믿음이 강했다. 숫자 중심의 기업문화에서 숫자는 가장 신뢰하는 설득도구였기 때문이다.

그러나 설문은 대부분 설문자의 의도대로 이루어진다. 참여자는 자기와 무관한 일이기 때문에 의뢰자의 의도대로 답변을 할 확률이 높다. 그래서 스티브 잡스는 신상품 기획을 할 때 설문을 하지 않은 것으로 유명하다. 이유는 설문에 참여하는 사람들이 신상품을 기획하는 사람보다 정보와 지식이 부족하기 때문이다.

앞서 소개했듯이 샤오미는 고객을 참여시킴으로써 지속적으로 답을 찾아간 좋은 사례다. 샤오미의 창업자 레이쥔은 처음 회사를 창업할 때 팬들이 참여하는 회사를 만들고 싶어했다고 한다. 그는 사용자도 제품 생산에 참여하는 것이야말로 미래에 진정 가치 있는 회사라고 생각했다. 그는 동료 리완창이 쓴 〈참여감〉(와이즈베리/리원창/박주은)의 서문에서 이렇게 말한다. "나는 샤오미를 설립할 때부터 미래에 회사가 얼마나 크게 성장하든 그 규모에 관계없이 사용자들이 활발히 참여하는 음식점 같은 곳이 되기를 바랐다. 사장을 포함해서 찾아오는 손님들 모두가 친구인 회사. 이렇게 고객과 친구가 될 때 회사도 오랫동안 성장, 발전할 수 있다."

그는 어떻게 하면 사용자도 자유롭게 의견을 낼 수 있는 운영체계를 만들 수 있을까 고민했고, 이 고민이 훗날 매주 업데이트라는 인터넷 소프트웨어 개발주기의 모델이 되었다. 그러니까 샤오미에게 있어 성장의 가장 큰 동력은 고객이다. 상품개발은 물론 운영체계까지 고객을 참여시키며 끊임없이 사용자의 의견을 묻고 반영한 결과라고 할 수 있다.

지속적으로 고객가치의 차이를 만드는 것도 쉬운 일이 아니다. 그러나 차이의 반복을 어렵게 하는 것은 경쟁사도 시장도 아닌 우리 자신이다. 과거의 성공에 집착하여 시장의 흐름과 고객가치의 변화를 놓치기 때문이다.

우리는 시간이 흐른다는 것을 안다. 상황도 변하고, 고객의 마음도 변하고, 의미도 변한다는 것을 모른 적은 없다. 그럼에도 일상의 변화를 체화하며 받아들이는 것은 쉽지 않다. 여전히 '과거의 성공'이라는 열매의 달콤함이 입안에 가득한데 다시 쓴맛을 맛보려 하는 것은 쉽지 않은 일이다. 그러기에 성공한 경험을 놓고 새로운 가치를 만든다는 것은 어렵다. 그러나 그것이 생사의 문제라면 어쩌겠는가?

노키아의 변신은 우리에게 많은 것을 시사한다. 노키아는 1871년 제지업으로 시작하여 이후 고무 사업으로 업종을 변경하고, 1960년대 다시 전자 장비 사업으로 변신을 한다. 그리고 1980년대에는 컴퓨터, 2000년대에는 휴대폰 사업으로 확대하면서 환경 변화에 맞춰 발 빠르게 변신을 시도한다. 그리고 세계 휴대폰 시장을 장악했다. 뿐만 아니라 경영이 투명하고 도덕적인 것으로도 유명하여 세계 많은 대학의 MBA 과정에서 가장 우수한 성공사례로 다루었다.

그러나 스마트폰 시장으로 환경이 바뀌면서 위기가 온다. 노키아의 스마트폰 OS 신비안과 미고의 개발이 지연되며 방심한 사이 애플의 iso와 구글의 안드로이드가 세계 시장을 양분하게 된다. 노키아의 태양이 저물어가는 순간이다. 이후 2013년 9월 MS사에 단말기 사업 분야 전체를 매각하기에 이르렀고, 2014년 MS사가 노키아 브랜드를 폐기하면서 노키아는 역사 속으로 사라진다.

노키아의 몰락은 스스로 거둔 성공의 제물이 되었기 때문이다. 성공의 달콤함에 빠진 노키아는 자신들을 위대하게 해준 개방적이고 혁신적인 문화를 통해 고객가치의 차이를 만드는 것을 잃어버렸다. 노키아의 사례는 달콤한 현실에 안주한 결과가 어떤 것인지 잘 보여주고 있다. 그러나 역사의 뒤안길로 사라질 것 같았던 노키아는 혁신기업답게 세계적인 통신장비 기업으로 다시 부활하고 있다. 우리는 노키아의 부활을 지켜볼 필요가 있다.

기업의 가치는 지금도 숫자로 평가된다. 그러나 그 가치가 정직하지 못한 수의 반복에서 얻은 결과인지 고객의 가치를 통해 얻은 것인지는 짚고 넘어가야 한다. 기업가치가 매출 목표를 지향한다면 고객가치는 고객을 향해 끝없이 차이를 만드는 활동이다. 기업이 위기에 처하는 것은 바로 고객가치의 차이를 만드는 활동이 멈출 때이다.

이렇듯 기업의 성장은 숫자 차이의 반복이 아니라 고객가치 차이의 반복에 의해서만 가능하다. 고객가치의 차이는 고객에 대한 이해 없이는 불가능한 일이다. 그러므로 고객에게 묻고 고객과 접점에 있는 현장 직원들에게 질문해야 한다. 차이를 만드는 열쇠는 질문에 있다. 고객의 생각을 묻고, 시장에 물어야 한다. 다시 말하지만 리더의 질문이 멈추면 스스로가 답이 되어 고립되고 사라진다는 것을 잊지 말아야 한다.

질문하는 조직문화를
만들어라

수평적 조직으로의 전환

오늘날 비즈니스 환경은 당장 내일을 예측할 수 없을 만큼 급변하고 있다. 그러나 기업의 조직문화는 여전히 굴뚝 산업시대에 만들어진 조직체계와 통제 방식에서 벗어나지 못하고 있는 것이 현실이다. 리더들은 더 바빠지는 업무에 묻혀 미래를 준비하지 못하고 있고, 현장의 직원들은 여전히 권한 없이 지시의 한계를 넘지 못하고 있다. 그러나 과거의 방식, 누구나 생각할 수 있는 보편적 방식으로는 4차 산업혁명의 급변하는 시장경제에서 살아남을 확률이 점차 희박해지고 있다. 다시 말해 4차 산업혁명에 맞는 혁신이 이루어지지 않는다면 어떤 기업도 지속할 수 없다는 것이다. 이런 위기감 속에 많은 기업들이 한 가지 생각만을 고집하고, 문제에 대한 원인 중심의 수직적 조직문화에 한계를 느끼면서, 전혀 다른 수평적 조직문화로의 전환을 모색하고 있다.

의사결정 단계 줄이기, 직급에 상관없이 **님으로 부르기, 영어 이

지시 말고 질문하라

름을 부르기 등이 많은 기업에서 유행처럼 번진 적이 있다. 수평적 조직문화를 만들기 위한 다양한 노력들이었다. 그러나 이것들을 수평적 조직문화로 정착시킨 조직은 많지 않다. 그럼 왜, 수평적 문화로 정착시키지 못할까?

결론적으로 말하면 '문화'와 '구조'에 대한 잘못된 이해에 있다. 일반적으로 '수평적 조직'이라고 하면 계층이 없거나 계층구조가 단순화된 것으로 생각한다. 그래서 많은 기업들이 계층을 허무는 일에만 집중했다. 그러나 조직 구조를 2~3단계로 줄여서 보기에는 수평적으로 보이게끔 하더라도 리더가 자신의 일하는 스타일을 고수한다면, 즉 '알 것 없고, 지시 대로만 해'라고 한다면 조직문화는 여전히 수직적일 수밖에 없다.

반면에 수직적 조직 구조를 가지고 있더라도 충분히 수평적 조직문화를 형성할 수 있다. 수평적 조직문화를 가졌다고 생각하는 기업들을 보면 조직도 자체는 일반적인 기업과 별로 다르지 않다.

'수평적 조직'을 위와 아래가 없는 조직의 단계로만 제한해서 받아들이면 안 된다. 수평적 조직문화란, 의사결정 과정에서 직급에 상관없이 구성원들의 의견이 충분히 논의되고, 다른 의견이 묵살되지 않고 존중되는 문화다. 즉 조직의 의사결정 과정에 구성원들이 충분히 참여할 수 있고, 반대 의견을 말할 수 있고, 반대했다는 이유로 불이익을 받지 않는 문화를 말한다. 그렇다고 팀원들 모두가 의사결정을 내리는 것도, 모두가 합의해서 내리는 것도 아니다.

의사결정 과정에서 모든 사람에게 발언권을 부여하는 것이 합당하다고 생각할 수 있지만, 그렇게 할 경우 제때 결정이 내려지지 않는 등 단점도 있다. 업무 수행보다는 의견을 조율하고 회의하느라 시간을 허비할 수 있기 때문이다. 합의에 기초한 방식은 더 많은 사람의 목소리를 수용하고 존중하려는 바람에서 만들어지지만 조직의 민첩성을 키우는 데는 도움이 되지 않는다. 특히 지금과 같이 급변하는 비즈니스 환경에서는 위험하다. 그렇기 때문에 의사결정은 의사결정자가 내리고 책임도 져야 한다.

결국 수평적 조직문화가 이루고자 하는 것은 합의가 아니라 과정의 자율성에 있다.

도로 교통이 원활하려면 모든 차들이 교통질서를 잘 지켜야 하듯이 조직도 자율적이려면 조직이 세운 원칙과 개인에게 부여된 권한의 한계를 지키고 상호작용이 가능한 질문을 하는 것이 중요하다.

자율적인 조직을 만들기 위해 지켜야 할 것

그럼 자율적인 조직은 어떻게 만드는가? 첫번째로, 조직이 세운 '원칙'을 지켜야 한다.

많은 사람들이 원칙이 엄격한 조직을 자율적이지 않다고 생각하지만 그렇지 않다. 우리는 스타트업의 성공신화라고 부르는 '배달의 민족'을 가장 자율적이고 수평적인 문화를 가진 기업으로 생각한다. 그러나 배달의 민족이 원칙처럼 생각하는 '일 잘하는 방법 11가지' 중 하나를 보면 '9시 1분은 9시가 아니다'라고 되어 있다. 좀 강압적이고 경직된 분위기 같지 않은가? 그럼에도 우리는 배민을 가장 수평적 조직

자사 말고 질문하라

문화를 가진 기업이라고 생각한다. 이런 원칙을 잘 지키기 때문이다.

조직이 자율적이지 않은 이유는 원칙이 많고 엄격해서가 아니라 조직의 원칙이 무엇인지 이해하지 못하기 때문이다. 즉, 원칙이 아닌 것을 너무 많이 지키고 있기 때문이다.

예를 들어 원칙이 아닌데도 눈치껏 지켜야 하는 것들이 있다. 출퇴근 시 상사의 눈치를 보고, 복장을 지켜야 하고, 회의 때마다 상사의 취향에 맞는 음료를 챙겨야 하고, 회식에 무조건 참석해야 하고, 회의 준비는 막내 사원이 하고, 상사의 식사 시간을 챙겨야 하는 경우다. 이런 것들은 누가 원칙으로 정해 놓지는 않았지만 암묵적인 룰이 되어 다른 원칙보다 더 칼같이 지켜야 한다. 이런 것들이 너무 많다 보니 자율적이기는커녕 직장에서 하루 종일 눈치만 보다 끝나는 것이다. 이렇게 원칙이 아닌 것들을 지켜야 할 때 자율성을 침해받는다.

조직의 의사결정 과정에서도 원칙이 없어서 어린아이 취급을 받는 경우가 많다. 3000만 원짜리 자동차를 살 수 있을 정도로 판단 능력이 좋은 직원이 조직에서 3만 원짜리 구매건조차 결재서류를 작성해야 하는 우스꽝스런 상황이 벌어진다.

고객과의 관계에서도 그렇다. 고객가치에 대한 확실한 원칙이 있고 그것을 지킨다면 누구든 그것이 무엇이든 자율적인 의사결정을 할 수 있지만, 지켜지지 않는다면 결정은 미루어질 수밖에 없고 고객의 불만은 쌓여갈 것이다.

자율적인 조직은 원칙은 있지만 사정이 있으니까 '나는 이렇게 해도 되겠지'라며 느슨하게 지켜도 되는 조직이 아니다. 원칙은 반드시 지키되, 원칙으로 정해지지 않은 부분에 대해서 눈치 볼 필요가 없는 조직이 자율적인 조직이다. 원칙을 대충 지켜도 되는 곳은 회사가 아니라 동아리다. 호칭을 통일하고, 반바지를 입고, 출퇴근의 자유를 주는 것 같이 겉으로 드러나는 것만 바꾼다면 자칫 구성원들이 내 마음대로 해도 된다고 착각할 수 있다. 최근 버릇없는 직원들이 많아졌다고 생각한다면 지켜야 하는 원칙을 세우는 것이 아니라 겉만 치장하고 있지 않은지 생각해봐야 한다.

두번째로 '권한의 한계'를 지켜야 한다. 조직은 대부분 피라미드 형태이다. 맨 아래에는 사원(사원~대리), 중간관리자(과장~팀장) 그리고 경영진으로 구성되어있는 것이 일반적이다. 그리고 각 포지션에 맞는 권한과 책임이 있다. 그러나 자율적이지 못한 조직은 권한과 책임이 정확하게 지켜지지 않는다. 권한과 책임을 명확하게 제시하지 않았기 때문이다.

이는 채용 시부터 어떤 역할을 하고 무엇을 결정할 권한이 있는지 명확하게 말해주지 않고 경력과 스펙 위주로 채용이 이루어지기 때문이다. 그렇다 보니 중간관리자가 결정해야 할 일을 상사가 간섭하는 경우가 많다. 나도 직장에서 많이 경험한 일이지만 팀에서 해야 하는 일의 가이드라인을 임원들이 정해주고 그것도 부족해 수시로 간섭당했다.

수직적 조직에서는 업무의 역할과 권한이 어디까지인가와 별도로 어디까지 결정에 간섭해야 하는가의 문제가 있다. 이 수직적인 범위를 '관리의 한계'라 하자. 관리의 한계를 지키는 것은 아랫사람이 권한을 스스로 결정할 수 있도록 존중하는가의 문제이다. 그렇지 않고 중간관리자가 할 결정을 중간관리자의 상사가 간섭한다면 어떻게 될까? 상황에 따라 그럴 수도 있겠지만 매번 그런다면 어떻겠는가?

보통 관리의 한계는 한두 단계 정도가 정상이다. 그런데 비정상적으로 넓은 조직이 많다. 임원이나 대표이사가 사원급 직원을 놓고 깨는 회사가 바로 그런 곳이다. 나도 직장에 있을 때 대표가 회의 때 대리하고 다투는 것은 물론이고, 현장사원들의 답변이 맞고 틀리고를 가지고 시시콜콜 따지는 것을 많이 봤다. 자기가 회사의 모든 것을 챙기고 있고, 자기 없이는 조직이 제대로 안 돌아간다고 생각할지 모르지만 착각이다.

이렇게 관리의 한계를 넘어 세부사항까지 통제하는 것을 조직의 암으로 규정하기도 한다. 세부 사항까지 통제하게 되면 좋지 않은 이유는 먼저, 구성원들이 일을 주도적으로 못하고 시키는 일만 하게 되면서 사기를 떨어뜨린다는 데 있다. 그 다음은, 일이 잘못되었을 때 아무도 책임지려 하지 않는다는 것이다. 수용자는 그저 시키는 대로 했을 뿐이지만 지시한 사람은 제대로 시켰는데 네가 똑바로 못해서 그런 거 아니냐고 다그칠 것이기 때문이다. 마지막으로, 작은 일부터 결정을 내리고 책임지는 연습을 할 기회를 박탈하기 때문에 리더를 키워낼 수 없다. 그러므로 관리 한계의 폭을 좁히고 구성원들에게 주어진 권한을 스스로 지킬 수 있도록 존중해야 한다.

세번째로 지켜야 할 것은 질문으로 상호작용을 하는 것이다. 지시만 횡행하는 수직적인 조직문화에서는 문제에 대한 답을 찾기 바쁘고 무엇이 잘못되었는지에만 관심이 있다. 잘잘못을 따지는 문화는 질책과 책임전가만 있기 마련이다. 그리고 답을 찾는다는 것은 앞으로 나가지 못하고 과거 속에 머물겠다는 의미다.

이런 문화는 호기심, 도전 정신, 모험 정신, 그리고 실패를 권장하지 않는다. 이런 조직은 노골적이든 암묵적이든 경직되고, 안이하고, 방어적이고, 기계적인 사고와 습관을 장려하는 문화가 지배적이다. 구성원의 사기가 떨어지고 팀워크는 엉망이고 조직이 생명력을 잃는다.

반면에 질문하는 문화는 책임을 공유하는 문화다. 상대방에게 질문하고 함께 답을 찾을 때는 단순히 정보만 공유되는 것이 아니라 책임 또한 공유된다. 책임을 공유하게 되면 아이디어, 문제, 결과까지도 공유된다. 더 이상 나 또는 너만의 문제가 아니라고 생각하게 된다.

질문은 대화와 협력의 표시이기도 하다. 서로 질문을 하게 되면 상대방의 관점과 자기 관점을 분명히 알게 되어 협력하고 합의를 이끌어 낼 수 있다. 상대방이 문제를 물으면 재미있게도 상대방의 문제에 대해 더 흥미가 생기고, 대답을 들으면 그의 반응과 관심에 고마움을 느끼게 된다.

수직적 조직문화에서는 리더들이 무엇이 잘못되었는지를 묻는다면, 현명한 리더는 무엇이 잘못되었는지 묻지 않는다. 무엇이 잘됐고, 무엇이 가능하며, 개선안이 무엇인지 묻는다. 가능한 것을 찾고 불가능한 것은 찾지 않는다. 발전과 지속적인 학습에 집중할 뿐 불평과 탈출구에는 관심 갖지 않는다.

상호작용을 통해 학습이 이루어진다면 자연스럽게 조직은 수평적으로 변할 것이다.

자율과 책임 문화

최근 기업과 우리 사회에 주 52시간 근로제도 문제가 화제를 넘어 시끄럽기까지 하다. 기업들은 주 52시간제 도입으로 생산성이 크게 떨어져 힘들고 근로자들은 근로시간 단축으로 각종 수당이 줄어 못살겠다며, 모든 것이 준비 없이 시행한 정부 탓이라고 한다.

주 52시간 근로제를 시행한 이후 우리나라 근로자들의 연평균 근무시간은 2163시간(2014년)에서 1967시간(2018기준)으로 많이 줄기는 하였지만 여전히 OECD 국가 중 일을 가장 많이 하는 나라에 속해 있다. 그런데 이게 꼭 정부의 탓이기만 할까? 물론 정부가 전통적인 산업 틀에서 벗어나지 못하고 전 산업에 일률적인 기준을 적용한 것은 시대착오적이다. 그러나 가장 큰 문제는 기업이 생산성의 문제를 근로시간으로만 생각한 것에 있다.

어떤 문제든 외부 환경에 영향을 받지만 근본적인 문제는 밖이 아니라 안에 있기 마련이다. 자기 안에서 찾지 못하는 문제를 밖에서 찾으려고 하는 것은 외부 힘에 의해 변화를 시도하려고 하는 식민근성에 불과하다. 그러니 누구를 탓하기 전에 먼저 자신의 문제부터 들여다보아야 한다.

산업화 사회는 생산성과 효율성에 초점을 맞춘 관리와 통제를 통해 기업의 경쟁력을 강화하는 시스템이었다. 노동과 자본이라는 생산요소가 중심이 된 관리체계에서는 개인의 지식보다 시간을 더 중요한 자산으로 평가했다. 우리가 근로시간에 목을 매는 것은 여전히 산업화적 사고에 머물고 있기 때문이다.

지금도 우리 기업들의 경영분석이 매출액 대비 인당 노동생산을 우선하며 구성원의 역량을 평가하고 있는 것이 반증이다. 반면에 선진 기업들은 시간보다 구성원들의 지식을 통해 효율적으로 일하는 방법과 새로운 비즈니스 기회를 모색하고 있다는 것을 알아야 한다. 선진 기업들은 더 이상 관리와 통제가 미래를 살아가는 방법이 아니란 것을 안다. 그들이 끊임없이 찾고 있는 것 중 하나가 자율과 책임문화를 만드는 것이다.

꼭 선진 기업이 아니어도 자율과 책임 문화를 정착시키며 글로벌 기업으로 성장해 가는 기업도 많다. '마이다스 아이티'도 그런 기업 중 하나다. 마이다스 아이티는 건설 및 기계분야 등 종합 엔지니어링 서비스를 제공하는 기업으로, 이름은 다소 생소하지만 글로벌 매출이 1000억 원을 넘는 국내 중견기업이다.

이 기업의 비전은 '대한민국 공학 기술 자립화의 꿈을 넘어 마이다스 아이티의 기술이 세계 표준이 되는 그날까지.'다. 비전 대로 건설구조분야 공학소프트웨어 세계 1위 기업이기도 하다.

마이다스 아이티를 설립한 이형우 대표는 절대 직원들을 생산 요소로 평가하지 않는다고 한다. 그는 직원들에게 최대한 자율권을 주면서 스스로 책임감 있게 일하는 기업가적 마인드를 가질 수 있는 문화와 시스템을 만드는 데 역량을 집중한다고 한다. 채용단계부터 스펙을 보지 않으며, 무징벌, 무상대평가, 무정년은 물론 호텔식 식사와 식사

후 낮잠의 자유도 있다. 이런 문화가 정착되면서 누가 강요하지도 않고 추가 야근 수당이 없음에도 직원들은 새벽까지 불을 켜 놓고 일을 하고 있으며 한번 맡은 일은 끝까지 책임지는 집요함을 갖게 되었다고 한다.

누구는 되고 누구는 안 되는 법이란 어디에도 없다. 일을 한정된 공간에서만 해야 된다는 법도 없다. 기술은 이미 공간을 넘어선 지 오래다. 그러므로 주 52시간 제도의 문제도 업에 따라 차이는 있겠지만 자율과 책임 문제에서 생각해볼 필요가 있을 것이다.

그럼 어떻게 우리는 자율과 책임문화를 만들어 갈 수 있을까? 모든 기업이 마이다스 아이티처럼 하기란 쉽지 않다. 이것은 대표이사의 확고한 의지가 있어야 가능한 일이다. 그러나 모든 기업과 조직이 가능한 방법이 있다. 바로 질문하는 문화를 만드는 것이다.

3장

어떻게
  질문할
 것인가?

어떤 문제를 푸는 데
나에게 1시간이 주어진다면
그 가운데 55분을 나는
질문을 구성하는 데 쓸 것이다.
질문을 체계적으로 잘 구성하면
답은 5분 내로 찾을 수 있다.

아인슈타인

질문리더십의
전략

질문의 효과

리더의 질문은 다음과 같은 구체적인 효과를 얻을 수 있다.

첫번째, 개인과 조직의 학습기반이 강화된다. 기본적으로 질문은 학습기회가 되기 때문이다. 질문을 통해 더 깊이 생각하고, 전혀 다른 관점을 가질 수 있다. 10명이 같은 경험을 해도 모두 느낌이 같을 수 없듯이 우리는 다른 삶을 통해 다른 세상을 볼 수 있다. 또한 질문은 상호작용이기 때문에 상대방의 관점에 나의 눈과 마음을 열어두면 학습은 자연스럽게 따라온다. 특히 리더가 급변하는 시장 상황에 대해 학습하여 현장을 잘 알고 있는 직원에게 질문하는 것이 가장 좋은 방법이다. 그들보다 현장의 변화에 대해 잘 아는 사람은 없기 때문이다.

두번째, 나와 다른 상대방의 관점을 이해할 수 있다. 질문은 질문자의 활동이 아니라 답변자의 활동이기 때문에 리더가 질문을 하고 시간만 주면 된다. 그래야 답변자의 생각은 물론 좋은 답변을 기대할 수 있다. 그리고 문제를 직접 다루는 실무자와 질문을 주고받아야 정확하게 정보를 얻고, 문제를 다각도로 볼 수 있는 시야를 가질 수 있다. 또 혼자 힘으로 문제를 풀 때보다 더 자신 있게 행동할 수 있으며, 질문을 통해 명확하고 논리적인 사고를 전략적으로 전개할 수도 있다. 이와 함께 리더 자신은 물론 구성원 모두에게 해법을 모색할 수 있는 뚜렷한 이해와 방법을 찾아주기도 한다.

세 번째, 창의적으로 일하는 방식으로 바뀐다. 질문하지 않고 답을 기준으로 일하는 조직은 과거에 매여 앞으로 나아가지 못하는 반면에, 질문하는 조직은 새로운 문제를 발견하고 새로운 답을 찾고 만들어가면서 앞으로 나아가는 힘을 가진다. 문제에 대한 답을 해결하는 방법과 창의적인 문제의 답을 해결하는 것은 다르다. 이미 알고 있는 문제를 해결하는 것은 답은 아는데 해결방법과 원인을 찾는 과정이라면, 창의적인 문제를 해결하는 과정은 질문을 하여 문제를 발견하고 아이디어를 발상하는 것이다. 이미 존재하는 문제의 답을 찾는 것은 앞으로 나아가는 것이 아니라 현실에 머무는 것이다. 오직 질문을 통해 새로운 문제를 발견할 때만 우리는 앞으로 나아갈 수 있다.

네 번째, 조직원들에게 동기 부여를 줄 수 있으며 활력이 넘치게 만든다. 동기 부여와 역량강화는 지시보다 질문에서 나온다. 지시가 수동성을 요구한다면 질문은 능동성을 요구하며, 스스로 답을 모색하는 활동을 통해 역량 또한 강화된다. 조직원들은 이렇게 스스로 답을 찾는 과정에서 결과에도 책임을 지려 한다. 뿐만 아니라 질문은 자기만의 생각을 유발하기 때문에 일에 대한 주도성을 가지면서 조직의 분위기를 활기차게 바꿔준다. 질문을 통해 구성원과 보다 의미 있는 대화를 나눌 수 있고 많은 참여를 이끌어낼 수 있어 신뢰감도 높일 수 있다.

리더가 버려야 할 것들

그러나 이것은 쉬우면서도 쉬운 문제는 아니다. 지시를 수용하는 조직 문화 속에서 성장한 리더가 질문을 한다는 것은 그렇게 쉬운 일이 아니다. 그렇다고 어려운 것도 아니다. 먼저 내가 가지고 있는 답을 버리면 된다. 내가 가지고 있는 기준과 경험으로 만들어진 확고함을 버리면 된다.

그동안 경험에서 얻은 답과 확고한 틀은 버리고 정신만 남겨라. 세상에 길들기 전 어린아이처럼, 조직에 길들기 전 신입사원처럼 모르는 상태로 돌아가라. 질문은 모를 때 하는 것이다. 그러니 모르는 상태가 되면 된다.

세대 간 갈등도 단순히 세대 차이에서 오는 것이 아니다. 전통적 산업의 리더와 디지털 세대 간의 서로 이해하지 못하는 격차가 갈등을 야기하는 것이다. 세대 간 격차를 해소하는 가장 좋은 방법은 학습하고 질문하는 방법이다.

지금은 디지털 세대라는 것이 중요하다. 얼마 전 한 후배가 요즘 애들은 도대체 품의서 하나도 제대로 못써서 일일이 가르쳐 주어야 한다고 푸념을 했다. 그래서 품의서 내용을 이해할 수 없었느냐고 하니 그건 아니란다. 다만 규칙도 규격도 맞지 않고 사용하는 단어도 정형화되어있지 않은 단어를 사용한다는 것이다. 품의서는 상사를 설득하고 이해시켜 결재를 득하기 위해 쓰는 것이다. 품의서를 가지고 대면 결재를 받는 문화에서는 보고자가 일일이 설명하기 좋게 작성해야 하기 때문에 스펙처럼 정형화된 것이 맞다. 그러나 지금은 비대면 온라인 결재가 보편화되었기 때문에 결재자가 이해할 수 있는 스토리 중심으로 작성하는 것이 좋다. 그동안 내가 맞다고 생각했던 것들이 지금은 다 틀릴 수 있다.

다음은 조직이 가지고 있는 관성적인 답을 버리는 것이다. 조직의 관성이란 습관처럼 되어버린 구성원들의 의식과 행동양식은 물론 조직체계 및 의사결정 방식을 유지하면서 반복하는 성향을 말한다. 이러한 것들이 불변의 답으로 정리되어 기준이 되고 매뉴얼화 되어 구성원을 통제하며 사고의 유연성을 방해하는 것이다.

2011년 3월에 일본 대지진 때 후쿠시마에서 발생한 쓰나미로 인해 아이들보다 어른들이 더 많이 희생되었다고 한다. 이유는 어른들은 매뉴얼대로 행동한 반면 아이들은 상황에 맞게 유연하게 대처했기 때문이다.

질문 문화는 이런 관성의 힘에서 벗어날 때 가능하다.

Only One 전략

많은 기업들이 지금이 가장 큰 위기라며 앞이 보이지 않는다고 한다. 그러나 최고의 기업은 위기에서 기회를 창출한다. 불확실성이 큰 시대에서도 기회는 존재하고 그 기회를 잘 포착한 사람이나 기업은 오히려 더 큰 영향력을 발휘할 수 있다.

넷플릭스는 DVD 대여업을 통해 성공하였지만, 인터넷 보급으로 더 이상 DVD 대여가 되지 않자 사업의 수익모델 자체가 의미가 없어졌다고 판단하였다. 그리고 끊임없이 시장의 동향을 파악하고 분석하여 새로운 콘텐츠 유통 기업으로의 변신에 성공하였다. 반면에 블록버스트는 1985년 창업 후 25개국에 진출하며 9000개 이상의 대여점을 가지고 있었지만 위기 속의 기회를 찾지 못하고 파산했다. 즉, 지금의 위기가 누구에게는 기회가 될 수 있지만, 누구에게는 파산으로 가는 길이 될 수 있다.

기회의 발견은 누구나 할 수 있지만 기회를 창출하는 것은 누구나 할 수 있는 것이 아니다. 코닥도 블록버스트도 기회를 발견하지 못한 것이 아니다. 다만 그들은 실행하지 못했을 뿐이다. 그러니 기회를 발견하는 것이 중요한 것이 아니라 실행하여 창출하는 것이 중요하다. 이것은 기업문화의 문제다. 실패와 실수가 자유롭고, 시행착오를 두려워하지 않는 문화 말이다. 실패와 시행착오가 용인되고 권장하는 문화가 없다면 일은 민감해지고 완벽하기 위한 준비시간은 길어진다. 지금 같이 급변하는 환경에서 완벽은 발목 잡기에 충분하다. 그러니 완벽주의를 버리고 실패와 실수의 경험을 문화로 삼아야 한다.

과거에는 신규 사업이나 신상품의 아이템이 뛰어나면 성공할 수 있었지만 지금은 아이템이 아무리 뛰어나도 성공을 보장할 수 없다. 기존 기업이나 제품과 경쟁이 불가피하고 고객의 니즈를 따라가기가 쉽지 않기 때문이다.

그래서 우리는 'Only One' 전략을 추구해야 한다. 더 나은 제품이 되려고 하지 말고 고객에게 새로운 가치를 제안해줘야 한다. 나음보다는 '다름'을 추구해야 한다.

기술이 기존 상품을 업그레이드하는 데만 사용되고 한 산업에 제한된다면 길은 하나 밖에 없다. 그러나 기술이 고객을 위해 생각한다면 이야기는 달라진다. 기술이 우리 기업이 속한 제품과 산업에 제한된다면 최고와 최악이 한 쪽을 막고 있는 형국이 되지만, 기술이 고객의 가치로 해석된다면 우리가 갈 수 있는 길은 전 산업으로 확장이 가능해진다. 후지의 필름산업이 화장품 산업으로 확장되고 넷플릭스는 대여업에서 온라인 콘텐츠 유통 플랫폼 산업으로 새로운 길로 확장했듯이 내가 가는 길만이 아니라 천 개의 다른 길이 있다는 것을 알아야 한다.

구글은 Only One 전략을 추구해 최고의 자리에 오른 대표적인 글로벌 기업이다.

인터넷 붐이 일자 수많은 포털 사이트들이 '어떻게 첫 화면에 더 많은 정보를 띄울 수 있을까?'를 두고 서로 최고라며 경쟁했다. 그러나 구글은 반대로 '고객이 포털 사이트에서 원하는 것은 무엇인가?'라는 근본적인 질문을 하였다. 그 결과 고객은 더 많은 정보가 아니라 나에게 필요한 정보를 찾기 위한 '빠르고 정확한 정보 검색'을 원한다는 아주 단순한 답을 찾았다. 그리고 첫 화면을 과감하게 비우고 검색어만 입력할 수 있도록 하여 지금하고는 전혀 다른 검색 사이트를 만들어냈다. 그동안 자기에게 필요 없는 잡다한 정보로 꽉 차있던 화면을 사용한 사용자들에게 새롭고 유일한 가치를 제공함으로써 당시 최고의 포털 사이트 야후를 제치고 전 세계 온라인 검색의 70%, 전 세계 광고의

40%를 차지하는 세계 최고의 사이트로 등극하게 된 것이다.

중요한 것은 다른 포털 기업들이 '어떻게 하면 더 많은 정보를 제공할 수 있을까?'와 같이 기술적으로 접근했다면, 구글은 '고객이 무엇을 원하는가?'라는 고객가치 관점에서 출발했다는 차이점에 있다. 즉 기술보다 고객에 대한 이해가 먼저였던 것이다. 고객이 무엇을 가치 있게 여기는지와 누가 더 나은 가치를 제공할 수 있는지 심층적으로 파악하고 이해하는 과정이 있었다는 것이다.

하지만 고객에 대한 이해를 파악하는 것이 말처럼 쉬운 것은 아니다. 시간이 걸리는 일이고 무엇보다 고객에 대한 관찰과 관심이 있어야 가능한 일이다. 고객에 대한 끊임없는 관심과 궁금증을 갖고 질문을 해야 하는 것이다. 그리고 이런 질문의 반복을 통해 새로운 가치가 만들어진다. 결국 비즈니스는 고객에게 새로운 가치를 창출하여 그 대가를 획득하는 것이기 때문이다.

그럼 어떻게 Only One 전략을 추구할 수 있을까?

첫째, 업에 대한 재정의다. 업의 재정의는 기본 업의 개념에 다른 업을 추가하는 것이다. 이때 중요한 것이 업의 본질에 대한 이해다. 그러니까 업에 대한 본질을 잘 이해하고 있어야 본질에서 파생된 새로운 업을 생각할 수 있다. 우리가 지금 위기에 처해 있는 것은 본업에만 치중하여 추가로 새로운 사업에 대해서는 생각하지 못했기 때문이다.

우리 주변에서 쉽게 접할 수 있는 철도역사(驛舍)도 업의 재정의를 통해 이루어진 사례다. 처음 철도역사는 그냥 사람들이 타고 내리는 곳이었다. 그러나 지금은 쇼핑몰, 영화관, 음식점 등이 있는 복합 문화공간의 역할을 한다. 이렇게 변할 수 있었던 이유는 사람이 모이는 곳이라는 철도역의 본질로부터 업을 재정의했기 때문이다. 철도역사가 본업에만 충실했다면 지금도 철도역은 사람이 타고 내리는 곳으로만 존재하겠지만 업의 재정의를 통해 새로운 복합 문화공간으로 재탄생할 수 있었던 것이다.

좀 더 큰 틀에서 생각해보자. 21세기 가장 혁신적인 기업 중 하나로 테슬라를 꼽을 수 있을 것이다. 2003년 창립된 테슬라의 혁신성은 전통적인 자동차 업체들과는 전혀 다른 생산과 판매 방식에서 찾아 볼 수 있다. 테슬라는 기존 자동차 업체들이 집중되어 있는 디트로이트가 아닌 벤처기업들이 몰려 있는 실리콘밸리에서 자동차를 생산하고, 대리점을 통해 판매하는 것이 아니라 인터넷을 통해 판매를 한다. 테슬라는 기존 자동차 산업의 특성상 경쟁이 치열하고 진입장벽이 높다고 판단하고 업의 재정의를 통해 새롭게 접근한 것이다.

우리가 눈여겨 볼 것은 테슬라가 지금이 아닌 미래를 보고 재정의를 했다는 것이다. 미래 석유자원의 고갈과 환경 오염문제로 친환경차 생산이 불가피할 것이고, 자동차가 급변하는 IT 플랫폼으로 자리매김할 것으로 본 것이다. 이동 수단으로써 자동차의 본질에 변화된 미래의 시선으로 업의 재정의를 내린 것이다. 그 결과 2020년 1월 현재 테슬라의 주식 시가 총액은 약 880억 달러로 GM의 490억 달러, 포드의 370억 달러를 합산한 금액보다 높은 수치를 기록하고 있다.

그러므로 지금처럼 급변하는 시대일수록 시장, 기술, 고객의 변화에 맞춰 우리의 비즈니스를 재정의하는 것이 중요하다. 우리는 과연 고객보다 빠르게 변하고 있는지, 혹은 고객은 우리보다 더 많은 것을 알고 있는 것은 아닌지 시장과 고객을 향해 질문해야 한다. 질문이 멈추면 성장도 멈춘다. 앞으로 나아가는 힘은 답에 있는 것이 아니라 질문에 있기 때문이다.

둘째는 구성원의 역할과 책임에 대한 재정의다. 많은 기업과 조직이 구성원들에게 R&R(Role and Responsibilities)을 강조한다. 그러면서 자신의 직급에 따라 역할과 책임을 다하라고 한다. 그러나 이 말의 진위를 떠나 역할과 책임이 구성원의 역량을 제한하는 수단이 될 수 있고, 과도한 책임감을 느끼게 되어 창의성을 제한할 수 있다.

전통적으로 수직적인 조직은 업무의 속성이 변하지 않는다는 전제 그리고 직원들이 매일 똑같은 작업을 처리한다는 전제하에 만들어졌다. 그리고 역할과 책임 또한 이미 정해진 업무를 세분하여 담당을 정하고, 정해진 담당에 의해 그 위치에 맞는 역할과 책임이 주어지게 된다.

예를 들어 마케팅팀의 직무는 시장 환경을 분석하여 기업의 마케팅 전략을 수립하고 실천하는 것이다. 주요 업무는 시장조사 및 분석, 마케팅 전략수립, 마케팅 활동 및 성과 관리, merchandising, 브랜드 마케팅 등으로 분류되고 기업과 조직마다 차이는 있지만 더 세부적으로 담당 업무가 정해진다. 그래서 홍보는 홍보, 채널관리는 채널관리, 제휴는 제휴 등 자기가 담당한 업무에만 역량이 제한되고 책임의 무게는 과도하게 느끼게 된다. 일이 순조롭게 진행되고 서로의 역할에 대한 기대가 일치한다면 아무런 문제가 없겠지만, 대부분의 경우, 각자 맡은 일에 대한 기대치가 서로 다르기 때문에 구성원들 사이에 균열과 불만이 생기게 된다. 그리고 담당 한 명이 공백이 생기면 업무 전체가 마비되는 경우까지 발생한다. 이것이 바로 똑똑한 개인들이 모인 집단이 이해할 수 없을 정도로 멍청한 특성을 가지게 되는 현상이다.

그래도 지금까지는 조금 멍청하고 느려도 버틸 수 있었다. 그러나 급변하는 환경에서 이런 상황은 상상할 수 없는 일이 되었다. 그래서 데이비드 버커스 교수는 조직도를 연필로 그리라고까지 한다. 그는 경직된 조직도에 직원들을 집어넣는 것은 오래된 산업에서 통하던 방식이며, 오늘날의 업무 환경에서는 변화를 수용할 수 있는 조직도가 필요하다는 것이다. 연필로 그린 조직도는 구성원들이 특정 업무에 묶여 있지 않고 역량이 필요한 곳으로 흘러가 해결해야 할 문제와 프로젝트 중심으로 최적의 팀을 구성할 수 있기 때문이다.

팀은 전혀 모르는 사람들로 이뤄져도 성공적이지 않지만, 서로 너무나 잘 아는 사람들로 이뤄져도 별로 성공하지 못한다. 그러나 필요 역량이 필요한 곳에 자율적으로 모인다면 성공할 수 있다. 부분이 모여 전체를 만드는 것이 아니라 전체를 위해 부분이 모이는 것이다. 전체는 부분의 합보다 크다고 말한 아리스토텔레스의 말은 조직에도 유효하다.

셋째는 팀워크에 대한 재정의다. 리더십의 핵심은 팀워크다. 리더는 다양한 개인을 한 방향으로 이끌어가며 목적을 달성할 수 있어야 한다. 그러나 지금까지 우리가 생각하는 팀워크란 팀장을 중심으로 단합하고 일사불란하게 움직이는 분위기가 중심이었다면, 이제는 새로운 가치를 만들기 위한 상호작용의 일을 중심으로 재정의되어야 한다.

우리는 2018년 평창 동계올림픽 때 남녀 팀 추월 경기를 보면서 팀워크의 중요성을 느낄 수 있었다. 우리에게 조금 생소한 팀 추월 경기는 단결과 협동으로 서로 밀고 끌어주는 성격의 종목이기 때문에 많은 사람들이 아름다운 종목이라고까지 하는 경기다. 이 경기는 마지막에 들어온 주자의 기록을 기준으로 순위가 결정되므로, 팀원들이 서로 체력 배분과 보조를 해주며 마지막 주자를 관리해야 승리하는 팀플레이 경기다. 그러나 여자 팀 추월 준준결승에서 어이없는 일이 벌어졌다. 마지막 두 바퀴를 남기고 있는 상황에서, 노선영 선수가 혼자 뒤쳐졌음에도 김보름, 박지우 선수가 알아채지 못하고 계속 나가 거리를 좁히지 못한 결과 7위를 기록한 것이다. 마지막에 들어온 노선영 선수의 기록에 따라 준결승이 무산되어 버렸다.

반면에 맏형격인 이승훈(30) 선수와, 김민석(19), 장재원(17) 선수가 팀을 이뤄 은메달을 획득한 남자 팀 추월은 달랐다. 뉴질랜드와의 준결승 경기에서 첫 바퀴를 김민석 선수가 선두에서 이끌면서 뉴질랜드를 앞서 갔지만 두번째 바퀴에서 장재원 선수가 앞으로 나온 뒤 뉴질랜드에 선두를 내 주었고, 이후 세 선수가 돌아가면서 선두로 나서 이끌었지만 계속 뉴질랜드에 뒤졌다. 그러나 7바퀴부터 선두로 나선 이승훈 선수가 스퍼트를 냈고 뒤의 동생들도 그를 온힘을 다해 따랐다. 마지막 바퀴를 승리로 이끌어 결승에 진출하여 은메달을 획득하였다.

이렇듯 팀 추월 경기는 말 그대로 팀워크 경기다. 뒤에 있는 선수가 앞의 선수를 잘 따르는 것도 중요하지만 앞에 있는 선수도 뒤에 있는 선수가 쉽게 앞으로 나아갈 수 있게 공기 저항을 막아줘야 하며, 처지는 선수가 있으면 자리를 옮겨 직접 밀어주기도 해야 한다. 팀추월 경기에서 봤듯이 조직에서도 이런 팀워크가 중요하다. 이제는 이기는 경기를 해야 하기 때문이다.

사내 기업가 정신

'왜 우리 회사는 미래의 먹거리를 찾지 못하고 있을까?' 이 질문을 이렇게 바꾸면 답을 찾는 방법을 쉽게 모색할 수 있다.

'왜 우리 조직은 창의적이지 못할까?'

이유는 명백하다. 아직도 20세기 기업 마인드를 벗어나지 못하고 있기 때문이다. 기존의 제품과 서비스의 원가는 더 낮게, 품질은 더 높게 하는, 즉 기존의 사업을 좀 더 잘 하는 것을 통해 기업의 성장을 바라고 있기 때문이다.

이런 기업들의 경우 대부분 리더들은 권위적이고, 구성원들은 수동적이다. 업(業)에 적합한 사람이 아니라 조직에 적합한 사람을 채용하고, 원칙 없는 기준은 엄격하고 평가는 상대적이며 신상필벌이 확실하여 실패에 대한 두려움이 크다. 준비는 철저하지만 실행력은 떨어진다. 뿐만 아니라 조직의 경험 많은 리더들은 구성원들의 아이디어를 쉽게 무시한다. 과거에 이미 실패했거나 관점이 너무 협소하여 실현 불가능하다고 판단하기 때문이다. 그렇다 보니 구성원들도 해 오던 관행대로 조금 개선하는 수준에서 일을 진행하게 된다.

신규 사업 진출을 말하고 새 프로젝트 개발을 언급하는 사업계획서는 연말마다 반복된다. 결국 기업의 성장은 멈추고 매년 새로운 먹거리를 위한 고민만 반복할 뿐이다. 이런 기업들이 미래의 먹거리를 찾지 못하는 것은 당연하다.

그러나 21세기 들어 시장을 선도하는 기업들은 이와 다르다. 기존에 존재하지 않는 새로운 형태의 제품과 서비스를 만들고, 전혀 다른 시장을 개척하고, 틈새시장을 큰 시장으로 만들어낼 만큼 혁신적이다.

혁신성은 새로운 기회와 문제의 해결책을 찾고자 하는 노력에서 나온다. 흔히 혁신하면 새로운 제품과 프로세스 개발과 같은 기술적인 것만 생각하지만 그렇지 않다. 실제로 혁신이 일어나는 곳을 보면 시장을 중심으로 하는 제품설계 및 전반적인 마케팅 활동의 시장혁신과 경영 시스템 및 조직 설계를 새롭게 하는 경영혁신이 축이 된다. 또한 대단히 진취적이면서 자율적이다. 진취적인 조직은 남들을 따라하기보다는 시장을 선도하기 위해 새로운 기술과 트렌드를 수시로 적용한다. 또한 개인이나 팀은 조직의 관료주의를 탈피하여 독립적으로 일을 수행하고, 기업가적 감각으로 아이디어와 비전을 제시한다.

이러한 기업들은 조직원들의 다양한 아이디어를 가장 중요한 가치로 삼는다. 리더는 구성원들이 역량을 100% 발휘할 수 있는 환경을 만들려고 노력하고, 자율성을 높이고 평가 제도를 없애면서 개인의 역량에 집중한다. 준비보다 실행을 권장하고 실패를 권장하지만 동일한 실패는 용납하지 않는다. 이것은 실패로부터 배움을 얻는 성찰이 없었다고 생각하기 때문이다.

이처럼 20세기 기업 마인드와 21세기 기업의 마인드는 완전히 다르다. 그러므로 4차 산업혁명 시대에 미래를 준비하고 시장을 선도하려면 구성원 모두가 관리적 경제에서 벗어나 지속적으로 새로운 가치를 만들어가는 기업가적 지향성과 사내 기업가정신으로 무장해야 한다.

사내 기업가정신은 구성원들의 다양한 아이디어를 실행하여 지속적으로 시장을 선도해갈 가치를 만들어내는 일이기 때문에 전 구성원의 무장이 필요하다. 무엇보다 중요한 것은 구성원들이 가진 아이디어의 중요성을 인지하고 이를 자유롭게 표현할 수 있는 환경을 만들어주는 것이다.

예를 들어 구글은 직원들이 근무시간의 70%는 자신의 업무에, 20%는 개인 프로젝트에, 나머지 10%는 업무와 무관하게 시간을 보내게 한다. 잘 알려져 있는 3M은 '15% 룰'이라고 하여 업무시간 중 15%는 아이디어를 창출하는 일을 하도록 권장하고 있으며, P&G는 C&D(Connect and Development) 프로그램을 만들어 직원들이 회사라는 경계를 넘어 믿을 만한 외부 사람들과 당면한 문제의 해결책을 논의하도록 한다.

나도 직장에 있을 때 구성원들에게 조직의 경계를 넘어 외부 커뮤니티와 관계 맺는 것을 적극 권장했었다. 이때 교육업무를 담당하던 여직원의 좋은 사례가 있다. 그녀는 외부 워크숍 등에서 만난 각사 교육담당들과 전문 강사들이 주축이 된 커뮤니티에서 활동을 하면서 좋은 사례들을 참고하여 인적자원 계발 계획을 기획하고 생각하지도 못한 좋은 강사를 섭외하곤 했다. 나는 지금도 그녀가 한 말을 기억한다. 외부 커뮤니티 활동을 통해 다른 기업의 경험과 공유된 지식을 토대로 장단점을 반영해 준비하다 보니 반복되는 교육프로그램에 변화를 줄 수 있었다는 것이다. 이후 매년 반복되던 교육이 매년 새로운 교육으로 바뀌었다.

이렇게 조직의 경계를 넘어야 다른 관점에서 조직을 볼 수 있는 힘을 얻을 수 있다. 인텔은 아이디어 장터를 통해 정기적으로 직원들이 자신의 업무 과정을 공개하고 사내에서 피드백을 받아 사내 집단 지성을 활성화하기도 한다. 이렇듯 선진 기업에서는 구성원들의 아이디어의 중요성을 인식하고 이를 조직 내부로 확산시키며 개선해가는 사내 기업가정신 프로세스를 적극적으로 도입하고 있다.

우리도 아이디어 활동을 적극 권장한다고 할 수 있으나, 일반적으로 기업이 안정적일 때 구성원들의 아이디어 개발 활동은 대부분 소극적인 활동에 그친다. 지금 하고 있는 일과 크게 다르지 않은 조심스러운 아이디어만 제시하는 보수적인 형태를 보이기 때문이다.

다음은 수용에 익숙해진 구성원들에게 기업가적 마인드를 갖게 하는 것이 중요하다. 직장인들에게 주어진 일에 최선을 다하는 것은 불문율이다. 그렇다 보니 자기에게 주어진 만큼만 최선을 다하는 것이 가장 좋은 선이라고 여겨졌다. 자기 업무를 벗어난 관심은 월권이며 나쁜 행동라고 생각하기 때문이다. 이렇게 대부분의 직장인들은 주어진 일만 하면서 전체를 모르고 과정에만 참여하는 부품으로 전락한다.

기업가정신은 주어지는 일만 수용하고 부품으로 존재하는 것이 아니라 스스로 전체를 주도하는 마인드를 갖는 것이다. 전체를 본다는 것은 스스로 처음부터 끝까지 주도적으로 참여하는 것이다. 이것은 수용에만 익숙한 구성원에게는 쉬운 일이 아니다. 그러나 지금처럼 급변하는 환경에서는 구성원들의 기업가정신 또한 절실하다. 무엇보다 중요한 것은 실전과 같은 경험이다. 나도 임원이 되고 나서야 전체를 보고 이해하는 교육을 받았는데, 그 내용의 일부를 소개하면 이렇다.

먼저 조를 편성하고, 조별로 1억 원의 가상화폐를 사업자금으로 주고 일정 기간 동안 사업을 하여 결산까지 하는 과정으로 진행한다. 한 번도 내 것이라고 생각해보지 않은 직장인들에게는 생소한 일이다. 그래서 이런 실전 같은 학습이 필요하다.

먼저 사업기획을 세워야 하는데 핵심은 '무엇을 할 것인가?', 즉 사업 아이템이다. 사업을 하기 위해서 아이템을 찾는 것이 아니라, 아이템이 생겨서 그것을 실현하는 것이 사업이다. 앞서 기업가정신은 실행이라고 한 것도 이런 의미다. 사업 아이템은 다음과 같은 것이 충족되어야 한다.

첫째는 '필요'다. 필요는 고객의 불편함을 해소할 수 있는 가치, 아직 존재하지 않는 새로운 가치, 이미 있지만 매력을 못 느끼는 가치를 새롭게 포지셔닝하는 것이다.

둘째는 '대상'을 정하는 것이다. 흔히 타깃을 정하는 것을 말하는데, 성별, 연령, 지역, 직업, 경험유무와 취향을 고려하여 특징에 따라 대상을 좁혀가는 것이다. 이때 시장을 넓힐 계획으로 최적화되지 않은 대상까지 포함해서는 안 된다.

셋째는 우리가 쉽게 간과하는데 바로 사업의 '지속성'이다. 아무리 핫한 아이템이라고 해도 그것이 유행에 그치면 안 되고, 남이 하니까 나도 해 볼까 해서도 안 된다. 우리나라 소호 창업자들이 성공하는 경우가 적은 이유도 이런 이유에서다. 미래 가치 또한 중요한 것이다.

지시 말고 질문하라

마지막으로 아이디어가 구체화되어 상용화가 필요하다고 생각하면 전사적으로 역량을 집중해야 한다. 손자병법에도 계곡의 물이 터지듯 그 형세가 걷잡을 수 없게 되면 승리는 시간문제라고 했다. 그리고 '이기겠지'라는 막연한 기대를 버리고 이긴다는 확신을 가질 때 이긴다는 것이다. 그렇지 않은 경우 실패는 불 보듯 뻔하다.

실패를 통해 배우게 하라

내가 잘 알고 있는 한 기업의 신사업도 그랬다. 신사업에 대한 전사적인 컨트롤타워 없이 신사업은 해당 부서의 일로 취급했고, 충분히 전사적으로 지원이 가능했음에도 해당 부서의 일로 제한하면서 실패했다. 기존 사업과 충분히 시너지를 낼 수 있어서 시작한 신사업이 부서 이기주의와 해당 부서 일로 전락하면서 실패한 것이다. 많은 돈을 주고 컨설팅을 받고 찾은 아이템과 브랜드는 헌신 버리듯 버려졌고, 해도 그만 안 해도 그만인 부업으로 전락해 버렸다. 중요한 것은 이 기업이 실패한 사업을 버리지 못하고 부업처럼 가지고 간다는 것이다.

실패는 구성원들이 배움과 학습의 기회로 삼고 다시 새롭게 시작하는 계기로 삼아야 하지 그 이상도 이하도 되어서는 안 된다. 본전을 뽑겠다는 생각에 실패한 사업의 잔해를 가지고 간다는 것은 이 사업에 참여한 구성원을 계속 죄인으로 남게 만들고, 다른 구성원들은 무엇을 해도 안 된다는 패배의식에 휩싸이게 만든다.

많은 기업들이 아이디어 활동을 위해 필요한 것이 보상제도라고 생각하는데 이것도 꼭 그런 것은 아니다. 물론 좋은 아이디어에 대한 보상 제도를 마련해 독려하는 것도 좋지만 더 중요한 것은 아이디어가 평가되는 것으로 끝나지 않고 실행되게끔 하는 것이다. 실행을 해야 작은 실패도 성공도 경험하고 성찰할 수 있기 때문이다.

바둑에는 복기라는 것이 있다. 지든 이기든 기사들은 복기를 하는데, 이때 승자는 무엇을 보고 패자는 무엇을 보지 못했는지 짚어 본다. 진 게임을 다시 본다는 것은 아픈 일이지만 그래도 두 번 다시 같은 실수를 되풀이하지 않기 위해서다. 조훈현 9단은 그의 자서전 〈고수의 생각법〉에서 '승리한 대국의 복기는 이기는 습관을, 패배한 대국의 복기는 이기는 준비를 만들어준다.'라고 썼다.

많은 성공한 기업이 파산의 길로 가는 것은 바로 성공에 대한 성찰이 없이 성공했던 방법만을 반복하기 때문이다. 그러니 구성원들이 성공과 실패에 대해 성찰하는 습관, 즉 구성원들이 배움을 얻고 학습하는 습관과 이기는 습관을 만들어주는 것이 중요하다.

회복탄력성

그러므로 리더는 이러한 역경을 빨리 극복하고 더 큰 성장의 기회를 갖게 하는 것이 중요하다. 조직이 빨리 원상태로 회복하는 것이 중요하다는 것이다. 이것을 연세대학교 김주한 교수는 그의 저서에서 '회복탄력성'이라는 개념을 들어 설명한다.

"고무공처럼 강하게 튀어 오르는 사람이 있는가 하면 유리공처럼 바닥에 떨어지면 즉시 산산조각 나서 부서져버리는 사람도 있다." 그러면서 역경으로 인해 나락으로 떨어졌다가도 강한 회복탄력성으로

지시 말고 질문하라

되튀어 오르는 사람들은 대부분의 경우 원래 있었던 위치보다 더 높은 곳까지 올라간다고 한다. 물론 이 역시 쉬운 일은 아니다. 그렇기 때문에 성공한 사람보다 실패한 사람이 많은 법이다. 그러나 회복탄력성은 마음의 근력과 같아서 몸의 근육처럼 훈련을 통해 얼마든지 키울 수 있다고 심리학자들은 말한다.

그럼 어떻게 회복탄력성을 리더 자신은 물론 조직에 내재화시킬 수 있을까? 나는 김주한 교수의 〈회복탄력성〉에서 소개한 사례에서 답의 일부를 찾을 수 있었다.

미국의 에미 워너 교수는 1955년 사회경제적 환경이 열악하고 범죄율이 높은 카우아이 섬에서 태어난 833명의 신생아를 40년간 추적 연구하였다. 이중 불우한 환경을 극복하고 훌륭하게 성장한 72명을 연구 분석했는데 이들의 공통된 특징이 "사랑과 존중 그리고 신뢰"를 경험하였고 이것이 회복탄력성을 높이는 요인이라는 것을 밝혀냈다. 자신이 누군가의 사랑을 받는다고 느끼고, 존중받고 존경을 주고받을 만큼 신뢰할 상대가 주변에 있는 사람들은 가정 형편이나 외부 환경과는 상관없이 역경을 발판삼아 튀어 오르는 회복탄력성이 커진다는 것이다.

조직에서도 다르지 않다. 구성원을 아끼고 존중하고 인정한다면 구성원들은 어떤 어려움과 역경도 이겨내며 지속적으로 도전하고 시도하는 사내 기업가정신을 키울 수 있다. 앞에서도 말했지만 구성원들을 인정하고 존중하고 신뢰감을 줄 수 있는 가장 좋은 도구는 리더의 좋은 질문이다.

고객의 문제를 발견하라

우리는 살아가면서 경험한 일이나, 보고들은 내용을 누군가에게 전달
해야 하는 경우가 있다. 글을 작성하여 문서로 전달할 수도 있고, 말로
전달하는 경우도 있는데, 보고받거나 듣는 사람에게 정확하게 이해할
수 있도록 전달하는 것이 관건이다. 이때 우리는 흔히 6하원칙에 의거
하여 말하면 좋고, 그래야 글을 잘 쓰고, 말을 잘한다고 한다.

　6하원칙은 결과 중심의 글이나 기사를 쓸 때 지키는 원칙이다. 특히
기사작성에 있어 누가(who), 언제(when), 어디서(where), 무엇을(what), 왜
(why), 어떻게(how)의 기본 원칙을 지켜야 독자에게 쉽고 정확하게 기사
내용을 전달할 수 있다. 중요한 것은 6하원칙이란 대체로 이미 발생한
사건을 전달하는 데 유용하다는 것이다.

　그렇다 보니 기업들은 이 원칙을 답을 찾는 도구로도 많이 사용하고
있다. 이미 나온 결과, 즉 답을 역으로 추적하여 모방하기에 유용하기

때문이다.

예를 들어 시장에 인기 상품이 나왔다고 하자. 그러면 먼저 이 상품을 누가(who) 또는 어느 회사가 만들었는지를 알아야 한다. 다음은 언제(when) 출시되었는지를 파악해야 한다. 여름인지 가을인지, 시기와 시간에 따라 관점이 다를 수 있기 때문이다. 또 이 제품이 어디서(where) 출시했는지를 알아야 한다. 어느 지역, 어떤 공장에서 생산했는지를 파악하고, 무엇(what)을 주원료로 사용했는지를 파악해야 한다. 그리고 어떻게(how) 마케팅과 판매를 하고 있으며, 왜(why) 타깃을 20~30대로 했는지 이유를 파악하는 식이다.

여기에는 의문을 품거나 새로운 통찰의 여지가 없다. 그저 Ctrl+c 하여 Ctrl+v 하는 식이다. 이렇게 많은 기업들이 선도기업의 제품을 모방하거나 유사제품을 만들어 판매할 때 6하원칙을 유용하게 사용했다. 물론 앞으로도 기사를 쓰거나 문서를 작성할 땐 6하원칙을 지키는 것이 중요하다. 그러나 답을 찾는 도구로써는 더 이상 유용하지 않다.

시장은 따라하거나 모방하는 2등을 기억하거나 관용을 베풀 의사가 없기 때문이다. 그럼 어떻게 우리도 선도하는 기업이 될 수 있을까? 방법은 간단하다. 주어진 문제의 답을 찾지 않고 문제를 발견하는 것이다. 하지만 간단하다고 쉬운 것은 아니다. 이것이 어려운 이유는 우리가 오랫동안 주어진 문제만 수동적으로 해결했기 때문이다. 그러나 문제를 발견한다는 것은 새로운 것을 찾는 능동적인 활동이다.

시장을 주도하는 상품이나 비즈니스는 대부분 문제를 발견하는 능동적인 활동의 결과다. 기업에서 문제를 발견한다는 것은 고객이 불편함을 느끼거나, 원하는 것을 고객보다 먼저 발견하는 것이다. 이때 중요한 것이 공감이다. 공감은 고객의 입장이 되어 느끼는 감정이다.

미국의 주방용품 브랜드 '옥소'는 공감을 통해 고객의 불편함, 즉 문제를 발견하여 제품을 개발해 시장을 선도하는 기업이다. 옥소는 1990년 샘 파퍼에 의해 설립되었다. 퇴직을 한 뒤 집에 있는 시간이 많아진 샘 파퍼는 어느날 관절염으로 주방기구를 사용하기 힘들어하는 아내의 모습을 본다. 그래서 아내를 위해 사용이 편리하고, 안전한 주방기구를 만들어 사업을 시작했다.

옥소의 첫 제품은 주방칼로, 노인이나 관절염 환자도 쉽게 사용할 수 있게 손잡이는 두껍고 넓은 고무재질로 만들어 미끄럼 없이 그립감을 좋게 했고, 칼날은 사무라이 칼을 만들던 일본에서 수입해 만들었다. 이 제품이 유명한 '굿 그립'이다. 굿 그립은 다른 제품보다 4배 이상 비쌌지만 소비자들의 열광적인 반응을 얻었고 1년 만에 약 300만 달러 이상의 매출을 달성했다.

이후 옥소는 남녀노소, 왼손잡이나 오른손잡이나 누구든지 편리하게 사용할 수 있는 주방제품을 지속적으로 개발해 현재는 1000여 개의 제품을 생산하고 있다. 현재 옥소는 수십 년의 연구개발을 통해 주방용품의 편리성을 높이고 기능에 새로운 표준을 제시한 유니버설 디자인의 선두주자로 인정받고 있다.

이렇게 옥소가 성공하게 된 힘은 바로 문제 발견능력에 있다. 나는 모 일간지 Weekly BIZ를 통해 처음 옥소를 알게 되었는데, 먼저 그들의 일하는 모습이 인상적이었다. 옥소는 우리가 생각하는 것들이 대

지식 말고 질문하라

부분 없다. 먼저 옥소의 사무실에는 내부 공간을 나누는 벽이 없고, 책상과 책상을 구분하는 파티션이라는 칸막이도 없다. 대신 넓은 주방이 있고, 주방용품을 깎고 다듬는 공작실이 있다. 직원들은 대부분 주방용품 기업에서 근무한 경험이 없고, 디자인으로 유명한 회사지만 디자이너는 한 명도 없다. 자체 공장도 없고, 판매 조직도 없다. 그런데도 매년 신제품을 100개 이상 출시하여 50개국에 내놓는다.

옥소는 발명하지 않고 발견할 뿐이라고 한다. 그럼 어떻게 이들이 고객의 불편함을 발견하는지 보자. 이들은 먼저 만들고자 하는 상품군을 정하고, 시장에서 가장 잘 나가는 제품 5개를 추린다고 한다. 그리고 불편함을 찾아내는 작업에 들어가는데, 모든 제품을 사용자 시각에서 접근하고, 가장 열정적인 사용자가 된다고 한다. 열정적인 사용자가 되어야 불편함도 열정적으로 찾을 수 있다는 것이다.

또한 옥소의 직원들은 열린 대화를 한다. 벽도 칸막이도 없어 어디서든 열린 대화가 이루어질 수 있는 구조다. 누구라도 불편함을 찾으면 큰소리로 알리고, 알린 사람 주변으로 모두 모여 열띤 토론을 한다. 토론은 격식이 없고, 가감 없이 직설적이고, 쓸데 있는 갈등을 하고, 의미 있게 소란하다. 그래도 누구도 불편하지 않는 것은 모두 신뢰하기 때문이라고 한다. 그리고 여기에서 나온 결과를 토대로 프로토타입을 만들어 경험한다.

옥소의 사례를 정리하면 불편함을 느끼는 소비자에게 공감하고 문제를 찾으며, 토론을 통해 문제를 정의하고 프로토타입을 만들어 경험한다. 그리고 다시 피드백하여 최종 제품이 만들어진다. 중요한 것은 공감을 통해 문제를 발견한다는 것이다.

수용에 익숙한 사람은 공감하지 않고 분석한다. 이들은 숫자로 표시되거나 모두가 그렇다고 생각하는 것만을 신뢰한다. 모두가 알고 있는 문제, 이미 세상에 나와 있는 답만을 찾는다. 학교에서 배우고, 기업에서 사용하고, 사회에서 일반적으로 통하는 것만 찾아 나선다.

그러나 문제를 발견하는 사람은 민감하고, 공감으로 얻은 감정에 질문하는 사람이다. 인간 중심적인 혁신에는 감정이입이 가장 믿을 만하고 유용한 자원이다. 그리고 정량적인 시장의 반응과 정성적인 인간의 감정 사이의 간극을 스토리로 연결한다.

우리는 왜(why)와 무엇(what)을 결합하여 데이터에 스토리를 불어넣고 데이터를 인간의 삶으로 유도해야 한다. 이렇게 감정이입에 기반을 두어 타깃 시장에 대한 분석에서 나오는 데이터를 연결한다면, 정량과 정성의 두 가지 접근법이 갖고 있는 최상의 장점을 취할 수 있다. 이때 누구나 느끼지만 지나치는 문제들이 나에게는 특별하게 다가온다.

빅데이터 시대를 사는 우리에게 데이터는 더 광범위하고 구체적으로 우리들의 삶과 비즈니스에 영향을 줄 것이다. 그러나 그런 확신 속에서도 현명한 리더는 그 아래에 놓인 인간적 요소를 간과하지 않는다. 문제는 데이터 속에 있는 것이 아니라 인간의 마음속에 있기 때문이다.

사용자 중심의 디자인 씽킹 프로세스

SBS 예능 프로그램 중에 '골목식당'이란 방송프로그램이 있다. 비록 예능 프로그램이지만 백종원의 선한 영향력이 끝없이 이어지는 모습이 좋고, 경영이 어려운 식당들을 성공시켜주는 희망 프로젝트라고 생각이 들어 즐겨 본다. 절망에 가까운 가게가 다시 활기를 찾고 희망을 갖는 모습을 보면 감동적이다. 예능이 아니라 한 편의 드라마를 보는 느낌이다. 많은 사람들이 백종원이니까 가능한 일이라고 하는 말을 부정할 수 없다. 그러나 나는 백종원이니까 가능한 것이 아니라 분명히 다른 이유가 있을 것이라고 생각했다. 그래서 시청할 때마다 그 이유를 찾으려고 노력했고, 결국 비밀 같은 이유를 찾았다. 그것은 백종원의 요리에 있는 것이 아니라 일하는 방법에 있었다. 그의 일하는 방식이 남다르다고 생각했지만 한식, 중식, 분식 등 업종에 관계없이 적용되고 있는 것은 분명 하나의 프로세스일 것이라고 생각했는데 내 생각이 맞았다. 백종원 씨의 일하는 방식은 비법이 아니라 프로세스다.

그럼 간단하게 '골목식당'에서 그가 일하는 과정을 살펴보자.

그는 먼저 관찰카메라를 통해 식당의 모습은 물론 손님들의 모습을 살피고 직접 주방의 구석구석을 둘러보며 관찰한다. 그리고 본인이 직접 음식을 먹어 보고, 식당 사장님을 인터뷰하고 많은 질문도 한다. 이 과정을 통해서 고객의 입장도 되어 보고 음식점 사장님의 입장도 되어 본다. 이런 과정을 통해 고객과 점주의 입장에 대해 공감하는 것 같다.

이어서 고객과 음식점 사장님의 입장에서 느낀 문제들을 음식점 사장님과 의견을 교환하며 하나씩 명확하게 인식해 간다. 이 과정에서 간혹 동의하지 않는 문제에 대해서는 직접 테스트를 통해 확인하기도 하지만 대체로 문제에 대해 서로 인식한다.

그렇게 인식한 문제를 해결하고 음식점을 활성화시킬 수 있는 방안을 찾는데, 이때 모습을 보면 문제를 찾고 음식점의 주방을 관찰하던 예리하고 카리스마 넘치는 모습하고는 다르게 아주 부드럽고 자유스럽게 웃으면서 이야기를 하고 아이디어를 찾는다. 그런데 자세히 보면 좋은 아이디어가 백종원한테서 나오기보다 음식점 관계자들에게서 나오는 것을 볼 수 있다.

그리고 아이디어 회의에서 나온 메뉴와 레시피를 가지고 바로 음식을 만든 다음 고객과 방송 진행자와 스테프들을 대상으로 맛을 테스트한다. 여기서 나온 의견을 반영하여 맛의 완성도를 높여 간다.

이 과정을 하나의 프로세스로 정리하면 '공감 – 문제 정의 – 아이디어 도출 – 시제품 만들기 – 테스트 – 피드백 과정'으로 정리할 수 있다. 이 프로세스를 염두에 두고 '골목식당'을 시청하면 누구나 쉽게 이해할 수 있을 것이다.

그런데 이 방법은 백종원이 만든 새로운 방식이 아니다. 이미 오래 전부터 세계적인 디자인 기업 IDEO가 일하는 방식이고, '아이디어 스쿨'로 불리는 스탠포드대 D스쿨의 공부하는 방식이다. 우리에게는 이미 '디자인 씽킹'으로 알려져 있다. 그러니까 백종원의 성공 비결은 디자인 씽킹 프로세스를 정확히 실천하는 데 있다고 할 수 있다.

몇 년 전 '화살표 청년'으로 유명해진 이민호 씨 이야기다. 2011년 서울 시내버스 노선이 개편되면서 노선도가 정류장에 붙었지만, 민호 씨는 버스 정류장에 붙은 노선도에서 문제점을 발견했다. 노선도에 버스의 진행방향을 알리는 화살표가 있다면 누구나 헷갈리지 않고 버스가 가는 방향을 쉽게 알 수 있을 텐데 화살표가 없어 사람들이 불편함을 겪고 있었던 것이다. 버스 노선도를 보면서 헷갈릴 때마다 그는 '노선도에 화살표로 버스의 진행방향을 알려주면 사람들이 거꾸로 버스를 타는 문제를 예방할 수 있지 않을까' 생각했다.

그는 문제를 발견하는 데에서 그치지 않고 누가 시키지 않았지만 그 문제를 해결하기 위해 빨간색 화살표를 만들어 자기가 이용하는 정류장에 붙였다. 효과는 100%였다. 효과가 좋다는 것을 안 이민호 씨는 문방구에서 빨간 화살표 스티커를 사서 자기가 사는 곳의 정류장부터 돌아다니며 스티커를 붙이기 시작했다. 이후 자전거를 이용하여 지역을 점차 확대해 갔고, 그가 화살표를 붙인 정류장이 1000곳이 넘는다고 한다.

이민호 씨는 보상을 바라거나 유명해지려는 의도를 갖고 시작한 일은 아니었지만, 많은 사람들로부터 공감과 격려를 받고, 서울시장 표창도 받았다. 지금은 한 대기업에서 근무를 하고 있는데 그 기업은 그의 문제 발견 능력과 자발적 봉사활동에 감동을 받아 입사를 제안했다고 한다.

이민호 씨의 사례에서 공감, 문제점 발견 및 문제 정의, 프로토타입 제작, 경험으로 이어지는 과정을 볼 수 있다. 즉 이용자나 고객에 대한 공감이 있어야 문제를 발견할 수 있다. 많은 사람들이 정류장을 이용하며 불편함을 느끼지만 문제를 발견하지 못하는 것은 질문하지 않고 수용하는 데 익숙하기 때문이다.

우리는 디자인이라고 하면 실용성과 아름다움을 갖추도록 의상이나 제품 건축물 등을 설계하는 것으로 이해를 제한하지만, 노벨경제학 수상자이자 인지과학자인 허버트 사이먼(Herbert Simon)은 그의 저서 〈The Science Artificial〉에서 '디자인이란 논리적 이성으로 해결이 불가한 난제에 디자이너의 직관적인 사고과정을 통해 현재보다 더 나은 상태로 변화시키려는 활동'이라고 정의한다. IDEO의 CEO 팀 브라운 또한 '디자인 씽킹은 사용자의 욕구와 실현 가능한 기술을 조화시키기 위해 디자이너의 감각과 방법을 사용하는 비즈니스 전략이며, 이를 통해 고객가치와 시장기회를 얻을 수 있도록 변화시켜주는 것'이라고 했다. 즉 가치 있게 평가하고 시장의 기회를 이용하고 기술적으로 가능한 비즈니스 전략에 대한 욕구 충족을 위해 디자이너의 감수성과 작업 방식을 이용하는 사고방식이다.

그러니까 초기에 단순히 제품에 한해 적용되던 디자인이 이제는 '고객의 가치를 높일 수 있는 것'에 확장 적용되고 있는 것이다.

디자인 씽킹은 '골목식당'과 이민호 씨의 사례에서 봤듯이 5단계 프로세스, '공감하기, 정의하기, 생각하기, 프로토타입 만들기, 테스트하기'로 되어 있으며, 우리 주변에 일어나고 있는 복잡한 문제들을 풀어가기에 가장 적합한 방법이다. 이 단계들을 좀 더 살펴보자.

디자인 씽킹의 첫번째 단계는 공감하기다. 이것은 우리가 풀고자 하는 문제의 이해와 공감을 얻는 과정이다. 디자인은 원래 나 자신만을 위한 것이 아니라 다른 사람들의 요구와 열망을 염두에 두고 하는 작업이므로 사용자에 목적을 두면서 도와줄 방법을 찾는 것이다. 여기에는 관찰, 관여 그리고 사용자 경험을 통해 사용자를 더 잘 알아가는 방법이 있다.

두번째는 문제를 정의하는 과정으로 해결하려고 하는 문제 혹은 답을 구하려는 질문의 범위를 좁히는 것이다. 공감 단계에서 느낀 문제와 정보를 모아 모두가 느낀 핵심 문제들로 정리하는 과정이다. 이때 중요한 것은 인간 중심의 방식 안에서 문제를 찾아야 한다는 것이다.

세번째는 아이디어 창출하기다. 처음 공감과 문제를 정의하는 단계를 거치면서 인간 중심의 문제 상태가 되었기 때문에 이러한 배경을 놓고 아이데이션(ideation)하는 과정이다. 가능하면 많은 아이디어와 문제 해결책을 만드는 것이 중요하다. 브레인스토밍, 마인드맵, 냅킨에 스케치하기 등 자유로운 사고를 자극해 문제의 공간을 확장하는 방법을 사용한다.

네번째는 시제품 만들기다. 처음부터 완벽하게 해내려고 스트레스를 받고, 시기를 놓치기보다는 앞 단계에서 나온 아이디어를 가장 가능성 있게 구현하는 것이다. 3D 프린터를 이용하는 것도 방법이다. 그리고 시제품을 통해서 실제 행동하고, 생각하고, 느끼면서 내재적으로 나타나는 문제를 찾아 최고의 가치에 도달하는 것이다.

다섯번째는 시행을 보고하고 피드백 받기다. 완성된 상품이나 서비스를 엄격하게 테스트하는 과정으로 철저하게 사용자 기반에서 이루어져야 한다. 특히 이 과정을 반복하여 사용자를 이해하고 사용자가 어떻게 행동하고, 느끼는지 공감해야 한다.

그러나 '골목식당'에서 백종원도 그러듯이 한 번의 프로세스를 따르는 경우는 드물다. 단계를 몇 번이고 되풀이할 수도 있다. 중요한 것은 실패도 이 과정의 중요한 부분이란 것이다. 우리는 실패를 두려워할 것이 아니라 실패에서 배우지 못하는 것을 두려워해야 한다.

지금까지의 생산자 중심 조직에서 디자인 씽킹을 제대로 활용하기 위해서는 디자인 씽킹의 특징을 보다 정확하게 이해해야 한다.

먼저 디자인 씽킹은 사용자 중심, 고객 중심, 인간 중심이다. 업무의 중심이 기업의 대표이사나 임원이 아니라 사용자여야 한다. 공급자가 예측하는 이해가 아니라 현장에 가서 사용자를 직접 관찰하고 질문하면서 사용자의 불편한 요소를 확인하고 해결방안을 제시하는 것이 중요하다. 이때 공급자가 제3자의 입장이 되는 게 아니라 사용자 영역에 직접 들어가 경험하여 무엇이 필요하고, 무엇을 좋아하는지 깊이 있게 느끼고 공감하는 것이 핵심이다. 즉 공감을 통해 표면적으로 드러나지 않는 인간의 욕구를 파악해 사용자 중심, 고객 중심, 인간 중심적으로 바라보는 사고가 필요하다.

그리고 신속한 프로토타입 제작과 반복적 테스트를 통해 초기 기획 단계에서부터 사용자의 니즈에 부합하는 제품이나 서비스에 가까이 접근할 수 있다. 어떤 신제품이라도 사용자가 실제 제품을 사용하면 불만이 생기기 마련이다. 그래서 먼저 핵심 기능이 작동하는 프로토타입을 만들어 사용자 피드백을 받는 것이 중요하다. 이렇게 수정을 반복적으로 하여 사용자에게 이질감이 없는 제품이나 서비스를 제공할 수 있고, 이 과정에서 구성원들이 자연스럽게 과정과 결과를 공유하며 학습과 통찰을 얻게 되는 것이다.

마지막으로 다양한 사람들과 협업을 통해 창의적인 해결 방안을 찾는 것이다. 브레인스토밍을 통해 다양한 아이디어를 확장하거나, 다른 의견을 수용하고 결합하는 수렴 과정을 거치는 과정이 있어야 한다. 이러한 과정 속에서 서로의 의견을 존중해주며 가능한 많은 아이디어를 내고 다양한 문제 해결 방안을 찾아야 한다. 또한 조직은 이런 과정을 거치면서 통합적이고 수평적인 사고로 확장해야 한다. 도전과 실패 경험을 통해 구성원들이 상품과 서비스 이해도를 스스로 높일 수 있게 해야 한다.

특히 디자인 씽킹은 지금과 같이 예측하기 힘든 모호한 비즈니스 상황에서 다양한 해법을 제안하고 빠르게 실행하는 데 도움이 된다. 뿐만 아니라 4차 산업혁명 시대에 데이터와 인공지능, 일과 사람에 대한 역할 정의, 프로세스 개선을 위한 의사결정 등 새로운 관점과 질문으로 가치 창출이 필요하기 때문에 더욱 디자인 씽킹 사고가 필요하다. 그리고 디자인 씽킹은 앞에서 진행 과정을 살펴봤듯이 5단계 전 과정이 질문을 통해 진행된다는 것을 알아야 한다. 이것이 우리가 질문해야 하는 이유다.

보고서를 만들지 말고 고객 경험을 디자인하라

인터넷과 스마트기기 덕분에 우리는 디지털 정보의 홍수 속에서 살아간다. 과거와 현재를 넘나들 수 있고, 앉은 자리에서 시공간의 제약 없이 쉽게 국경을 넘을 수 있다. 포털사이트에서는 정보를 얻고자 하면 무엇이든 얻을 수 있고, 모든 것이 검색으로 통한다.

그럼 정보가 넘치고 얻고자 하는 것을 쉽게 얻을 수 있어 우리들의 삶이 여유롭고 좀 더 풍요로워졌나? 그렇다고 생각하는 직장인은 없을 것이다. 정보가 넘치는 만큼 일은 더 많아지고 보고서는 더 두꺼워졌다. 정보의 양과 보고서의 양이 비례하고 보고서의 양은 작업하는 시간과 비례한다. 그뿐 아니라 책상에서 작업하는 시간과 현장의 간극도 비례해서 벌어지면서 고객과의 거리도 점점 멀어졌다. 결국 넘치는 정보로 인해 필요 이상의 정보가 보고서에 담기고, 보고서의 양은 많아졌지만 보고서에서 고객이 설 자리는 더 좁아졌다. 보고서에 고객이 없는 기업은 위험해진다.

일본의 애니메이션 영화감독 미야자키 하야오는 2D영화만 만들고 3D영화는 만들지 않느냐는 질문에 이렇게 답한다. "요즘 영화들은 과잉이다. 과잉으로 세밀하게 한다고 해서 반드시 좋은 것은 아니다. 요즘 TV를 보지 않는 것도, HD TV라서 보고 싶지 않은 것까지 다 보이기 때문이다."라고 했다. 그는 어느 인터뷰에서는 "단편영화를 제작하는데 대사를 빼고 빼고 하다 보니 무성영화가 되어 버렸는데도 충분히 표현할 수 있었다. 아주 속이 후련했다"고 했다.

그의 인터뷰 내용을 보면 양이 질을 훼손하는 지경에 이른 과잉의 시대를 질책하는 듯하다. 마치 물질의 과잉이 비만을 만들고 비만이 질병을 만드는 것과 같다. 그러므로 바쁘다고 핑계만 대지 말고 책상에서 벗어나야 한다. 자료를 찾고 검색하여 보고서를 만드는 수고를 줄이고 직접 현장에 찾아가 고객을 관찰하고 만나는 수고를 해야 한다.

과학과 기술의 발전으로 세상이 복잡해지면서 '복잡성은 조용한 암살자다'라는 말이 생겼다. 복잡성이 어느 정도인지 알지 못할 뿐만 아니라 설령 알고 있다고 해도 측정할 수 없기 때문이다. 이런 복잡성으로 인해 구성원의 피로감이 높아지고 본질이 흐려지면서 앞을 보지 못하는 상황이 만들어진다. 그렇다 보니 선진 기업들의 CEO들이 앞장서 단순화를 강조하고 있다.

P&G의 전 회장 앨런 조지 래플리는 전략에 대해 말할 때 '현실을 직시하고, 전략에 대한 설명은 1페이지 이내로 줄이라'고 강조했다. 뿐만 아니라 프레젠테이션을 없애고, 대화 중심으로 토론을 하도록 했더니, 많은 새로운 아이디어들이 나왔다고 한다. 제프리 이멜트 GE 회장도 "조직이 커지면서 중요하지 않은 일을 너무 많이 하고 있다. 단순화는 직원들이 중요하지 않은 일에 맞서 정말 중요한 일을 함께 하도록 돕는 도구다. 단순화는 조직을 더 날렵하게 만들고, 관료주의를 없애며, 시장에 완전히 집중하는 것을 뜻한다"고 했다. 아마존의 CEO 제프 베조스는 "사내 파워포인트 사용을 금지하고 대신 6쪽 분량의 메모로 사안을 묘사하라"고 했고, 페이스북의 최고 운영책임자 셰릴 샌드버그 역시 "나와 미팅할 때는 파워포인트를 사용하지 마라"고 했다가 지켜지지 않자 전면 금지했다.

우리 기업들도 형식적이고 과도한 보고로 인해 비생산적으로 보내는 시간이 전체 근무시간 중 무려 31%나 차지한다고 한다. 이런 형식적인 보고 문화로 인한 비효율이 기업의 지속가능성을 저해하는 것이다.

현대카드는 보고 문화를 바꾸기 위해 '제로 파워포인트' 캠페인을 실행하고 있다. 회사 컴퓨터로 PPT를 만들 수 없고, 보고할 때도 PPT를 사용하지 않는다. 그 결과 보고서는 한두 장으로 짧아지고, 회의 시간도 짧아졌으며, 직원들의 평균 퇴근 시간을 23분 앞당기고 휴가 일수는 10%나 늘리는 효과를 거뒀다고 한다. 정태영 현대카드 CEO는 "아이디어가 있으면 연필과 노트북 하나 들고 낙서해가며 하면 훨씬 더 자유롭고 재미있는 이야기가 오간다"며 제로 파워포인트 효과를 설명한다. 특히 파워포인트는 정보의 가독성을 높이기 위해 디자인적인 부분에 많은 시간을 할애해야 한다. 그러나 지금 우리에게 필요한 것은 복잡한 보고서의 가독성을 높이는 디자인이 아니라 빠르게 변하는 고객의 경험을 디자인하는 일이다.

성공하는 기업은 보고서보다 고객 경험에 집중한다. 최근 코로나19로 가장 큰 타격을 입은 산업 중 하나가 여행과 숙박업이다. 대부분 이 기업들의 매출은 10분의 1로 줄어들고 적자가 눈덩이처럼 늘어나고 있다. 그러나 같은 업이지만 에어 비앤비는 상반기에 9억 3000만 달러의 적자를 기록했다가 3분기에 2억 1900만 달러로 흑자 전환하였다. 에어 비앤비는 무엇이 다르고, 어떻게 흑자 전환을 했을까?

에어 비앤비의 성공 비결은 바로 빠르고 민첩하게 시장 변화에 대응하며, 새롭게 고객의 경험을 디자인한 결과라고 할 수 있다. 그동안 에어 비앤비는 2008년 사업을 시작할 때부터 다양한 사람들의 모임과 에어 비앤비 브랜드 경험을 매력적으로 조합해 여행 산업에 혁명을 일으켰다. 그러나 코로나 사태 이후 해외 여행길이 막히자 에어 비앤비는 '여행은 가까운 곳에서'라는 컨셉으로 고객 경험을 새롭게 디자인했다. 코로나 이후 집에서 멀지 않은 곳에 장기간 집을 빌려 일하는 '워케이션'(재택근무+휴가)이나 학생들이 학습 목적으로 단체로 집을 빌리는

'컬랩 하우스', 제주에서 한 달 살기와 같이 새로운 트렌드에 맞게 고객 경험을 디자인한 것이다.

일본의 호시노 리조트도 코로나로 장거리 여행이 불가능해지자 '마이크로 투어리즘'이라는 돌파구를 찾아냈다. 마이크로 투어리즘이란 집에서 한두 시간 내에 다녀올 수 있는 일종의 근교 여행을 말한다. 기존의 근교 여행과 비슷하지만 핵심 조건은 개인이나 가족 등 적은 인원이 도보, 자전거, 자동차 등을 이용해 1~2시간 내외로 다녀올 수 있다는 것이다. 코로나 확산 위험을 최대한 줄인 여행이고, 혹시라도 감염 증상이 있으면 집에 바로 돌아오면 되기 때문에 불안감도 줄일 수 있어 코로나19 시대의 여행은 마이크로 투어리즘 형태가 될 수밖에 없다고 판단한 것이다.

그리고 고객들이 시설의 방역 수준이나 밀집도를 가장 걱정하고 있다는 점을 알고, 리조트 내 철저한 방역 수준을 알리고 온천 등 시설물의 밀집도를 실시간으로 알리는 앱을 만들었다. 이 상품이 알려지자 마치 마법처럼 지역 주민 관광객들의 예약이 늘면서 호시노 리조트의 예약률은 전년 수준을 회복했다고 한다. 호시노 리조트도 보다시피 철저하게 고객 관점에서 경험을 디자인한 결과다.

두 사례에는 공통점이 있다. 분석하고 보고하고 의사결정을 받아 시행한 것이 아니라 고객의 입장에서 공감하고 욕구를 발견하고 적합한 경험을 디자인해 실행했다는 것이다. 상품과 서비스가 다르듯 서비스와 고객 경험도 다르다. 이제 고객은 평준화된 품질의 상품이나 정형화된 서비스에 돈을 지불하지 않는다. 브랜드가 제공하는 독특한 생활

양식과 제품을 사용하면서 얻게 되는 총체적인 경험을 더 중요하게 생각한다.

스타벅스 커피가 맛있어서 가는 사람은 많지 않다. 고객들은 스타벅스가 제공하는 문화를 경험하러 가는 것이다. 스타벅스는 분위기, 만남, 대화를 중시하는 고객에게 차별화된 경험을 제공한다. 스타벅스는 카페에서 공부하는 카공족이 늘어나는 것을 보고 전 매장에 콘센트와 와이파이를 설치했다. 고객의 취향이 다양해지자 사이런 오더에 나만의 음료 만들기 기능을 추가하여 샷, 시럽 추가, 물과 얼음량 및 휘핑크림 조절 등 수백 가지의 조합이 가능한 경험을 하게 했다. 뿐만 아니라 작지만 확실한 행복 '소확행'이나 타인의 접촉을 꺼리는 '언택트', 일과 삶의 균형을 찾는 '워라밸', 나만의 공간을 찾는 '케렌시아' 등에서 보이는 '나'를 찾는 트렌드도 스타벅스와 함께 했다. 이렇게 스타벅스는 단순히 커피를 파는 곳이 아니라 집과 직장 다음으로 갈 수 있는 제3의 공간으로 인식되도록 했다. 이제 누가 먼저 고객에게 좋은 경험을 지속적으로 제공할 수 있느냐가 시장에서 승부를 결정짓는 시대가 된 것이다.

이처럼 고객 경험 디자인에 앞서가는 기업들은 고객이 원하는 것을 간파하고 충족시키는 능력이 남다르다. 그들은 고객의 말을 귀담아듣고 사람들이 진정으로 관심을 갖는 것을 찾아내고, 고객의 의도에 정확히 반응한다. 사실 고객은 언제나 자신들이 원하거나 불편한 것을 표현하지만 그것을 감지하거나 찾으려고 하는 사람은 많지 않다. 고객의 기분을 느끼면 쉽게 찾을 수 있지만 그런 노력을 하지 않는다.

같은 공간도 아침의 기분, 점심의 기분, 저녁의 기분으로 나누는 것처럼 고객의 기분을 느끼고 공감해야 한다. 공감은 다른 사람의 삶의 일부가 되어 의미 있는 경험을 공유할 수 있게 해 주고, 다른 사람의 입장이 되어 그들이 어떻게 느끼고 생각하는지 이해하는 것이다. 공감은 적극적인 참여를 의미한다. 관찰자가 기꺼이 다른 사람의 경험의 일부가 되어 그들의 경험에 대한 느낌을 공유한다는 것을 의미한다. 이 과정에서 필요한 것이 관찰과 질문이다.

우리는 어떤 문제가 발생하면 무엇이 문제인지 먼저 찾으려 하고 아이디어에 집착하는 경향이 있다. 그러나 고객을 관찰하지 않고 찾은 아이디어는 탁상공론에 지나지 않다. 그러니 모든 가능성을 열어놓고 먼저 고객을 관찰하고 관찰한 내용을 토대로 질문해야 한다. 이때 질문이 회사의 입장과 고객의 입장을 함께 반영하면 안 된다. 회사의 입장과 고객의 입장이 같을 확률은 희박하다. 고객의 마음만 가지고 질문해야 한다. 그래야 고객이 옳다고 하는 답을 찾을 수 있다. 고객이 언제나 옳다. 이것이 우리가 질문해야 하는 이유다.

표준을 따르지 말고 취향을 설계해라

우리 사회는 그동안 대중적 취향인 유행에 민감했다. 집단적 취향은 빠른 산업화 과정을 거치면서 베끼고 모방하면서 형성된 대중문화다. 특히 인터넷이 발달하기 전 라디오나 텔레비전 같은 한정된 미디어를 통해 대부분의 사람들이 공통적인 정보를 접하면서 대중가요, 대중스타 같은 대중문화가 형성되었다. 그럴 수밖에 없었던 것은 같은 공간에서 같은 방향을 보고 같은 미디어를 통해 동일한 정보를 경험했기 때문이다.

규격화되고 표준화된 사회에서는 다른 사람의 반응이 궁금하고 유행의 흐름을 놓치면 소외될지 모른다는 불안감에 너도나도 유행의 꼬리를 잡고 바쁘게 살았다. 그렇다 보니 다른 사람이 좋아하는 것은 좋아했어도 내가 좋아하는 것을 좋아해본 적이 없다.

재미있는 자료가 하나 있다. BTS(방탄소년단)에 대한 호감도를 조사했는데 세대별 차이를 보면 재미있게도 가장 높은 호감도를 보인 세대는 베이비붐 세대(55~64년생)라고 한다. 무려 65%가 BTS에 대한 호감도를 보였다. 그리고 M세대라 불리는 밀레니얼 세대(87~94년생)가 51%, Z세대(95~2003년생)가 가장 낮은 44%를 보였다.

우리는 Z세대가 가장 높은 호감을 보일 것으로 생각했지만 그렇지 않다. 이 자료에서 보듯이 다른 사람의 반응을 가장 궁금해하고, 유행에 민감한 베이비붐 세대가 높은 호감도를 보인 것이다. 반면에 가장 덜 궁금해하는 세대는 Z세대였다. 젊은 세대일수록 흔히 '대세'에 크게 영향받지 않고 '개인취향'에 따라 판단이 분명하게 나타나고 있는 것이다.

최근 우리 사회에 개취(개인취향), 취존(취향존중)이라는 익숙하지 않은 말이 사람들 사이에서 많이 등장한다. 취향은 '하고 싶은 마음이 생기는 경향이나 선호함'이라고 사전에 쓰여 있지만, 요즘 세대들에게는 라이프스타일의 대체어로 쓰인다. 보통 자신의 삶이 지향하는 것을 얘기할 때 취향이란 단어를 많이 선택하기 때문이다.

그동안 우리 사회에서 취향이나 개성 같은 것을 드러내려면 정(釘) 맞을 용기가 필요했다. 그런데 요즘 이런 소수의 움직임을 하나의 문화적 취향으로 높게 평가하는 사회적 분위기가 형성되고 있다. 이유야 많지만 성장 과정에서 개성과 취향을 존중받으며 성장한 MZ세대가 조직과 사회에 주류로 등장하는 것과 무관하지 않다. 이들은 디지털 기술이 발전하면서 가장 높은 소비 주류가 되었다.

　이 세대는 다른 사람들을 의식하지 않고 자기들이 좋아하는 취향을 공유하고 소통하며 커뮤니티를 형성한다. 특히 같은 관심 기반의 SNS를 통해 자신과 취향이 비슷한 인플루언서를 팔로우하며 서로의 이야기를 공유한다. 과거에는 그 사람을 알고 싶으면 그 사람의 친구를 보면 안다고 했다. 하지만 지금은 그 사람의 인스타그램 팔로우 목록을 보면 알 수 있다고 한다. 디지털 기술을 기반으로 초개인화가 빠르게 진행되고 있는 것이다.

　취향은 지극히 주관적이다. 이것은 나이, 성별, 종교, 학교, 직업 등에 의해서 결정되지 않는다. 지금까지의 인구통계학적 시장 분석과 시장 세분화는 더 이상 유용하지 않다는 것이다. 이제는 세분화된 시장이 아니라 개인 그 자체가 시장이고 개인이 갖고 있는 취향이 시장이다.

　취향시장이 중요한 이유는 이렇게 비유할 수 있다. 우리는 친한 친구를 1년에 한 두 번 본다면 취향친구는 일주일에 한두번 본다. 볼 때마다 새롭고 재미있게 연결되고 확장되기 때문이다. 새롭고 재미있는 시장은 정적이지 않고 동적인 시장이다. 더 이상 고객은 맹목적이지 않고 규격화된 상품을 대량 소비하지 않는다. 개성을 극대화하는 것을 선호하고 대중적인 것에서 벗어나 자신만의 고유한 가치를 추구한다. 시장은 초개인화되어 가고 있다. 이제 기업의 전략도 초개인화를 지향해야 한다.

초개인화 시대의 기업의 활동은 상품은 물론 커뮤니케이션, 가격전략, 마케팅 등 기업의 모든 영역이 대상이 된다.

이런 개인의 취향을 가장 잘 반영하는 기업이 '무신사'다. 무신사는 2001년 당시 고등학생이었던 조만호 대표가 프리챌에 스니커즈 마니아를 위한 커뮤니티를 만들면서 시작한 취향공동체다. 무신사의 성공 비결 또한 이것과 무관하지 않다. 커뮤니티로 시작한 기업이기 때문에 우선 소비자 친화적인 문화가 있었고, 의견을 자유롭게 공유하고 이를 바탕으로 사람들의 니즈를 빠르게 파악하여 소비자가 원하는 패션아이템을 공급하였다. 무신사의 성장 비결이 이 한 가지로 제한되는 것은 아니지만 개인들의 취향을 기반으로 시작하고 발전했다는 것은 의심할 여지가 없다.

유튜브는 개인의 콘텐츠 시청 습관에서 취향을 훔쳐 취향저격 콘텐츠를 추천하고 제공하여 돈을 번다. 좀 과한 표현이지만 3살 먹은 아이의 취향까지 알아서 추천을 해줄 정도다. 모든 것은 유튜브로 통한다는 말이 있다. 자신의 취향을 잘 모르는 사람도 내가 무엇에 관심있는지 역으로 유튜브에 물어봐야 할 판이다. 유튜브 말고도 넷플릭스나 왓챠도 추천 알고리즘을 통해 내가 관심 있는 영화나 드라마를 추천해준다. 영화나 영상 관련 분야뿐만 아니라 다른 분야에서도 이러한 취향저격 상품들을 추천하고 제공하는 서비스는 계속 진화하며 발전하고 있다.

최근 개인이 좋아하는 것을 예측하여 취향을 저격하는 다양한 시장이 발전하는 것도 이런 이유다. 게임이나 영화와 같이 콘텐츠뿐 아니라 가전, 자동차, 식품, 의류에 이르기까지 다양한 시장이 열리고 있다. 크게는 가전과 자동차에서 작게는 커피나 샌드위치에 이르기까지 다양하게 개인의 취향을 저격하고 있다. 삼성전자의 비스포크 냉장고는 더 이상 가전이 아니라 가구라는 발상의 전환으로 2만 가지 이상의 조합의 맞춤형 냉장고를 제공하고 있고, 현대자동차는 그랜저 내차 만들기를 통해 고객의 취향을 반영하고 있다. 스타벅스는 나만의 음료 만들기를 통해 샷, 시럽 추가는 물론 얼음량과 휘핑크림 조절 등 여러 가지 조합이 가능하고, 서브웨이 샌드위치도 취향에 맞게 소스나 토핑 조절이 가능하다.

매장을 방문하여 옷을 구매하지 않고도 자기 취향에 맞는 옷을 빌릴 수 있는 서비스도 있다. 국내 의류 스타트업 클로젯 셰어는 매달 9만 9천 원만 결제하면 횟수 제한 없이 원하는 옷을 마음껏 빌려 입을 수 있는 서비스를 제공한다.

이렇듯 취향존중과 초개인화 시대의 시장 선택권은 개인에게 있다. 기업은 이제 표준화된 상품을 대량 생산해 고객에게 선택을 강요하기보다 취향을 예측하고 설계해야 한다. 이때 중요한 것은 상품이 아니라 고객의 라이프스타일을 제안하는 것이다.

일본의 츠타야 서점은 고객에게 어떻게 수준 높은 라이프스타일을 제안할 것인가를 끊임없이 고민하고 남들보다 새로운 시도를 하여 성공한 기업이다. 서점의 공식을 새로 만들어 낸 츠타야 서점은 브랜드의 명맥을 유지하는 방법보다는 철저하게 소비자의 입장에서 생각하고 고객이 원하는 바와 변환점에 예민하게 반응하였다.

예를 들어 서점과 책의 개념을 새롭게 정의하고 책을 분야별로 분류하는 기존 방식에서 벗어나 라이프스타일을 기준으로 큐레이션하고 관련 상품을 하나로 묶어 서비스로 제공하는 방식이다. 츠타야 서점의 설립자 마스다 무네아키는 츠타야 서점은 책을 판매하는 곳이 아니라 취향을 설계하는 곳이라고 말한다.

지금까지 기업은 치밀한 연구와 개발을 통해 하나의 표준을 시장에 내놓았다. 누구나 쓸 수 있는 대중적인 제품을 더 많은 사람들이 살 수 있도록 싼 값에 대량으로 제공했다. 이를 통해 수익을 창출하는 것이 기업 활동이었다. 마케팅도 마찬가지다. 더 많은 사람들에게 자사의 제품을 알리기 위해 각종 미디어의 프라임 타임에 광고를 하고 다양한 프로모션을 통해 소비자들의 선택을 이끌어 냈다. 이것이 지금까지 시장이 성장해온 방식이었다.

그러나 이제 모든 것이 바뀌었다. 대중을 위한 시장은 끝나고 고객 취향에 맞게 대응하는 가변성이 중요해졌다. 원 플러스 원에서 투 플러스 원으로 바뀌는 게으른 접근법이 아니라 개별 고객의 취향 맞춤형 마케팅을 하여 고객의 취향을 저격해야 한다. 우리는 사람들의 욕망이 똑같지 않고 끊임없이 변한다는 것을 안다. 여기에 맞춰 기업도 지속적으로 고객과 소통하며 관계를 구축해야 한다.

여기서 중요한 것은 진실성이다. 이제 소비자들은 눈앞의 콘텐츠를 함부로 소비하지 않는다. 예를 들어 뷰티 콘텐츠를 보면서 그 제품의 성분과 사용후기들을 찾아본다. 콘텐츠 소비와 동시에 정보의 진실성, 콘텐츠의 반응 등을 검증하기 때문이다. 진실은 정직에서 시작된다는 것을 명심해야 한다. 그러므로 초개인화 시대 취향 마케팅의 핵심은 고객과의 정직한 소통이다. 그리고 소통의 최고 도구는 질문이다. 고객이 답이기 때문이다.

4장

질문하는
리더가 되려면
어떻게 해야
하는가?

질문을 많이 하면
새로운 아이디어가 샘솟는다.
결국 그것이 경쟁 우위가 된다.
그래서 지위 고하를 막론하고
반드시 의사소통이 자유롭게
이뤄져야 한다.

마이클 델(DELL 회장)

리더의 시각

보이는 것을 그대로 보기

많은 사람들은 일상이 똑같이 반복된다고 말한다. 그러나 세상은 한 순간도 같은 적이 없다. 조금만 생각해도 단 하루도 같은 날이 없었다는 것을 알게 된다. 매일 아침이면 해가 뜨지만 매일 다른 시간에 뜨고, 매일 마시는 공기도 같은 것 같지만 공간 속의 기류는 끊임없이 바뀐다. 거리의 가로수도 새로 잎이 나는가 싶더니 금세 무성해지고, 다시 잎이 지고 나기를 반복하며 늘 다른 모습으로 살아간다. 우리도 마찬가지다. 어제의 내가 오늘의 나와 같은 것 같지만 매일 하는 일이 다르고, 보는 책과 접하는 정보도 다르다. 그리고 매일 만나는 사람이 같다고 생각할지 모르지만 만나는 사람들의 마음과 표정 또한 다르다.

그러므로 우리는 사는 공간과 살아온 시간에 따라 계속 변하고 있는 것이다. 그런데 왜 똑같은 하루가 반복된다고 생각하는 것일까? 그것은 보이는 대로 보는 것이 아니라 보고 싶은 것만 보기 때문이다.

우리는 보고 싶은 것만 보면서 단조롭고 반복적으로 살아간다. 심리학자 크리스토퍼 치브리스와 대니얼 사이먼스가 하버드대학교에서 실시한 '보이지 않는 고릴라'라는 실험이 있다. 내용을 간단하게 정리하면, 심리학과 건물 한 층을 무대로 흰 옷을 입은 팀과 검정 옷을 입은 팀이 이리저리 움직이며 농구공을 주고받는 동영상을 찍었다. 그리고 학생들에게 이 동영상을 보여주면서, 흰 옷을 입은 팀이 공을 패스한 횟수를 세라고 했다. 실험 참가자들은 집중하여 동영상을 보고 대부분 몇 번 패스했는지 정확히 맞추었다. 그러나 이 실험은 패스를 주고받는 횟수에 있는 것이 아니라 다른 의도가 있었다. 중간에 고릴라가 지나간 것을 봤냐는 것이다. 여섯 명이 공을 주고받는 사람들 사이로 커다란 고릴라가 오른쪽에서 나와 중간에서 가슴을 친 다음 왼쪽으로 사라진다. 이 과정에서 검은 옷을 입은 사람이 나가고, 뒤의 커튼도 바뀐다. 그리고 실험 참가자들에게 이런 과정을 보았는지 물어보면, 놀랍게도 고릴라를 봤다고 대답한 사람은 절반에 지나지 않았다. 절반 이상의 참가자들이 공의 패스 숫자를 세는 데 집중해서 고릴라를 보지 못한 것이다. 뿐만 아니라 패스 횟수, 고릴라, 검은 옷을 입은 사람이 중간에 빠져나간 것, 커튼의 색이 바뀐 것 등 네 가지를 모두 맞춘 사람은 단 한 명도 없었다.

이 실험에서 공이 의미하는 것은 무엇일까? 공은 내가 다른 것을 보지 못하게 만드는, 바로 내게 주어지고 해야 하는 일이고 집착하는 생각들이다. 그래서 보이는 대로 보지 못하고 보고 싶은 것만 보는 것이다. 특히 수용에 익숙해진 우리는 그럴 확률이 더 높다. 그래서 세상은 좁아지고 자신도 작아져 쳇바퀴 도는 일상이 되는 것이다.

지금 우리에게 필요한 것은 보고 싶은 것만 보는 것이 아니라 보이는 대로 보는 것이다.

보고 싶은 것만 보고, 듣고 싶은 것만 듣고, 인식하고 싶은 것만 인식한다면 어떻게 될까? 그것은 분명 편안하다. 이미 정해진 기준을 따르고 지식과 경험대로 하면 된다. 시키는 대로만 하고 지시에 순응하기만 하면 된다. 그러나 보고 싶은 것만 본다는 것은 시야가 좁아지고 스스로 자기 안에 갇힌다는 뜻이기도 하다. 세상은 우리가 보고 듣고 인식하는 것보다 더 다양하고 많은데도 말이다.

물론 보이는 대로 본다는 것은 어려운 일이다. 그렇다고 불가능한 일도 아니다. 보이는 대로 보기 위해서는 먼저 버릴 줄 알아야 한다. 보편적 이념으로 무장한 기준을 버리고 지식과 경험으로 만들어진 확고함의 지배에서 벗어나야 한다. 지식과 경험은 삶의 도구로 사용해야지 그것이 나를 지배하게 해서는 안 된다.

밤하늘의 별이 보이지 않는 이유는 도시의 빛이 너무 밝기 때문이다. 내가 사물을 보이는 대로 보지 못하는 것도 이와 다르지 않다. 내 안의 확고한 답이 더 많은 다른 답을 보지 못하게 하는 것이다. 그러므로 세월이 쌓은 지식과 경험이 만든 답을 버리고 그것으로부터 자유로워져야 한다. 구속으로부터 자유로울 때 비로소 보이는 것 그대로 볼 수 있는 것이다.

이제 리더의 시선도 바뀌어야 한다. 내가 보고 싶은 것만 보는 좁은 시선에서 벗어나 대상이 보여주는 것을 보는 넓은 시선으로 바꾸고,

당연함에 시비도 걸어보고 이유를 묻고 관계를 따져가며 봐야 한다.

시각은 인간의 오감 중 가장 으뜸으로 여겨진다. 그것은 본다는 것이 단순히 보는 감각에 그치지 않기 때문일 것이다. 이를테면 관점(觀點)은 보는 지점이라는 의미를 넘어 사물이나 현상을 판단하는 방향이나 처지를 뜻하듯이 말이다. 뿐만 아니라 여러 번 듣기보다는 한 번 보는 것이 더 잘 이해할 수 있다는 백문불여일견(百聞不如一見)이 그렇고, 견물생심(見物生心)처럼 인간의 욕망과도 관련되어 있음을 알 수 있다. 이 밖에도 시각에는 익숙함이나 낯섦이 담겨있기도 하다. 같은 지역을 여행하고 와서도 저마다 다른 것을 봤다고 말한다.

따라서 본다는 것은 '이해하다, 익숙해지다, 느끼다, 사랑하다, 입장을 표현하다' 등 여러 감정이나 가치와 폭넓게 어울린다. 그러므로 리더는 자기가 보고 싶은 것만 보지 않고 보이는 것을 그대로 보는 노력을 통해 사물이 가지는 신비로움을 볼 수 있어야 한다. 그래야 비로소 내가 알고 있는 한계를 넘어서 새로운 세상을 이해하게 되는 것이다.

사물이 가진 신비로움을 볼 수 있으려면 여유를 가지고 느리게 보아야 한다. 가끔 다큐에서 볼 수 있는 일이지만 초고속 카메라로 꽃이 피는 모습을 보면 신비하고 아름답다. 마치 어린아이가 쥐었던 주먹을 하나씩 펴는 모습처럼 경이롭기까지 하다. 우리들의 눈도 카메라처럼 느리게 보면 사물이 보여주고자 하는 것을 그대로 볼 수 있다. 예술가는 이런 모습을 보고 그림으로 표현하고 '시'로도 표현한다.

클레의 그림 〈꽃이 피다〉에는 꽃의 형상은 없지만 가만히 들여다보면 정말 꽃이 피어나고 있는 것 같은 느낌을 받는다. 클레는 활짝 핀 상태의 명사를 그린 것이 아니라 피고 있는 동사를 그렸다. 클레는 꽃의 생기를 느끼며 꽃망울이 터지는 모습을 본 것이다.

시인 고은도 "내려갈 때 보았네, 올라갈 때 보지 못한 그 꽃"이라 했고, 나태주 시인은 "자세히 보아야 예쁘다. 오래 보아야 사랑스럽다."라고 했다. 보이지 않는다고 없는 게 아니고, 부잣집 담장의 장미만 예쁜 게 아니라 자세히 보면 풀꽃도 예쁘다는 것이다. 천천히, 자세히 보면 사물은 또렷한 모습으로 자기만의 신비로움을 드러낸다.

또한 리더는 자기 확신에서 벗어나려는 지적인 노력과 반성을 해야 한다. 자기 확신에 빠진 리더는 비이성적이고 과거 지향적이다. 자기 감성에만 너무 빠지게 되며, 소유한 것을 지키려고만 하게 된다. 이런 리더는 세상을 보고 싶은 대로 보거나 봐야 하는 대로 본다. 그러나 지적인 리더는 이성적이면서 논리적이고, 미래 지향적이며 소유한 것을 바탕으로 해서 그 다음으로 넘어가려고 한다. 과거 이념을 따르는 것이 아니라 현실에서 이념을 생산하기 위해 세상을 보이는 것 그대로 보려고 한다. 세상을 보고 싶은 대로 보거나 봐야 하는 대로 보는 사람은 보이는 것 그대로 볼 수 있는 사람을 이길 수 없다.

봐야 하는 대로 보는 것이 아니라, 보이는 것을 그대로 볼 수 있을 때 느끼는 이 쾌락이 바로 인간이 가질 수 있는 가장 높은 차원의 즐거움이다.

보이지 않는 것을 보기

사물의 진정한 의미를 알려면 보이는 것에서 보이지 않는 것으로 시선을 옮겨야 한다. 그리고 보이지 않는 것을 보려면 보이는 것을 잘 보아야 한다. 잘 본다는 것은 편견에 사로잡히지 않고, 선입견에 지배되지 않고, 고정관념에 갇히지 않고 사물을 보이는 것 그대로 보는 것이다. 이러면 대상을 파악하기 쉽고, 대상이 다르게 보이기 시작한다. 아는 만큼 보이는 것이다.

그럼 보이지 않는 것을 본다는 말은 무엇을 말하는 것일까?

창의란 그 목적 속에 감추어진 존재 이유를 호기심을 가지고 탐구하는 과정에서 나오는 증가된 가치의 결과다. 그러므로 보이지 않는 것을 보기 위해서는 먼저 존재의 이유와 생성의 목적을 아는 것이 중요하다. 왜, 이 일을 하고 왜 여기에 존재하는지 알아야 하는 것이다.

세상의 모든 사물은 존재의 이유와 생성의 목적이 있다. 단추 하나만 보아도 꼭 필요한 위치에 목적에 맞게 존재하고 있듯이, 모든 존재에는 설계자의 필요에 의한 존재 목적과 계획이 있다. 목적 없이 존재하는 것도 목적 없이 하는 일도 없다. 그것이 무엇이든 목적이 있기 마련이다. 우리가 존재의 이유와 목적에 관심을 갖는 이유도 이것이 변화를 만드는 힘을 가지고 있기 때문이다.

그렇기 때문에 겉으로 나타나고 표시되는 사실만으로 진실을 알 수 없는 것이다. 사실이 다 진실일 수 없는 이유다. 꽃은 필 때만 꽃이다. 꽃이 존재하는 이유는 열매에 있으므로 우리가 봐야 하는 본질은 눈앞에 보이는 꽃이 아니라 보이지 않는 열매다. 꽃만 보는 것하고 열매를 생각하고 꽃을 보는 것은 다르다. 꽃만 볼 때에는 더 애정이 가고 더 자세히 보게 된다. 그러나 감정에 치우치고 감상에 젖어 밖으로 표현된 것만 보게 되면 본질을 놓치기 십상이다.

그 다음은, 사물을 표현하는 물성을 보는 것도 중요하다. 물성이란 그 물질이 가지고 있는 성질을 말하며, 성질은 사물이나 현상이 가지고 있는 고유의 성질을 말한다. 물질의 형태는 변하지만 고유의 성질은 변하지 않는다. 액체는 담는 그릇에 따라 모양이나 크기가 변하지만 성질이 변하지는 않는다. 얼음이나 수증기는 밀도나 단단함에 따라 물리적으로 모양이 바뀌지만 성질은 똑같이 물이다.

나는 직장에 있을 때 가끔 디자인 시안을 결정하는 자리에 참석했었다. 이때 디자이너와 우리 직원들의 차이를 많이 느꼈는데 그 차이가 바로 물성의 표현에 있었다. 우리 직원들이 화려하고 보기 좋은 것을 선택하는 반면에 디자이너는 표현된 사물의 물성을 가지고 얘기하는 것이었다. 물론 디자인마다 표현하고자 하는 의도가 있지만 물성을 유지하면서 표현력을 살린다면 고객들의 시선을 더 오래 머물 수 있게 할 수 있다는 것이다. 그래야 스치고 지나가지 않는다는 것이다.

어쩌다 그림이나 도예작품 전시회에 가도 예술적 지식이 부족하지만 발걸음을 멈추게 하는 작품들이 그렇다. 평상시에 보는 것보다 더 사실감을 느낄 때 그곳에 오래 머물게 된다.

우연히 '진주 귀걸이를 한 소녀'로 우리에게 잘 알려진 네덜란드 화가 요하네스 페르메이르의 '우유를 따르는 하녀'란 그림을 보고 그림 속 사물의 고유한 물성에 시선이 오랫동안 머문 적이 있다. 항아리에서 주르륵 흘러나오는 우유의 점도를 보면 영원히 멈추지 않을 것만 같고, 거칠고 번들거리는 빵과 도기 또한 질감을 느끼기에 충분했다.

이렇게 사물의 고유 성질을 보아야 그것의 변화가 만들어낸 가치를 볼 수 있다. 그러기 위해서는 사물을 유심히 보고, 오래 보고, 더 깊고 온전하게 느끼는 것이 중요하다. 사람을 대할 때도 겉모습보다 마음을 봐야 한다는 것이 이런 의미일 것이다. 마음이 고와야 아름답고 그러면 오래 보고 싶고 또 보고 싶어진다. 아름다움이란 바깥 형식에 의해서라기보다 속마음에 의하여 최종적으로 규정되는 것이다.

또한 우리는 사물이든 사람이든 많이 알려고 노력하지만 아는 것보다 중요한 것은 이해하는 것이다. 앎을 상징하는 지식은 우리에게 매우 중요하다. 아는 만큼 보인다는 말이 있듯이 앎은 사물을 다른 눈으로 볼 수 있게 한다. 그러나 내가 아는 지식으로부터 자유롭지 못하면 말 그대로 아는 만큼만 볼 수 있게 된다. '아는 만큼'은 제한적이다. 그래서 지식은 이해를 위해 필요한 도구로 사용해야지 지식이 나를 지배해서는 안 된다.

자기 내면에 쌓인 지식의 지배로부터 벗어나려면 지속적으로 새로운 지식을 습득하고 실천해야 한다. 하늘의 비행기가 속력에 의하여 떠 있듯이, 생활에 지향과 속력이 없으면 삶이 일관되게 정돈될 수가 없음은 물론 자신의 역량마저 금방 풍화되어 무력해지는 법이다. 그러므로 지식은 책 속이나, 내 안에 축적되어서 있는 것이 아니라 정리된 경험과 실천의 연속에 존재하는 것이다.

조금 다른 이야기를 해보자. 오래된 이야기이긴 하지만 나는 첫 직장에서의 주 업무가 여성으로 구성된 조직을 관리하는 업무였다. 그렇다 보니 이직과 퇴직률 관리가 가장 중요한 핵심 과제였는데 그때 나는 인력관리를 가장 잘한다는 평가를 받았었다. 그렇다 보니 다른 전국의 많은 동료들이 어떻게 하면 인력관리를 잘할 수 있냐고 물어 왔다. 자기들은 직원 집에 숟가락이 몇 개 있는 것까지 알고 있는데 관리가 안 된다는 것이다. 이때 내가 한 말을 지금도 기억한다. "복잡하게 알려고 하지 말고 편하게 사람을 이해하면 된다."

알려고 하는 것보다 이해가 먼저여야 한다. 해가 바다에서 떠서 바다로 진다고 말하는 사람을 바보라고 말하기 전에 그가 섬에서 태어나고 섬에서 성장한 사람이란 것을 이해하여야 한다는 것이다. 이해가 전체 속의 과정을 보는 것이라면 얇은 부분을 확대하여 맞고 틀리고와 같은 결과만 보게 된다.

마지막으로 가치를 보는 것이다. 그것이 일이든 사물이든 고객 관점에서 가치를 볼 수 있어야 하며 고객이 무엇을 가치 있게 생각하는지를 보아야 한다. 이때 알아두어야 할 원칙은 비이성적인 고객은 없다는 것이다. 간혹 조직의 리더들이 스스로 중요한 가치라고 판단하며 고객의 고유 권한을 침범하는 오류를 범하기 때문이다.

그럼 고객가치를 어떻게 판단할 수 있을까? 이것을 〈고객가치〉(김종훈/클라우드라인)에서 고객가치의 핵심 요소로 잘 정리하고 있어 참고하였는데, 첫째 요소는 고객들이 가치를 평가할 때 가장 이성적으로 판단하는 기능적 가치다.

기능적 가치는 상품이나 서비스의 기능, 성능, 품질, 맛, 가격과 같은 기능성을 말한다. 그러나 기능적 가치에 대한 고객의 가치판단은 매우 합리적이고 이성적이며 무조건 싸고 좋은 가성비만 따지는 것이 아니다. 차별적 효용성이 높은 기능에 대해서는 높은 가격도 기꺼이 지불하기 때문에 이러한 것을 염두에 두고 봐야 한다. 그대가 엘지 스타이러스를 사고 싶은 마음이 그것이다.

둘째 요소는 감성적 가치이다. 이것은 디자인, 분위기, 멋스러움과 같이 고객의 취향에 따라 기준이 수시로 달라지는 주관적이면서 감성적인 것이다. 감성적 가치는 기능적 가치로 차별화가 어려운 부분을 차별화하기에 좋고, 충성 고객층을 두텁게 만들고 브랜드 정체성을 형성하는 데에도 긍정적 역할을 한다. 특히 기능적으로 다소 불만족스럽다 하더라도 감성적 가치가 충족되면 비이성적으로 보이는 구매를 서슴지 않는다. 우리가 스타벅스를 가는 이유다.

셋째 요소는 정신적 가치이다. 고객은 그들만의 희소가치를 추구하며 그 가치를 신분 상승으로 받아들인다. 정신적 가치는 브랜드의 정체성이 만들어내는 개별 브랜드의 고유한 품격으로 유행에 덜 민감하여 생명력이 강하다. 모든 고객가치에는 정도의 차이는 있지만 정신적 가치 요소를 포함하고 있어 이 정신적 가치를 어떻게 활용하느냐에 따라 브랜드의 품격과 포지션이 달라진다. 누구나 명품 하나쯤 갖고 싶은 마음이 그것이다.

리더는 이와 같은 가치 판단 기준을 가지고 사물의 보이지 않는 것을 볼 수 있어야 한다.

관점, 변화를 보는 시선

사물을 보이는 것 그대로 보고, 보이지 않는 것을 볼 수 있는 것은 당연함을 떠나 다른 관점을 가질 때 가능하다. 중요한 것은 관점이 시대를 닮아간다는 것이다.

우리가 똑같은 사물을 시대에 따라 다르게 인식하는 것은 그래서일 것이다. 본질은 변하지 않지만 시대에 따라 가치가 변하기 때문이다. 이런 가치를 볼 수 있는 눈이 관점이다. 그러므로 관점은 변화를 보는 시선이라고 할 수 있다. 세상에는 변하지 않는 것이 없고, 모든 것은 변한다는 진리만 변하지 않는다고 한다. 여기서 변화의 주체는 사물이 아니라 사람이다. 사람은 부모를 닮기보다 시대를 닮는다고 말하듯이 똑같은 사물이 다르게 보이는 것은 시대를 닮은 사람의 관점이 변했기 때문이다.

이렇게 시대에 따라 다른 관점을 갖는 것이 중요하다. 같은 문제를 접하고도 어떤 사람은 해결 방법을 찾아내고 어떤 사람은 문제조차 파악하지 못한다. 어떤 사람은 사물이나 상황에서 많은 것을 읽어내지만, 어떤 사람은 아무것도 읽어내지 못하는 것도 다르게 보는 관점의 차이에서 오는 것이다. 어떤 관점으로 바라보느냐에 따라 해석이 달라지고 일하는 방식이 달라지고 전혀 다른 결과를 얻을 수 있다.

그러나 많은 리더들이 오랜 경험으로 알고 있다는 당연함과 신념에 사로잡혀 시대의 변화를 보지 못하고 과거에 머무는 경우가 많다. 현재를 미래의 관점으로 보면 미래로 이동하지만 과거의 관점으로 보면 과거에 머물게 된다. 지금 조직이 과거에 머물고 있다면 리더의 관점이 과거에 머물고 있을 확률이 크다.

당연함이란 없다. 우리가 지금 당연하다고 생각하는 것들은 모두 변화를 거쳐 오면서 당연함이 되었지 처음부터 당연한 것은 아니었다. 생수를 생각하면 쉽게 이해가 될 것이다. 지금은 생수를 사먹는 것이 당연하지만 처음부터 생수를 사먹지는 않았다. 우리가 느끼지 못하는 사이 당연함이 된 것이다. 과거 우리가 먹는 물이 당연히 샘물이나 수돗물이라고 생각할 때 처음 생수를 팔기 시작한 기업은 당연함을 부정하며 먹는 물을 미래의 관점에서 봤다. 미래의 당연함을 본 것이다. 세상은 이렇게 당연하지 않던 것이 당연해지면서 변한다.

미래에는 어떤 것이 당연해질까? 이런 질문이 생각의 방향을 바꾸고 보는 관점을 바꾸는 것이다. 질문하는 사람의 특징은 세상을 흘려 보지 않고 촘촘하게 본다. 차이에 민감하고 지금 하고 있는 것이 그 전의 것과 어떻게 다른지에 민감하다.

좋은 질문은 지금 내가 '맞다'고 하는 것을 의심하고 내가 믿는 이념이나 신념과 같은 틀을 깨고 부수어 본질만 남기고 껍질은 걸러내는 것이다. 그리고 다시 처음의 상태로 돌아가는 것이다.

지식과 경험이 쌓여 만들어진 확고한 신념을 부수고 버린다는 것은 서운한 일이다. 그러나 생각해보면 버리지 않고 성장하는 것도 없다. 텃밭의 상추를 솎아내는 일이 더 큰 것을 키우는 손길이듯이 지식도 경험도 그것이 만든 확고한 신념도 버리는 작업을 통해 시대를 닮은 가치로 커지는 것이다.

그렇지 않으면 내 안의 고착된 인식만큼 생각하게 되고 그만큼만 받아들이게 된다. 자기 생각에 스스로 한계를 느끼는 것은 그래서다. 그때가 바로 자기 안의 것을 버리고 부수어야 할 때다. 관점이란 이렇게 버리고 부수는 것을 반복하고 그것이 만드는 차이를 보는 것이다.

평범한 사람은 세상이 변하고 나서야 세상의 변화를 눈치챈다. 어제 하던 일을 오늘도 습관적으로 하면서 관성대로 살다가 어느 순간 "세상 참 빠르다, 진짜 많이 변했네."하고 감탄하는 사람이 성공하는 경우는 드물다. 성공하는 사람들은 관성대로 살지 않고, 당연하다고 여기는 것을 부정하고 새로운 가치를 만들어 선도해 나간다.

또한 관점은 관성 밖의 것을 보는 것이다. 그러나 관성대로 살아가는 습관을 바꿔 밖을 본다는 것이 말처럼 쉬운 일은 아니다.

우리의 일상은 여러 가지 익숙한 관성과 습관들로 이루어져 있고, 이 관성들은 서로 상호 연결되어 있다. 마치 기름진 음식은 술과 어울리고 술은 담배 맛을 좋게 만드는 것처럼 말이다. 이처럼 우리 몸 감각들의 기득권은 생각보다 강하다. 눈은 보고 싶은 것만 보려고 하고, 귀는 듣고 싶은 소리만 들으려 하고, 코는 좋은 냄새만 찾고, 입은 달콤함을 잊지 못한다. 이것을 바꾸려고 하면 저항한다. 저항은 변화가 가지고 올지도 모르는 불이익을 두려워하기 때문에 일어난다. 지금의 편안함과 달콤함을 잃을 수 있다고 생각하기 때문이다.

그러나 희생 없는 변화는 없다. 우리는 그동안 익숙해진 관성에 힘을 가하여 균형을 깨뜨려리고 불균형을 가져와야 한다. 그리하여 무뎌진 감각을 다시 민감하게 하여 조직 밖 세상의 변화를 보고 읽을 수 있는 시선을 가져야 한다. 그냥 지나치고 스쳐가던 길에서 멈추어 주변을 다시 살펴보자. 세상이 바뀌고 난 다음의 변화를 보지 말고, 시시각각 변하는 환경과 그 환경에서 움직이는 사람들의 변화 과정 속에 자신과 조직을 존재하게 하자. 이때 보이는 세상은 전하고는 전혀 다른 세상으로 다가올 것이다. 이런 느낌이 다른 사람들이 보지 못하는 예리함과 다르게 보는 관점을 가지게 하는 것이다.

건축의 평면도와 공간 디자인을 경험해봤을 것이다. 건축물의 평면 디자인을 보면 잘 알 수 없는 것도 공간 디자인을 보면 건물이 어떤 건물인지 쉽게 알 수 있다. 건물의 컨셉, 쓰임, 효용에 대해서 이해하고 건물이 완공된 미래의 모습을 볼 수 있다는 것은 믿음이다. 이런 믿음은 보이지 않는 것을 볼 수 있을 때 가능하다. 사물을 볼 때 표면에 나타나는 것뿐 아니라 보이지 않는 것도 볼 수 있게 입체적으로 봐야 한다. 입체적으로 볼 수 있다는 것은 다양한 관점을 가지고 있다는 것이다. 사물의 단면만 보는 사람과 입체적으로 전체를 보는 사람은 세상을 바라보는 관점이 다를 수밖에 없다. 입체적 관점은 입체적으로 사고하게 한다.

입체적 사고의 힘을 통해 성공한 기업이 있다. 한국의 여행 관련 기업 중 최초로 유니콘기업(기업가치가 1조 원 이상인 비상장 스타트업)이 된 '야놀자'는 고객의 취향은 물론 라이프스타일까지 고객의 모든 순간을 디자인하여 고객에게 특별한 경험을 만들어 준다. 경험하지 못한 고객가치는 입체적 관점의 산물이다. 그리고 관점의 입체화는 사고를 유연하게 하고 관용하게 한다. 단면으로 보는 것은 부분을 확대하여 이해(利害)를 따진다면, 입체적으로 보는 것은 전체를 보면서 이해(理解)하기 때문이다.

관심을 갖고 관찰하는 시선

누구나 한번쯤 보이지 않던 것이 보이는 경험을 해봤을 것이다. 그것은 갑자기 보인 것이 아니라 관심을 가져서 보인 것이다.

글을 쓰는 사람도 그렇다. 관심 주제가 정해지면 서점에 가든 서재에 있는 자연에 머물든, 쓰려고 하는 주제와 관련된 책이 보이고 카피가 보이고 문장을 발견하고 은유와 의미를 찾게 된다.

나의 경우 처음 골프에 관심을 갖게 되었을 때도 그랬고, 처음 새 차를 샀을 때도 그랬다. 거리의 수많은 차 중에 내 차와 동일한 차만 보였다. 첫 아이가 생기면 아이들만 보이는 것도 관심이 생겨서다. 아이만 보이는 것이 아니라 아이와 관련된 모든 것이 보인다. 많은 생각이 스치게 된다. 아이들이 그냥 나고 자라는 것이 아니라 잠이 부족했을 엄마의 수고가 보이고 아이의 웃는 모습 한번 보려고 직장에서 각자의 고통을 견디는 모습도 보인다. 이렇게 육아라는 인생의 거대한 변화를 겪고 나니 남들의 육아도 허투루 보이지 않는다. 그래서 예전에 애가 지나가네 하고 말았던 세상이 아이가 새롭게 다가오는 세상으로 바뀌는 것이다.

이렇게 관심은 보는 것을 넘어 대상을 알게 만든다. 관심은 더 많은 정보를 모으게 하고, 갈구하고, 나를 자꾸 낯선 무엇과 만나게 한다. '나'라는 세계를 확장시키는 자양분이 된다. 그래서 관심은 힘이 있는 것이다.

여기서 경계해야 하는 것은 아는 것에 대한 믿음이다. 관심이 계속되면 자연스럽게 경험하게 되고 경험이 쌓이면 노하우도 생기면서 그것을 안다고 믿게 된다. 그러나 내가 무엇에 대해 안다고 믿는 것은 위험한 일이다. 관심을 가질 때, 내 눈에 보이는 것들을 안다고 믿는 순간 궁금하지도 의심하지도 않기 때문이다. 궁금하지 않으니 다른 사람의 생각도 조언도 귀 담아 들으려 하지 않고, 새로운 지식을 추가하지도 않는다. 지식이 편협해지고 사고가 위험해지는 순간이다. 그래서 관심을 가지면 보이던 것들이 믿음을 가지면 보이지 않는다.

관심을 갖게 되면 사물의 현상은 물론 동태까지 잘 살피는 관찰을 하게 된다. 관찰은 대상으로부터 가치를 발견하는 과정이다. 보는 것을 넘어 보는 관점을 바꾸고 입장을 뒤집어놓고 대상을 봄으로써 그 안에 숨겨진 의미를 발견하고 그것으로부터 이해를 얻는 과정이다.

관찰은 목적을 수반한다. 무심한 행위가 아니라 명확한 의도를 포함하고 있는 적극적인 행위이기 때문이다. 그 의도라는 것, 즉 관찰의 목적은 기존과 다른 무언가 새로운 것을 찾아내는 것이다.

다국적 기업 P&G는 어린이 칫솔을 개발했지만 시장으로부터 큰 호응을 얻지 못했다. 무엇이 문제인지 찾기 위해 디자인을 맡은 IDEO사는 실제로 어린이들이 어떻게 칫솔질을 하는지 자세히 관찰했다. IDEO가 관찰한 결과, 어린이들은 어른들과 다르게 칫솔을 주먹처럼 쥐는 자세를 취했다. 그래서 IDEO사는 어린이 칫솔의 손잡이를 더 굵고 미끄럽지 않게, 소프트하게 만들었고, 이것이 좋은 반응을 보였다. 고객을 잘 관찰하여 제품의 가치를 높이고 기업의 가치까지 올린 것이다.

관심이 당연함에 의심을 갖는 것이라면, 관찰은 의도된 행동이다. 그래서 관찰은 의도한 것을 발견하고 이해하는 과정이다. 이 과정을 간단하게 '관찰-발견-이해-개선'이라는 프로세스로 정리할 수 있다. 이와 같은 관찰 프로세스를 반복적으로 작동하면 지금 진행하고 있는 일이 다르게 보일 것이다.

자유로움을 추구하는 시선

나는 노래를 듣는 것도 부르는 것도 서툴고 관심도 없었다. 그런데 퇴직을 하고 시간의 여유가 생기면서 가끔 노래를 듣는다. 이때 이상하게도 전혀 다른 감정에 사로잡히는 경험을 한다. 곡명도 가사도 누가 부르는 노래인지도 모르는 노래의 리듬에 따라가다 보면 어느새 마음이 평온해지고 내 안의 감각들이 경험의 지배에서 벗어나 자유를 느낀다. 음악을 듣는 것은 사고의 자유를 찾는 것이다.

〈쇼생크 탈출〉이라는 영화가 있다. 촉망받던 은행 부지점장인 앤디 듀프레인은 아내를 살해한 혐의로 종신형을 받고 악명 높은 쇼생크 감옥에 수감된다. 그는 그곳에서 19년 동안 탈출을 준비, 마침내 자유를 되찾는다.

쇼생크는 전국에서 가장 악랄한 범죄를 저지른 범죄자가 모인 곳이라 교도관들에게 폭행을 당하기 일쑤다. 그러던 어느 날 앤디는 간수장의 세금 면제를 도와주고 소장의 검은돈까지 관리해주게 된다. 덕분에 앤디는 다른 죄수들의 복지도 관리하게 되고, 이것으로 신임을 얻자 6년 동안 끈질기게 건의하여 교도소 안에 도서관을 만들게 된다.

어느 날 앤디는 도서관의 책들을 살펴보다 우연히 LP 음반을 발견한다. 여기에는 모차르트의 오페라 '피가로의 결혼'이 실려 있었다. 앤디는 피가로의 결혼을 틀고 감상하다 잠시 고민한다. 그리고 교도소 방송실 문을 잠그고 교도소 내 스피커를 통해 이 음악을 튼다. 잠시 후 희망이라곤 찾을 수 없는 암담한 쇼생크 감옥과 전혀 어울릴 것 같지 않은 음악이 울려 퍼진다. 쇼생크의 현실과 천상의 음악이 극명한 대비를 이루며 뭉클한 감동을 준다. 후에 앤디의 친구 레드는 그 음악을 들었던 순간을 이렇게 회상한다.

"나는 지금도 그때 두 이탈리아 여인이 무슨 노래를 했는지 모른다. 사실 알고 싶지도 않았다. 모르는 채로 있는 것이 나을 때도 있는 것이다. 그 음악은 말로 표현할 수 없을 만큼 아름다운 얘기였다고 생각하고 싶다. 그 목소리는 이 회색 공간의 누구도 감히 꿈꾸지 못했던 하늘 위로 높이 솟아올랐다. 마치 아름다운 새 한 마리가 우리에 갇힌 새장에 날아 들어와 그 벽을 무너뜨린 것 같았다. 그리고 짧은 순간이었지만 그날 쇼생크의 모두는 자유를 느꼈다."

레드도 그 음악이 무엇이었는지 중요하지 않다고 한다. 그렇지만 그 음악을 들은 사람들은 아름다움과 자유를 느꼈다고 말한다. 가사를 이해하지 못해도 모차르트 음악이 가지고 있는 아름다움과 자유가 그대로 전달된 것이다. 쇼생크에서 처음으로 음악을 들은 날 사람들은 자기 안에 잠자고 있던 또 다른 감각의 세계가 환하게 불 켜지는 경험을 한 것이다.

많은 직장인들이 스스로 직장에 갇혀 있다고 생각한다. 쇼생크에 수용된 죄수들이 그랬듯이 직장인들은 폐쇄적인 직장생활에 익숙해지고 길들어진다. 길듦은 무서운 일이다. 쇠사슬에 묶인 코끼리가 쇠사슬이

풀려도 원래의 자리를 벗어나지 못하고, 하늘을 나는 거위가 더 이상 하늘을 날지 못하듯이, 우리도 현실의 어느 곳에 묶여 있는 존재가 된다. 말하자면 직장인들에게 직장은 '쇼생크' 같은 곳이다. 이렇게 느끼게 된 원인에는 리더들의 폐쇄성이 있다.

좋은 질문은 자유로움 속에서 만들어진다. 사람은 근본적으로 자유를 추구하고 속박에서 벗어나 사유하고 싶어한다. 앞으로 나아가고 하늘을 날고 싶어한다. 스스로가 자유로운 존재란 것을, 자신이 자유로운 존재라는 것을 확인하고 싶어한다. 매일 반복되는 일상에서 탈피하여 새로운 내일을 맞이하고 싶어한다.

나는 리더 또한 자유로움을 추구해야 한다고 생각한다. 하나의 시선, 하나의 관습, 하나의 사고방식에만 머물지 말고, 다각도로 살펴볼 줄 알아야 한다고 생각한다. 리더가 자유로운 시선을 갖추게 되면 모두 같다고 생각했던 사람들도 다르게 보이기 시작하고, 매일 반복되던 일상도 다르게 느껴지기 시작할 것이다.

지금의 리더들은 한번쯤 생각해봐야 한다. 직장을 즐거운 일터로 만들고 있는지, 감옥으로 만들고 있는지 말이다.

리더가
봐야 할 것들

패턴

주위를 둘러보면 유난히 감(感)이 좋은 사람들이 있다. 이들은 논리나 분석에 집착하지 않고 그냥 대충 보고 선택하는 것 같은데 결과가 좋다. 우연의 일치나 뜻밖의 행운이라고 하기에는 그런 경험이 많다. 그러나 우리도 때로는 어떤 보이지 않는 힘에 이끌려 나도 모르게 돌발적인 행동을 하고, 이유 없이 그냥 마음 가는 대로 행동했는데 좋은 결과로 이어지거나 답답한 현실을 돌파하는 새로운 국면으로 이끈 적이 있을 것이다. 이것을 단순히 운이나 타고난 팔자로 봐야 할까? 아니면 혹시 보이지 않는 공식이 존재하는 것은 아닐까?

살다보면 '인생에도 무언가 반복되는 패턴, 혹은 논리적으로 설명할 수는 없지만 어떤 공식 같은 게 있는 것이 아닐까?'하는 의구심이 들 때가 있다. 이성적으로 설명할 수 없는 일들이 주기적으로 벌어지거나 유행이 반복되면 더 의구심은 커진다. 이 의구심에 '왜?'라고 질문을

지시 말고 질문하라

멈추지 않은 사람들은 그것이 패턴을 따라 움직이고 있다는 것을 알고 있다.

인류는 자연현상을 잘 관찰하여 그 속에 숨겨진 일정한 패턴을 찾아 내고 그것을 체계화하며 발전하는 과정을 과학으로 발전시켰다. 동물들이 움직이는 패턴을 찾아 덫을 설치하면서 사냥의 확률이 높아졌다. 예를 들어 토끼는 앞다리가 짧고 뒷다리가 길어 산을 오를 때는 잘 뛰지만 산을 거슬러 내려갈 때는 잘 뛰지 못한다. 그래서 이러한 정형화된 패턴을 이용하여 토끼를 사냥할 때는 산 위에서 아래로 몬다.

많은 사람들이 곁에 두고 삶의 지침으로 삼으면서 점서로 알려진 주역(周易)도 그렇다. 나도 처음에는 주역(周易)을 점서로 알았지만 읽으면서 점차 느낀 것은 이것이 점서가 아니라 경험의 패턴을 정리한 철학서라는 것이었다.

모든 사회과학은 관찰을 통해 사물의 행동 패턴을 연구하고 패턴으로 원리를 추출하고, 사물이 가진 특징에서 유사성을 이끌어내 행위모형을 만들어 하나의 이론을 성립한 것이다. 이러한 원리들을 바탕으로 인류의 삶은 더 발전해 왔다. 경제도 경영도 결국 패턴을 읽는다면 생각보다 쉽게 문제에 접근할 수 있을 것이다.

그럼 우리는 어떻게 패턴을 읽을 수 있을까? 앞서 살펴봤듯이 패턴은 과거 경험의 흔적을 선으로 연결한 것이다. 그러니까 축적된 데이터베이스가 선으로 보이는 것이 패턴이다.

오래전 일이지만 영업의 달인이라고 불리는 친구가 있었다. 노하우를 물으니 영업을 감으로 한다는 것이다. 그의 말을 부정할 수 없는 것이 그는 열심히 뛰어다니며 많은 거래처를 방문하기보다는 여유 있게 행동하며 다른 사람보다 적은 거래처를 방문했지만 방문하는 곳마다 매출을 발생시키며 목표를 달성했기 때문이다. 그의 감은 언제나 90% 이상 적중했다. 그의 감은 어디서 오는지 궁금해서 다시 물었다. 그가 보여준 것은 뜻밖에도 3년간 월별 거래처별 매출 발생 추이를 그린 그래프였다. 그가 보여준 그래프가 바로 패턴이다. 패턴에 따라 거래처를 방문한 것이다.

내게도 2005년 영업 현장에 있을 때 이와 비슷한 경험이 있었다.

내가 맡고 있던 서울 명동의 영화관은 길 하나를 두고 C사와 경쟁을 하고 있었다. 시설은 우리나라 최고였지만 실적은 C사의 30% 수준에 머물고 있었다. 그래서 나는 원인을 찾기 위해 먼저 고객 이동경로를 파악하기로 하고 조금 원시적인 방법이지만 쉬는 날에도, 비오는 날에도 매일 6시 30분이면 C사 앞에서 고객을 관찰하고 명동역에서 C사까지 수차례 걷기도 했다. 한 달간의 관찰 결과를 주중과 주말, 시간대별로 구분하여 보니 고객의 이동 패턴이 보였다. 대부분의 고객이 명동역 5번 출구를 이용해 C사로 유입되고 있다는 것을 알았다. 그래서 명동역 5번 출구 앞 작은 사거리에 덫을 놓았다. 그곳에서 집중적으로 판촉활동을 한 것이다. 결과는 적중했고, 그때 기록했던 실적은 지금도 넘사벽이라고 한다.

이제 내가 말하고자 하는 패턴이 조금 더 명확해졌다. 두 사례에서 보여줬듯이 패턴은 단순히 데이터베이스뿐만 아니라 고객의 행동 패턴도 읽어야 한다는 것이다.

앞서 소개했던 서강대 최진석 교수가 말했듯이 인문은 인간이 그리는 무늬라는 뜻이다. 말하자면 인문이 곧 패턴이다. 인문이 중요한 이유는 지금까지 인간이 그린 무늬를 알고 앞으로 어떤 방향으로 움직일 것인지 읽을 수 있기 때문이다. 이렇게만 할 수 있다면 비즈니스는 성공한다. 선진 기업들이 인문학에 관심을 갖는 이유도 여기에 있다. 지금 내 앞의 일이 앞으로 어떻게 진행되는지 알고 조직이 지속되기를 바란다면 일과 비즈니스의 패턴을 읽어야 한다.

조짐

두번째로 리더가 봐야 할 것은 조짐이다. 최근 우리나라도 지진의 빈도가 잦아지고 피해도 크게 발생하면서 지진에 대한 관심이 높아지고 있다. 그렇다 보니 지진이 발생하고 나면 여기저기서 제보되는 지진 발생 전 조짐들에 관해서도 관심이 높아진다. 어떤 곳에서는 두꺼비가 떼를 지어 이동하는 것을 봤다고 하고, 다른 곳에서는 개미나 쥐가 떼지어 움직이는 것을 봤다는 사람도 있다. 바다에서는 대형 갈치나 대형 오징어 같은 심해어들이 바닷속 단층 변화에 불안한 나머지 바다 표면으로 올라와 발견되기도 한다.

실제로 2011년 3월에 동일본대지진이 발생하기 전에 일본 동북부 지역에서 거대한 갈치가 여러 마리가 발견되었고, 우리나라에서도 2019년 4월 19일 동해상에 4.3 강도의 지진이 발생했는데 앞서 4월 7일에 동해에서 4.2m 크기의 대형 갈치가 발견되었다. 이러한 동물들의 반응에 대해 학계에서는 찬반이 있지만 대체적으로 동물이 사람보다 감각기능이 더 민감하다는 것에 긍정한다.

이것은 동물이나 식물이 뇌가 아니라 몸으로 정보를 소화하기 때문이다. 동물이나 식물은 몸에 많은 정보를 수신할 수 있는 안테나 같은 감각기관이 있다. 우리는 다른 동식물들이 느낄 수 있는 세상이 보잘 것없을 거라고 생각하지만, 우리보다 더 빨리 조짐을 감지하고 대처하는 것을 보면 결코 보잘것없는 것이 아니다. 두꺼비가 지진을 감지하고 연어가 남대천을 찾아 수백 킬로미터의 길을 지도 없이 거슬러 오는 것을 보면 누구나 감탄하지 않을 수 없다.

그럼 동물은 느끼는데 사람은 못 느끼는 것일까? 그렇지 않다. 우리도 가끔 예감을 느끼는 경우가 있다. 시골 부모님의 이른 아침 전화의 내용은 비슷하다. 어젯밤 꿈자리가 사나우니 조심하라는 내용이다. 부모님의 자식 사랑이 무의식의 꿈을 기억하게 한 것이다. 우리도 간밤의 꿈이 좋지 않으면 불길한 예감이 들고, 이미 예견된 것처럼 좋지 않은 일이 벌어지는 경우가 있다. 이것은 우리가 꿈이란 무의식의 상태에서 조짐을 느꼈지만 무시했을 때 그렇다. 그렇지 않고 매사에 조심하여 아차 하는 순간을 넘긴 사람도 있을 것이다. 우리의 감각기관도 이렇게 조짐을 느끼고 예견한다.

우리의 오감은 매 순간 약 1천 1백만 개의 정보를 받아들이고 있다. 그러나 이렇게 많은 정보 중 의식적으로 처리하는 정보는 매 순간 약 40개에 불과하다. 왜 우리는 40개밖에 정보를 처리하지 못하는 것일까? 우리의 뇌는 정보가 들어오면 분석하고, 분석하는 것만 의식적으로 느낄 수 있기 때문이다. 그럼 나머지 10,999,960개의 정보에는 어떤 일이 벌어지는 걸까? 우리는 이 정보 중 많은 것들을 자각하지 못한 채 처리하고 있다. 사고는 늘 그렇게 자각하지 못하고 넘어갈 때 발생한다.

하인리히 법칙은 한 번의 큰 재해가 있기 전에 그와 관련된 작은 사고나 조짐들이 먼저 일어난다는 법칙이다. 이 법칙을 1:29:300 법칙으로 부르기도 하는데, 큰 재해와 작은 재해, 그리고 사소한 재해의 비율이 그렇다는 것이다. 즉, 300번의 사소한 조짐을 무시하고 내버려 둘경우 1번의 대형사고로 이어질 수 있다는 것이다.

재해뿐 아니라 직장에서의 일도 그렇다. 누구나 경험하는 일이지만 어떤 일이 벌어지면 흔히 하는 말이 있다. "내가 그럴 줄 알았다."이다. 그것이 좋은 상황이었든 나쁜 상황이었든 말이다. 이 말은 어떤 상황이 벌어질 것이란 조짐을 느꼈다는 뜻이다. 그런데 왜 대부분 사건이 벌어지고 난 후에 그럴 줄 알았다고 하는 것일까? 모든 것이 반복된다고 생각하기 때문이다. 대부분의 직장인들은 일은 반복이라고 생각한다. 그러나 같은 일이란 존재하지 않는다. 설사 과거에 진행했던 일이라고 하여도 시간과 공간의 상황이 바뀌고 사회적 상황이 바뀌었기 때문이다. 그럼에도 우리가 같은 일이 반복된다고 생각하는 것은 경험이 쌓은 당연함의 결과다.

이미 알고 있다는 당연함이 감각기관의 느낌을 무시하게 한다. 사실 경험으로 인해 동물적 감각은 더 살아난다. 흔히 직장 상사들이 더 촉이 살아 있는 것도 경험으로 얻어진다. 그런데 상사일수록 사건이 난 후에서야 그럴 줄 알았다고 하는 것은 머리의 이성적 판단이 감각을 무시하기 때문이다. 그러니까 신념이 사건을 무시하는 것이다. 그렇게 우리의 감각들이 사건이란 현장을 떠난다. 그러므로 조짐을 보려면 당연함을 버리고 의심해봐야 한다. 그 순간이 우리 몸의 감각기관들이 열리는 순간이다.

한비자도 〈한비자-제21편(유로)〉(한비자/김원중/휴머니스트)에서 작은 조짐을 조심하라고 한다. 그가 말하기를, "천하의 어려운 일은 반드시 쉬운 것에서 이루어지고, 천하의 큰 일은 반드시 작은 일로부터 이루어진다."고 하였다. 이 때문에 사물을 제어하려면 미세할 때 시작해야 한다. 천 장이나 되는 제방도 땅강아지와 개미구멍 때문에 무너지고, 백 척이나 되는 집도 굴뚝 틈새의 불씨로 인해 잿더미가 된다. 그래서 백규(白圭: 전국시대 위나라 사람으로 물을 다스리는 일에서는 우나라 임금보다 앞선다는 자부심을 가졌던 인물)는 제방을 순시하다가 작은 구멍을 막았으며, 나이든 사람들은 불씨를 막기 위해 굴뚝 틈새를 막았다. 이 때문에 백규는 수해를 당하지 않았고, 나이 든 사람들은 화재를 당하지 않았다. 이것은 쉬운 일을 조심하여 재난을 피한 것이며, 작은 것을 삼가서 큰 재앙을 멀리한 것이다.

맥락

세번째로 리더가 봐야 할 것은 맥락이다. 맥락은 사건이나 물건 따위가 서로 관련지어 이어져 있는 관계를 말한다. 그렇기 때문에 맥락을 고려하지 않는다면 의미의 해석이 어려워질 수 있다. 이런 문자를 받았다고 해보자. '새로 개봉한 영화가 재미있다고 하던데 영화 어때?'와

'어제 시사회에 갔다면서? 영화 어때?' 두 문장의 메시지에는 똑같이 '영화 어때?'라는 문장이 쓰였지만, 앞 문장에는 영화를 함께 보러 가자고 제안하는 내용이 담겨 있고, 뒤의 문장에는 영화가 재미있었는지 물어보는 의미가 담겨 있다. 이처럼 이야기는 맥락에 따라서 전혀 다른 의미를 가진다.

직장에서도 리더들이 가장 많이 하는 말이 아마 "그래서 맥락이 뭔데?"일 것이다. 보고를 받을 때 주로 간단하게 보고하라는 의미다. 일의 본질을 잃고 맥락을 따르지 않으면 일은 복잡해지고 업무의 양도 많아진다. 하지만 본질을 알고 맥락을 따라 일을 하면 시행착오는 있을지언정 분명히 원하는 방향으로 가게 된다.

예를 들어 이런 형식을 취해보자. "이번 신제품은 이런 것이고, 우리 매장의 특징이 이런 것이니, 우리는 이런 것을 갖춰야 하고, 이런 서비스를 제공해야 하고, 그래서 우리는 이런 프로모션을 하자." 이런 형식을 지키면 일의 양은 많이 줄어들고 이해도 빠르다.

그러나 이렇게 일의 본질과 맥락을 지키며 일을 하는 조직은 많지 않다. 같은 일을 부서마다 다르게 해석하며 이것저것, 이 방법 저 방법으로 일단 해보고 본다는 식으로 일을 한다. 본질이 무엇이고 문제가 무엇인지에 대한 고민 없이 모든 것을 해보면서 일의 총량은 수십 배로 늘어나지만 일의 결과는 미약하다. 처음은 창대하지만 끝이 미약해지는 순간이다. 그래서 구성원은 지쳐간다. 구성원들이 일을 오래 하고, 일을 많이 하는 것은 맥락을 모르기 때문이다.

그럼 어떻게 일의 맥락을 살필 수 있을까? 일의 의미에 크게 영향을 미치는 맥락은 상황 맥락과 사회 문화적 맥락으로 나누어 볼 수 있다. 상황 맥락은 어떤 사건의 상황이 직접적으로 관련된 맥락이다. 상황 맥락에서 고려해서 볼 것은 일이 진행되는 시간과 장소, 의도와 목적 등을 살펴봐야 한다는 것이다.

반면에 사회 문화적 맥락은 사회적, 문화적으로 오랜 시간을 두고 만들어진 맥락으로 같은 상품이라고 해도 세대나 성별 지역과 같은 것에 영향을 받는 것을 살펴봐야 한다. 결국 맥락이란 '상황'과 '관계'를 살피는 것이다.

구성원을 평가할 때도 지켜야 하는 맥락의 원칙이 있다. 성격은 변하지 않는 것, 즉 본질적인 성향, 피할 수 없는 상황이라는 개념을 깨는 원칙이다. 아무리 평소 성격이 소심한 사람도 과감한 생각을 할 수 있고, 위기상황에서 모든 사람이 똑같은 방식으로 반응하지 않는다. 왜냐하면 어떤 상황에 있느냐에 따라 행동이 달라지기 때문이다. 그렇기 때문에 행동의 원인과 결과를 제대로 연결 짓기 위해서는 그 일의 맥락, 전후 사정을 알아야 한다. 이런 맥락을 무시하면 사람은 쉽게 타인의 기질이나 재능을 오해하고 잘못된 방향으로 사람을 대하거나 평가할 수 있다.

다시 말해 맥락은 상황과 관계에 따라 변하기 때문에 맥락을 살피는 것은 상황과 관계가 만든 변화를 살피는 것이다. 리더의 시선은 이런 변화를 살피는 민감함이 유지되어야 한다.

리더의 청각

들으면 더 잘 보인다

상대방의 마음을 잘 헤아리며 좋은 관계를 맺고 있는 사람을 보면 왠지 부럽다. 상대방의 마음을 헤아릴 뿐 아니라 본인도 여유 있고 편안해 보이기 때문이다. 부러우면 진다는 우스갯소리가 있지만 그래도 부러운 것은 어쩔 수 없다. 리더가 후배들을 아끼고 그들의 마음을 얻고, 더 좋은 관계를 갖고 싶은 마음은 같다.

그래서 나도 좋은 리더가 되기 위해 더 관심을 보이고 세심하게 챙겨도 보고, 잘못을 친절하게 지적해주고, 미래에 대한 조언을 아끼지 않았지만 결국 돌아온 건 마음은 도무지 알 수 없다는 생각뿐이었다. 관심 갖는 노력으로 거리만 더 생긴 느낌이다. 그러나 상대방의 마음을 잘 헤아리는 사람을 보면 필요 이상의 관심을 갖기보다는 이야기를 들어주며 믿음을 갖고 기다려 준다. 스스로 마음의 문을 열고 나오길 바라는 믿음과 기다림이다.

당나라 문장가 유종원의 〈종수곽탁타전〉에도 이런 글이 있다. 나무 심는 직업을 가진 탁타의 이야기다. 탁타가 심은 나무는 옮겨 심더라도 죽는 법이 없을 뿐만 아니라 잘 자라고 열매도 일찍 맺고 많이 열린다. 다른 사람이 탁타의 나무 심는 법을 엿보고 그대로 흉내 내어도 탁타와 같지 않았다. 이유를 묻자 대답하기를 "나는 나무를 오래 살게 하거나 열매가 많이 열리게 할 능력이 없다. 나무의 천성을 따라 그 본성이 잘 발휘되게 할 뿐이다. 나는 그 성장을 방해하지 않을 뿐이며 감히 자라게 하거나 무성하게 할 수가 없다. 다른 식목자들은 그렇지 않다. 뿌리를 접히게 하고 흙을 바꾼다. 비록 그렇게 하지 않는다 하여도 사랑이 지나치고 근심이 너무 심하여 아침에 와서 보고는 저녁에 와서 또 만지거나 살핀다. 비록 사랑해서 하는 일이지만 그것은 나무를 해치는 일이다. 나는 그렇게 하지 않을 뿐이다." 다른 사람이 문제를 해결해주려고 한다면 탁타는 나무가 본성을 발휘하도록 기다린다는 것이다.

　인간관계도 이와 다르지 않다. 상대방의 마음을 헤아리는 것은 믿음을 주고 기다리는 것이다. 대화에서 기다림은 듣는 것이다. 상대방의 마음의 창이 열리기를 기다리는 것이다. 결국 마음을 헤아리고 좋은 관계를 맺는 것의 차이는 듣기의 기술에 있다.

　듣기의 중요성을 모르는 사람은 없다. 그러나 중요성은 알지만 제대로 실천하는 사람은 많지 않다. 대부분의 리더들은 상대방의 이야기는 듣지만 듣고 싶은 이야기만 듣고, 있는 그대로 듣기보다는 해석하려고 한다. 이렇게 듣는 이유는 듣는 과정에서 문제점이 무엇인지 알려주고 그것의 해답을 찾아주려고 하기 때문이다. 생각해보면 그런 경우가 종종 있었을 것이다. 내가 힘든 상황에서 어렵게 이야기를 꺼냈는데 상대가 너무 쉽게 충고나 조언을 해서 섭섭한 마음이 들었던 기억이 있을 것이다.

누구든 이야기를 통해 답을 얻고자 하는 화자는 드물다. 그저 공감해 주고 그저 얘기를 들어주기만 원하는 경우가 많다. 그래서 듣는 힘이란 상대방을 이해하는 힘이지 답을 주는 힘이 아니다. 상대방을 이해하려면 상대방의 이야기를 해석하려고 하기보다는 있는 그대로 들어야 한다. 탁타가 나무의 천성에 따라 본성을 발휘하게 했듯이 상대방의 이야기를 그대로 들어주는 것이다. 이야기에 집중하며 내용을 이해하고, 상대방의 표정을 보고 목소리는 밝은지 아니면 어두운지, 긴장하고 있지는 않은지 자세히 살피면서 자연스럽게 상대방의 보이지 않는 감정을 보는 것이다. 그래서 듣기 기술의 첫번째는 기다림이다.

이런 이야기를 하면 간혹 하소연을 하는 리더들이 있다. 팀원들에게 하고 싶은 이야기를 하라고 해도 하지 않으면서 팀장이 말이 많다고 한다는 것이다. 뿐만 아니라 회의나 팀 미팅 때도 들으려고 노력하지만 불필요하고 뻔한 이야기로 시간만 소비하고 있어 어쩔 수 없이 나서서 말하는데 들어주지 않는다고 한다. 그러나 회의 시간에 팀원들이 말하지 않는 것은 리더인 팀장의 기다림이 부족한 것이고 불필요하거나 뻔한 이야기로 생각하는 것은 말하는 팀원의 관점이 아니라 듣는 리더의 관점에서 듣기 때문이다.

듣기는 말하는 사람의 관점에서 들어야 한다. 그렇지 않고 리더의 관점에서 들으면 다른 사람의 관점은 나와 생각이 맞지 않은 틀린 의견이 될 뿐이다. 리더들이 항상 팀원들의 의견이 뻔하고 불필요하다고 생각하는 건 이런 이유에서다. 말을 잘하면 인정받는 사회, 특히 상명하달식의 조직문화에서 듣기는 리더의 덕목이 아니었다. 그래서 다른 사람의 이야기를 끝까지 듣지 못하고 자꾸 중간에 끼어들어 말하고 싶어한다. 그러나 말하는 사람은 끝까지 나의 이야기를 들어주기를 바란다. 말하는 사람이 부하 직원이라면 더 그렇다.

말하는 팀원의 관점에서 들으면 새로운 생각의 확장이다. 생각지도 못한 생각은 내 생각보다는 다른 사람들의 생각을 받아들일 때 가능하다. 그러므로 듣기의 두번째 기술은 틀림이 아니라 다름을 인정하는 것이다.

이렇듯 듣는다는 것은 결코 저절로 되지 않는다. 훈련과 노력이 필요한 일이다. 그런데 말을 잘하도록 가르치는 스피치 학원은 있지만 듣기를 가르치는 곳은 없다.

다른 사람의 이야기를 듣는 것은 낯선 곳으로 떠나는 여행과 같다. 모르는 곳에 가는데 두렵고 긴장되고 불안하지 않고 설레는 것은 아마도 여행을 통해 내가 알지 못하는 곳을 보고 느끼고 들을 수 있기 때문일 것이다. 내가 무엇을 알지 못한다는 것이 여행에서는 오히려 가장 좋은 조건이 되듯이 다른 사람의 이야기도 내가 모르는 다른 세상을 만나는 것과 같다. 여행 중에 자신을 비워두어야 감탄을 하듯이 다른 사람 이야기를 통해 다른 세상을 만나기 위해서는 내 마음에도 여백이 필요하다. 나 아니면 안 되고 내 생각이 언제나 옳다는 생각에 사로잡히지 말아야 한다. 다른 사람의 이야기를 들을 땐 잠시 내 생각에서 벗어나 다른 사람의 이야기 속으로 들어가야 한다.

다른 사람의 의견을 듣지 않으면 보이지 않는 허공에 발길질하게 된다. 보이지 않는 것을 볼 수 있는 지혜는 오직 다른 의견을 받아들일 때 생겨난다. 내가 가보지 않고 경험하지 않은 세상을 볼 수 있는 것은 다른 사람의 이야기를 듣는 것을 통해 가능하다. 지금은 그 사람이 누구든 거인으로 받아들이고 거인의 어깨에 올라 세상을 봐야 한다. 그래서 현명한 사람이란 가장 많은 사람의 말을 귀담아 듣는 사람이다.

들으면 더 잘 보인다. 우리가 받아들이는 정보 중에 청각을 통한 정보가 무려 40%를 차지한다고 한다. 청각 덕분에 위험을 감지하기도 하고 소리를 통해 상상할 수 있고 사람들의 이야기도 듣고 의사소통을 할 수도 있다. 다른 사람의 말을 들을 때는 우선 귀로 말을 듣고 그 다음에 들은 것을 마음속에 그림으로 옮길 수 있다. 그래서 듣는다는 것은 말한 것을 보는 것이다.

말이란 그 사람의 마음이 넘쳐 밖으로 나오는 것이기 때문에 말을 잘 들으면 그 사람의 마음이 보인다. 말 한마디 한마디에 그 사람이 가진 것이 담겨 있고, 말 한마디 한마디가 그 사람이다. 말 한마디만 들으면, 그 사람이 어떤 사람인지 알 수 있다. 그래서 이야기를 잘 들으면 그 사람의 보이지 않는 마음도 알 수 있는 것이다. 그러면 서로 아파할 일도, 상처받을 일도, 다툴 일도 줄일 수 있고 좋은 관계도 만들 수 있다. 좋은 관계가 좋은 질문을 만드는 것이다.

잘 듣는 것이 최고의 신뢰다

나는 직장에 있을 때 '어떻게 듣는 것이 잘 듣는 것일까?' 하는 고민을 많이 했다. 듣는 것이 서툴렀기 때문이다. 직장에서의 역할 때문인가도 생각해봤다. 물론 영향이 없지는 않을 것이다. 신입사원 때부터 퇴직할 때까지 33년간 대부분 조직을 이끄는 업무를 수행했기 때문에 듣기보다 지시하는 것이 익숙했다. 그렇다 보니 언제나 나는 말하고 직원들은 듣고 따르는 입장이었던 같다. 그래서일까?

그러나 꼭 그렇지만은 않다는 것을 알게 된 날이 있었다. 이날도 여느 때처럼 나의 현장 경영으로 지적하고, 지시하고, 가르치려고 했다. 때문에 현장은 언제나 큰 소리가 나고 긴장감이 감돌고 경직된 분위기였다. 그렇다 보니 돌아오는 길은 언제나 불편했다. 그날도 불편한 기분으로 돌아오는데 핸드폰에 문자 메시지가 왔다. 확인해보니 방금 현장에 있었던 입사 1년 차의 신입사원이었다. 장문의 문자였다.

간단히 정리하면, 현장을 가장 잘 이해해 주어 감사하고 든든했다는 것이다. 매주 월요일 인트라넷을 통해 전해주는 월요편지를 볼 때마다 닮고 싶은 상사였다고 한다. 생일을 맞이한 현장 직원들에게 축하 문자를 보내주는 자상함에 존경했다는 것이다. 그래서 자기가 근무하는 곳에 오면 많은 이야기도 하고 자기가 하고 있는 일에 대해 자랑도 하려고 했는데 내 이야기만 하고 화만 내고 떠나 서운했다고 한다. 한 마디로 실망했다는 내용이었다.

이 문자를 받고 돌아오는 내내 많은 생각을 했다. 현장에 가서 현장의 소리를 듣지 않는다면 현장에 갈 이유가 있을까? 나는 스스로의 질문을 통해 깨달았다. 깨달으면 다시 돌아가지 않는 법이다. 이후 나의 현장 경영이 완전히 바뀌는 계기가 되었다. 불시에 방문하여 잘못을 지적하고 지시하던 현장 경영은 예고하는 방식으로 바꾸어 잘 준비된 모습을 보고 자랑을 하게 했다. 잘못을 찾기보다는 잘한 사례를 찾아 칭찬하고, 내가 하고 싶은 얘기가 아니라 현장의 직원들이 하고 싶은 얘기를 하게 했으며, 말하지 않고, 말 못하는 사연까지 들으려고 노력했다. 그동안 현장의 소리를 그냥 들었다면, 의식하고 듣고 현장을 이해하려고 했다. 그러니까 hearing하지 않고 listening하게 된 것이다.

이를 계기로 정확하게 지시하고 명령하는 것이 상사의 주된 역할이 아님을 깨닫게 되었다. 그리고 부하 직원의 이야기를 좀 더 들으려고 노력함으로써, 현장 상황이나 부하 직원의 생각을 정확하게 파악할 수 있게 되었고 공감대를 형성하게 되었다. 상대방이 중요하다고 생각한 것을 기억하지 못하면 신뢰하지 못하게 된다는 것을 알게 되었다.

듣기에도 디테일한 기술을 요한다. 먼저 직원들의 마음을 열고 거리를 좁히는 것이다. 이 방법에는 이름을 불러주는 것이 가장 효과적이다. 이름을 불러주면 자기 존재감을 느끼기 때문이다. 누군가 자기 이름을 기억하고 불러줄 때 '아~ 내가 누군가에게 기억되는 사람이구나!' 하는 생각이 든다. 어린 아기도 이름을 불러주면 행복해하듯이 이름은 그 어떤 것보다도 기분 좋고 중요한 말이다.

이름은 그 사람을 상징하고 독특하고 중요한 존재로 만들어 준다. 그래서 이름을 꼭 기억해서 불러주는 것이 좋다. 이름을 부를 때 작은 칭찬이나 과거 행동을 곁들이면 더 좋다. 그러면 더 특별한 감정을 심어줄 수 있다. 김춘수의 시 '꽃'을 들으면 그 느낌과 의미를 알 것이다. "내가 그의 이름을 불러주기 전에는 그는 다만 하나의 몸짓에 지나지 않았다. 내가 그의 이름을 불러주었을 때 그는 나에게로 와서 꽃이 되었다..."

두번째는 분위기를 부드럽게 만드는 것이다. 보통 리더가 편하게 생각하고 편하게 말하라고 하지만 후배나 부하 입장에서 그렇다고 맘이 편해지는 것은 아니다. 그래서 리더는 말보다는 행동을 보여야 한다.

좋은 방법 중 하나가 공간적인 분위기를 바꾸는 것이다. 공간적인 분위기를 만들면 얘기하는 사람에게 심리적 안정과 긍정적인 영향을 줄 수 있다. 가능하면 협소하고 막힌 공간보다는 오픈된 공간이 좋다. 그리고 사무실을 벗어난 공간이면 더 좋다. 사무공산은 경직되고 대화도 사무적일 수 있기 때문이다. 나도 처음에는 자연스러운 분위기를 만드는 게 어색해서 사무실 주변 카페를 이용했다. 이 방법도 괜찮은 방법이다. 간단한 음료를 마시면 분위기가 더 자연스러워지기 때문이다.

그리고 좌석을 배치할 때 연공서열을 구분하지 않는 게 좋고, 가능하면 젊은 직원을 가까이 앉게 하고 그들의 당돌함을 표현하게 하면 분위기는 쉽게 자연스러워진다. 간혹 당돌함을 버릇없음이라고 말하지만 당돌함을 젊음의 상징으로 받아들여야 한다. 젊은이들의 당돌함은 동시대를 떠나 고대에도 그랬고, 소크라테스 시대에도 젊은것들은 버릇없다고 말했다. 그러나 세상은 그런 젊음이 있어 발전하고 있다는 것을 알아야 한다. 이때 듣기는 젊음을 담는 그릇과 같다.

세번째는 말을 끊지 않고 끝까지 들어주는 것이다. 대부분의 직원들은 상사와 대화를 할 때 자기 이야기의 당위성을 설명하기 위해 서론이 길어지는 경우가 많다. 이때 리더가 참지 못하고 '그래서 결론이 뭔데'라는 말을 하지 않고 끝까지 들어주어야 한다. 언제나 얘기의 본론은 끝에 있기 때문이다.

그러나 대부분의 리더는 중간에 '그렇지 않아', '이해할 수가 없네'라든가 '이렇게 하면 되는데..'라며 참견하여 말을 끊는다. 이러면 관계는 다시 원위치가 된다. 이야기를 끊는다는 것은 상대방을 전혀 의식하지 않는다는 증거이기 때문이다. 그렇지 않고 '그랬군', '그래서?', '구체적으로는?', '그밖에는?'과 같은 말을 적절한 타이밍에 맞춰 사용하면 좋다. 그러면 상대방도 편히 받아들이고 마음이 열리면서 깊은 이야기를 들을 수 있다. 이때 미처 말하지 않은 것도 보이게 된다.

네번째는 메모하며 듣는 것이다. 메모는 말하는 사람에게 믿음도 주지만 생각하며 말하게 한다. 생각하며 말한다는 것은 감정적으로 말하지 않고 이성적으로 말한다는 것이다. 이것은 직원들의 성장을 도모하기도 한다. 되는대로 일하지 않고 나오는 대로 말하지 않으면서 일에서나 관계에서 신뢰와 자신감을 가질 수 있기 때문이다. 이야기를 들으면서 동시에 자신의 경험이나 의견을 메모하면 좋다.

이 방법은 독서를 할 때도 유용하다. 보통 중요하거나 의미 있는 내용을 만나면 밑줄을 긋는데 옆에 내 생각을 간단하게 메모하면 자기 생각의 확장을 이룰 수 있다. 또한 메모를 하며 들으면 다음에 기억할 수 있어 좋다.

앞서 얘기했듯이 다시 만나 이야기를 할 때 기억해 주면 신뢰가 쌓인다. 메모는 들으면서 생각하기보다는 먼저 메모하고 다시 보면 깊이 생각할 수 있다. 생각이 깊어지면 이해하게 된다. 주변에 사람이 모이는 리더는 이해력이 좋은 사람이다.

리더일수록 그것도 직위가 높을수록 주로 말을 하고 듣는 것을 힘들어한다. 말을 잘하고 멋진 말로 사람들에게 인정받고 싶어 노력하면서 듣는 노력은 하지 않기 때문이다. 다른 사람의 이야기를 잘 듣는다는 것은 결코 저절로 되지 않는다.

리더가 알아야 할 것이 있다. 사람들은 말 잘하는 사람보다 잘 들어주는 사람과 함께 일하고 싶어하고 그런 리더 곁에 있고 싶어한다는 것을. 여러 명이 모였다가 내가 나타나면 하나둘 흩어진다면 듣는 노력을 해야 한다.

듣기는 능동적인 활동이다

상사의 말이라면 무조건 고개를 끄덕이는 직원들이 있다. 그 모습이 마치 추임새를 넣고 장단을 맞추는 모습 같다. 이런 모습을 보고 상사는 자기 이야기를 잘 듣는다고 생각할지 모른다. 그러나 들은 이야기를 전달하는 과정을 보면 잘 들었는지 듣는 척했는지 알 수 있다.

어떤 사람은 들은 이야기를 단어 하나 틀리지 않고 전달하는 사람이 있는가 하면 어떤 사람은 이해시키는 사람이 있다. 전자처럼 자기 의지 없이 듣고 전달한 사람은 수동적 듣기를 했고, 이해시키는 사람은 능동적 듣기를 한 것이다. 수동적 듣기를 한 사람은 전달하고 나면 금방 잊어버린다. 자기 의지가 개입되지 않고 상대방의 대답에 응답하기 위해 듣기 때문이다. 반면에 능동적 듣기를 한 사람은 오래 기억한다. 자기 의지를 가지고 상황을 이해하고 반응하기 때문이다. 잠시 듣기의 단계를 간단하게 살펴보면 수동과 능동의 차이를 쉽게 이해할 수 있다.

예를 들어 하나의 정보는 청각기관에 들어와 반향기억장치에 남는다. 여기서 이해하고 인식하는 지각과정을 거쳐 단기기억장치로 들어가고 다시 필요와 불필요의 선택과정을 거쳐 장기기억장치에 저장된다. 말하자면 기억하지 못하는 수동적 듣기는 소리가 되어 흘려보내는 것이고 능동적 듣기는 인지와 이해를 거쳐 오래 기억되는 것이다.

능동적 듣기는 상대방이 전달하는 언어에만 신경 쓰는 것이 아니라 상대의 표정, 몸짓, 말투며 속도까지 들으면서 상대방을 이해하는 것이다. 결국 능동적 듣기의 핵심은 상대방에 대한 이해에 있다. 그러므로 수동적 듣기가 귀로 듣는 것이라면 능동적 듣기는 온몸으로 듣는 것이다.

다른 사람의 이야기를 어떻게 들어야 하는지에 관해 잘 알려주는 멋진 사람이 있다. '에벌린 글레니'라는 여성 타악기 연주자다. 2016년에 우리나라에서도 공연을 한 적이 있으며 세 번의 그래미상과 2015년 폴라음악상을 수상하기도 했다. 그녀는 무대에서 각종 타악기를 연주할 때 맨발로 연주하기 때문에 맨발의 연주자로도 유명하다.

그녀가 맨발로 연주하는 것은 멋지게 보이려고 하는 퍼포먼스가 아니라 소리를 들을 수 없는 청각장애인이기 때문이다. 그녀는 12세에 청각을 완전히 잃은 뒤 피부에 전달되는 악기의 진동과 파장으로 소리를 느낀다. 귀 대신에 온몸으로 소리의 진동을 느끼는 것이다.

그녀는 소리를 들을 수 없어 다양한 방식으로 악기를 실험했다. 툭툭 쳐 보기도 하고, 꽉 쥐어보기도 하고, 박박 긁어보기도 하고, 머릿속에 그림을 그리면서 소리를 만들어 보기도 했다. 그녀는 발상의 전환을 통해 변화를 만들어냈고 소리를 대하는 마음가짐도 자연스럽게 바뀌었다. 그리고 더욱 주의를 기울이면 귀를 통해서뿐만 아니라, 몸으로도 소리를 느낄 수 있다는 것을 깨달은 것이다.

그녀는 손이나 팔로 울림을 느끼면서 몸 전체의 촉각을 이용해 소리에 대한 감각을 발전시켰고 자신의 몸을 거대한 귀라고 생각하니 자기가 원하는 대로 소리를 들을 수 있었다고 하였다. 그녀는 듣는 것에 대해 이렇게 말한다. "듣는 것은 우리 삶의 모든 부분에 있어 중요한 근간이 됩니다. 우리가 직장이나 가정에서 마주하는 수많은 문제들은 더 좋은 청취 능력과 함께 극복될 수도 있다고 생각해요. 저는 듣는 것과는 다른 방식으로 몸과 마음을 열었기 때문에 감성적인 면이 더욱 발달했다고 봅니다. 만약 다른 사람들이 그들의 몸을 거대한 귀로서 연결하는 법을 배웠더라면, 우리를 인간답게 하는 것이 무엇인지에 대한 그들의 생각도 달라지지 않았을까요?"

그녀는 제대로 듣는다는 것은 대충할 수 있는 것이 아니라고 단언하며 이 순간만큼은 오로지 당신만이 내 삶에서 가장 중요한 대상이라는 태도로 모든 주의를 집중시키고 컴퓨터나 스마트폰 시계 따위에 관심을 분산시키지 않는 것이 진짜 잘 듣는 거라고 강조한다. 과연 나는 어떤지 돌아볼 일이다.

능동적 듣기는 온 마음으로 듣는 것이다. 누군가의 이야기를 편견

없이 듣는다는 것은 내가 경험하지 못한 새로운 세계를 만나는 것이고, 그 사람의 삶 속으로 들어간다는 뜻이기도 하다. 이를 통해 내 삶은 더 풍요로워질 수 있다.

또한 이야기를 잘 들어줌으로써 상대방의 마음의 변화도 일어난다. 누구나 경험하는 일이지만 누군가에게 이야기만 했을 뿐인데 마음이 풀리고 속이 시원함을 느낀 적이 있다. 이것은 이야기만 해도 마음에 긍정적 변화가 일어난다는 의미다.

그러나 괜히 말했다는 부정적인 생각을 했을 때도 있다. 상대방이 말하는 도중에 끼어들고, 말이 다 끝나기 전에 자기 생각을 말하며 기다려 주지 않을 때다. 이렇게 긍정적인 마음의 변화는 말을 끊지 않고, 시선을 돌리지 않고, 충고하려고 하지 않고 온 마음으로 들어줄 때 가능하다.

오래 전에 읽고, 얼마 전에 또 읽은 〈모모〉라는 소설이 있다. 독일의 아동문학가 미하엘 엔데가 1973년에 발표한 소설로 우리에게 온 마음으로 듣는 것이 무엇인지 잘 전해주고 있다.

주인공 모모는 소나무 숲에 있는 무너진 작은 원형극장에서 마을 사람들에게 발견된다. 고아인 모모는 깜짝 놀랄 만큼 예쁜 커다랗고 까만 눈을 가졌다. 마을 사람들이 집을 구해 주고, 누군가의 집에 같이 살기를 권했지만 모모는 혼자 원형극장에 살기를 원한다.

모모의 곁에는 언제나 누군가가 앉아 열심히 이야기를 하고 있었다. 모모가 필요하지만 직접 찾아올 수 없는 사람은 모모를 부르러 사람을 보냈다. 아직 모모가 필요하다는 것을 느끼지 못하는 사람이 있으면, 마을 사람들은 이렇게 말했다. "아무튼 모모에게 가 보게!" 이 말은 인근 마을 사람들이 으레 하는 일상어가 되어 버렸다.(중략) 도대체 왜 그랬을까? 모모가 누구에게나 좋은 충고를 해 줄 수 있을 만큼 똑똑하기 때문에? 위로를 받고 싶어 하는 사람에게 꼭 맞는 말을 해 줄 수 있기 때문에? 현명하고 공정한 판단을 내릴 줄 알았기 때문에? 그 어느 것도 아니었다. 모모는 이 세상 모든 아이가 그렇듯이 그런 일을 잘 하지 못했다.(중략) 하지만 꼬마 모모는 그 누구도 따라갈 수 없는 재주를 갖고 있었다. 그것은 바로 다른 사람의 말을 들어 주는 재주였다. 그게 무슨 특별한 재주람. 남의 말을 듣는 건 누구나 할 수 있지. 이렇게 생각하는 독자도 많으리라. 하지만 그 생각은 틀린 것이다. 진정으로 귀를 기울여 다른 사람의 말을 늘어 줄 줄 아는 사람은 아주 드물다. 더욱이 모모만큼 남의 말을 잘 들어 줄 줄 아는 사람도 없었다. 모모는 어리석은 사람이 갑자기 아주 사려 깊은 생각을 할 수 있게끔 귀 기울여 들을 줄 알았다. 상대방이 그런 생각을 하게끔 무슨 말이나 질문을 해서가 아니었다. 모모는 가만히 앉아서 따뜻한 관심을 갖고 온 마음으로 상대방의 이야기를 들었을 뿐이다. 그리고 그 사람을 커다랗고 까만 눈으로 말끄러미 바라보았을 뿐이다. 그러면 그 사람은 자신도 깜짝 놀랄 만큼 지혜로운 생각을 떠올리는 것이었다.

-모모(미하엘 엔데/한미희/ 비룡소) 중에서

우리는 다른 사람이 이야기를 하는 것이 나에게 어떤 답을 들으려고 하는 거라고 생각하지만 그렇지 않다. 말하려고 하는 대부분의 사람들은 답을 듣기보다는 자신의 이야기를 그냥 들어주기만을 바란다. 그러니 조언을 하고 충고를 하려고 노력하기보다는 모모가 그랬듯이 온 마음으로 이야기를 들어주면 된다. 그렇게 그냥 들어주기만 해도 사람들은 문득 자신이 원하는 것이 무엇인지, 잘못 생각하는 것은 무엇인지 스스로 깨닫는다. 그리고 스스로 우주에서 하나뿐인 소중한 존재란 걸 알게 된다. 답을 찾아주려고 하지 않고 그냥 들어주면 가장 소중한 질문을 찾을 수 있고, 그때 상대방이 공감하는 질문을 할 수 있다.

진심

우리는 상대방도 나와 비슷할 거라 짐작하고 자신의 감정이나 의사를
표현할 때 솔직하게 있는 그대로 드러낸다. 그러나 시간이 지나면서
사람이 다 내 마음 같지 않다는 것을 알게 된다. 그러면서 점점 이게 바
로 세상이고 사회구나 하면서 믿었던 자신을 책망하며 사람들의 진심
에 대해 의구심을 갖는다. 겉으로 하는 칭찬이 더 이상 진짜 칭찬이 아
니고, 위로가 진정 나를 걱정해주는 위로가 아님을 아는 순간, 사람에
대한 자신의 신뢰가 부끄러워지기까지 한다. 그러면서 나도 진심을 숨
기고 상대방을 대하게 된다.

그래서 말하지 않는 진심을 듣기란 쉽지 않은 일이다. 그러나 처음
자신이 그랬듯이 상대방의 진심을 알 수만 있다면 서로 감정이 상하지
도 않고, 마음고생을 할 필요도 없고, 갈등은 풀리고 관계는 좋아질 것
이다. 그럼 어떻게 말하지 않는 진심을 들을 수 있을까?

'진실의 순간'이 있다. 투우 경기에서 투우사가 검으로 소의 급소를 찔러 투우를 마무리 짓는 순간을 말한다. 그 순간은 소와 사람 중 어느 하나의 운명이 결정되는 죽음의 진실이 가려지는 순간이다. 그래서 결코 실패하면 안 되는 '결정적 순간'을 가리키는 의미로 사용하고 있다.

기업에서는 기업과 고객 사이에 접점이 발생할 때 회사에 대한 인상이 결정되는 모든 상황을 진실의 순간이라고 한다. 이와 마찬가지로 대화에서도 진실의 순간이 있다. 말하는 사람과 듣는 사람 간의 공감이 이루어지는 순간이다. 공감은 내가 아닌 말하는 사람의 감정에 빠져보는 것이다. 상대방의 입장에서 그때 그 상황의 감정을 느끼고 그것을 그 사람의 입장에서 보는 것이 중요하다. 상대방에 대한 나의 판단을 중지하고 온전히 상대방의 입장에서 상대방의 감정을 중심으로 생각해보는 것이다. 그리고 그 느낌을 상대방에게 표현해야 한다. 표현은 꼭 말을 필요로 하는 것은 아니다. 공감은 감정을 나누고 공유하는 행위이기 때문이다. 상대방을 배려하는 마음을 가지고 상대방의 언어로 표현해주면 좋다.

그리고 진심을 듣기 위해서는 피해야 할 행동도 있는데 이를 인간관계 회복 전문가 데이비드 번즈 박사는 4가지로 정리했다.

첫번째는 상대방의 말에서 일말의 진실을 찾아내지 못하는 것이다.

가장 흔한 잘못이 이것이다. 사태의 판단이 분명하지 못하여 마음이 흐려진 탓에 상대방의 눈으로 상황을 바라보지 못하는 경우가 종종 있다. 또는 상대방의 비판이 워낙 혹독하거나 수치스러워서 변명하려는 충동에 휩싸이기도 한다. 이런 충동에 굴복하여 상대방의 비판이 틀렸다고 따지게 되고 논쟁이 격화된다.

두번째는 윗사람 티를 내는 것이다. 이도 흔하게 범하기 쉬울 뿐 아니라 상대방의 신경을 바짝 긁는 잘못이다. 가령 비판을 받을 때 이렇게 말하는 식이다. "흠, 네가 그렇게 느낀다는 얘기겠지."라거나 "네 관점에서 그렇겠다고 인정해."라는 말은 "네가 틀렸어"라는 말을 돌려서 하는 것일 뿐이다.

세번째는 상대방의 요지를 제대로 파악하지 않은 채 겉으로만 동의하는 경우다. 마치 세일즈 사원이 고객에게 상품을 팔기 위해 겉으로 번지르르한 말을 늘어놓는 것과 같다.

네번째는 '맞아, 그렇지만' 식으로 대하는 것이다. '네가 뭘 하려는지 알겠어. 하지만….'이라고 말하는 경우가 그렇다. '하지만'이라고 토를 다는 것은 자기변호를 하고 있음을 보여줄 뿐이다. 그러니 '하지만'이란 말은 빼놓고 말해보는 것은 어떨까?

우리는 위 4가지를 피해서 말하는 것만으로도 상대방의 진심을 들을 수 있으며 진심을 알아야 상대방의 의도에 맞는 질문을 할 수 있다.

팩트

또한 리더는 검증된 사실, 즉 팩트를 듣는 귀를 가져야 한다. 가끔 뉴스룸에서 팩트체크를 본다. 정보의 내용이 맞는지 틀리는지 사실관계를 확인해야 믿을 수 있기 때문이다. 보면서 믿을 게 하나도 없구나 하는 생각을 많이 한다. 내가 믿고 있던 정보가 사실이 아닌 것으로 확인되는 것이 많다.

미디어가 발달하면서 정보가 넘치는 만큼 검증되지 않은 가짜 정보도 넘치는 사회다. 내가 생각하는 가짜 뉴스가 사실인지 아닌지 쉽게 알 수 없고, 혹은 누군가에게는 진짜 뉴스로 보일 수도 있을 뿐 아니라 내가 생각하는 가짜 뉴스가 진짜일 수도 있으니, 사실인지 아닌지 판단하기 어려워 착각과 오해의 가능성이 많은 사회라고 할 수 있다.

　특히 인간은 현상을 보이는 그대로 보는 것이 아니라 믿고 싶어하는 대로, 감정이 이끄는 대로 믿는 경향이 있다. 그렇다 보니 자기 신념을 뒷받침하는 정보에 치우치고, 부정적인 정보에 관심을 기울이며, 다수를 모방한다. 그래서 가짜 정보는 사실관계와 무관하게 증폭된다.

　조직에서도 다르지 않다. 검증되지 않은 정보가 사실처럼 인용되어 보고되는 경우가 많아지면서, 팀원이 보고한 자료를 믿고 회의에 들어갔다가 낭패를 보는 경우가 있다. 믿는 도끼에 발등 찍히는 순간이다. 몇 번이고 자료에 대한 사실 유무를 확인하고 들어가도 그렇다. 오랫동안 조직의 일은 믿음이 기반이었다. 부하직원의 말을 믿고 부하직원이 보고한 내용을 그대로 가지고 회의에 참석해도 문제가 없었다. 그런데 갈수록 발등 찍히는 횟수가 많아지고 있는 것이 문제다. 이러다 상하 간의 불신은 물론 내 발등도 온전하질 못할 것 같다. 이제 일은 믿음이 아니라 사실을 바탕으로 생각하지 않으면 안 되는 시대가 된 것이다.

　그럼 어떻게 검증된 사실을 듣고 생각할 수 있을까?

　먼저 상대방의 이야기(보고) 중에서 의문이 가는 부분에 대해서는 질문을 해야 한다. 이때 이야기(보고) 내용이 아니라 상대방의 생각을 물어야 한다. 그러려면 보고 내용의 객관성과 보고자의 주관성을 비교하는 것이 좋다.

사실이 전부 진실일 수는 없다. 사실은 진실을 구성하는 조각 그림에 불과하다. 비록 보고의 내용이 사실이라 할지라도 그 자체가 일의 전체가 될 수는 없는 것이다. 간혹 전문가들의 견해를 들어 이야기의 신뢰를 높이려고 하지만 전문가 또한 자기가 선택한 세계의 한 조각을 이해하는 데 몰두하는 사람이다. 전문가의 견해를 무조건 받아들이는 것도 위험하다. 그래서 그 일을 담당하고 있는 보고자의 생각을 묻는 것은 중요하다. 전체 일에 대한 이해 속에서 보고가 이루어지고 있는지를 확인해야 하기 때문이다.

다음은 들을 때 긴 문장을 단문으로 정리하며 듣는 것이다. 이 방법을 통해 얻고자 하는 것은 보고 내용에 대한 이해와 공유다. 간혹 보고자의 생각과 듣는 사람의 생각이 달라 시간이 지나면 서로 다른 이야기를 하는 경우가 있다. 이때 중요한 것은 내용을 가감 없이 간단하게 정리하되, 상대방의 말을 끊지 않고 쉼표가 필요한 시점을 찾고, 내용의 요점만 보고자에게 확인하면 좋다. 이때는 자신의 생각을 더 보태거나 들은 것 중 중요한 부분을 빠뜨리지 않아야 한다.

리더에게 있어 팩트를 듣는다는 것은 단순히 검증된 사실을 듣는 것을 넘어 사실의 조각을 조합해 진실을 창조하는 것이다. 또한 보고자에게 잘 듣고 있다는 믿음을 줄 수 있을 뿐 아니라 내용에 대한 정확한 이해와 공감을 할 수 있다. 진실은 팩트에 있다. 바깥 것을 매개로 자기 안의 소리를 깨워 새로운 가치를 만드는 질문을 찾아야 한다.

앎과 느낌의 차이

나에게는 박학다식해서 박사라는 애칭을 가진 친구가 있다. 그는 많은 책을 읽고 신문을 정독하며 지적 유희를 즐긴다. 그러나 그의 삶은 드라마틱하게 바뀌지 않고 그저 평범함을 유지한다.

모르는 것을 새롭게 알아가는 것만큼 짜릿한 일도 드물다. 그러나 그것이 삶의 변화로 이어지지 못하는 것은 앎이 실천되지 못하기 때문이다.

앎은 의문을 느낌으로 바꾸어 놓는다. 그러나 대부분 앎이 느낌으로 발전하지 못하는 것은 앎과 느낌이 따로 놀기 때문이다. 아마도 그것은 앎이 경쟁이 되고, 강요된 지식이 머리를 떠나 가슴에 미치지 못해서 그럴 것이다. 그래서 누군가는 머리에서 가슴까지 가는 길이 가장 멀다고 했는지도 모른다. 그러므로 지식이 앎으로 끝나지 않고, '아는 것이 힘'이란 논리에 지배되지 않도록 느낌으로 진화하는 것이 중요하다.

앎은 '옳다/그르다', '맞다/틀리다', '있다/없다'처럼 판단을 내릴 때 필요하다면, 느낌은 몸과 마음이 동시에 움직이는 것이다.

느낌은 우리 몸이 감각하는 것들로부터 발생한다. 우리가 보고, 듣고, 맛보고, 만지는 것들, 그러니까 우리 몸이 받아들이는 모든 경험이 어떤 느낌을 불러온다.

누구나 비슷한 경험이 있을 것이다. 나도 봄이 되면 어린 시절 어머니가 끓여주시던 쑥국이 생각난다. 봄빛이 가득한 언덕에서 막 땅을 밀고 나온 연한 쑥을 뜯어, 된장을 풀어 만든 국물에 정성스레 다듬어진 한 줌의 쑥을 넣으면 진하게 올라오던 향긋한 쑥 향을 잊을 수 없다. 맛은 물론이고 그때 장면이 그림처럼 떠오른다.

이런 경험은 마음속에 평생토록 간직하는 추억이다. 추억이란 세월과 함께 멀어져 가는 강물이 아니다. 살아가면서 만나는 숱한 사연을 계기로 다시 되살아난다. 이렇게 느낌은 몸이 감각하는 것으로만 오는 것이 아니라 마음과 몸으로 전해져 오는 것이다.

앎은 매일 매일 같은 것인 반면에 느낌은 매 순간이 다르다. 우리는 매일 다른 느낌으로 세상을 경험하고 타인을 배워 간다. 앎은 경험하지 않고도 가능하다면 느낌은 경험하지 않고는 다가오지 않는다. 무엇을 느낀다는 것이 바로 우리가 살아 있다는 증거다. 그래서 '나는 생각한다, 고로 존재한다.'보다 '나는 느낀다, 고로 존재한다.'가 더 긍정적이다.

앎이 어제의 것과 오늘의 것에서 공통점을 찾아낸다면 느낌은 그 둘에서 차이를 발견한다.

공부가 그렇다. 공부는 언제나 같은 것을 찾고 유사한 문장을 연결하고 공통점을 알아가는 과정이다. 이미 정해진 것, 확정된 개념을 따라 논리를 만든다. 그러나 느낌은 경험을 통해 어제와 다른 차이를 발견한다. 어제는 빛이 강렬하여 덥던 태양이 오늘은 따뜻하게 느껴지고, 매일 먹는 밥도 허기질 때 먹는 밥하고 배부를 때 먹는 밥의 맛이 다르고, 같은 음악도 들을 때마다 느낌이 다르다. 어제는 미웠던 동료가 오늘은 반갑게 다가오기도 한다. 이처럼 느낌이란 반복되지 않는다. 같은 것이라도 매번 다른 차이를 느낀다.

왜 우리는 이런 차이를 느낄까? 사람의 마음이 갈대와 같아서라기보다는 세상의 모든 사물이 끊임없이 변하기 때문이다. 어제 본 태양이 같아 보이지만 뜨는 시간이 다르고, 같은 사람이라도 어제의 마음과 오늘의 마음은 다르기 때문에 내가 오늘 만난 사람은 다르다. 그래서 모든 사물은 같지만 다르다. 자신도 매일 같은 나라고 생각할지 모르지만 오늘의 나는 어제와 분명히 다르다. 시간과 공간, 만남과 헤어짐을 통해 나도 매일 변하기 때문이다. 느낌은 이렇게 매일 변하는 사물의 에너지의 상호 교류를 통해 발견되는 것이다. 이런 변화 에너지의 교류가 생성의 차이를 만든다.

또한 앎은 모두가 공유하는 보편적인 것이라면 느낌은 자기만의 고유한 힘이다.

책장이 헤어지도록 외우고, 문제를 수도 없이 풀고, 시험을 통해 평가받아 얻은 지식이 인터넷 포털 검색 한 번으로 해결된다. 지식은 더 이상 소유의 대상이 아니라 접속의 대상이 되었고, 교육과 전수의 내용이 아니라 검색과 전송의 내용이 된 것이다. 인공지능은 인간의 지능을 넘은 지 오래고, 지식은 오늘도 누군가에 의해 업그레이드되어 흘러 다니고 공유된다. 이미 공유된 지식은 더 이상 힘으로 작용하지 않는다. 그래서 프랜시스 베이컨이 말한 "아는 것이 힘이다."라는 말은 맞으면서도 틀리다. 세상에 답과 이론으로 정리되어 나와 있는 지식은 힘으로 작용하지 못하기 때문이다. 그럼 이 말이 맞는 경우는 어떤 경우인가?

지식이 절대적 힘으로 작동될 때다. 그러니까 지식이 자기만의 고유한 힘을 가질 때 힘으로 작용한다. 그런데 자기만의 고유한 힘은 느낌을 통해 얻을 수 있다. 앞서 얘기했듯이 안다는 깃은 경험하지 않아도 알 수 있지만 느낌은 경험하지 않고는 얻을 수 없다. 비록 같은 경험을 하여도 사람마다 느낌은 다르기 때문에 자기만의 독립성을 가진다. 좋은 경험을 많이 하여 그 경험에서 얻은 느낌이 몸과 마음에 화석처럼 새겨지면 좋다. 그리고 그 느낌이 또 다른 생각을 이끌어야 한다.

지금까지는 생각의 주도권을 머리가 가졌다면 이제 몸과 마음이 가져야 한다. 다른 생각, 나만 할 수 있는 창의적인 생각은 느낌, 즉 감(感)에서 온다. 느낌이란 다른 것과 만나고, 다른 것을 통과해야 가능한 것이다. 다른 세계를 경험하고, 다른 것이 되는 경험을 하면 지금까지 알던 것이 시시해진다. 나만 가지는 고유함을 느끼는 순간이다. 이 고유한 힘이 새로운 세계로 진입하는 힘으로 작용한다.

무뎌진 감각을 일깨워라

나도 내 마음을 모를 때가 많다. 도무지 마음을 알 수가 없을 때가 많다. 작심삼일이라고, 아무리 마음을 단단히 먹어도 삼 일을 넘기지 못하니 말이다. 뿐만 아니라 마음은 처지와 입장 앞에 늘 망설이고 문제 앞에서는 타인과 상황에 편승하려고 한다. 이런 마음을 작가 김별아는 소설 〈논개〉(문이당)에서 이렇게 표현한다. "기억은 요망하고 야릇하다. 그것은 결코 정직하지 않다. 사실의 의미나 진위의 경중을 떠나 앞뒤가 바뀌고 때로 가당찮게 변질되기까지 한다. 그 모든 요사가 그것을 지닌 자의 마음의 경로를 따르기 때문이다. 간사하고 기묘한 것은 기억이 아니라 기억하는 사람의 마음이다." 이렇게 기억도 마음에 의해서 변질된다고 했다.

반면에 느낌은 지금 우리의 모습을 그대로 드러내 준다. 내가 느끼는 만큼 세상은 내 것이 된다. 마음의 요사도 누구의 탓도 아니다. 왜곡하지 않은 오직 내 세계인 것이다. 아는 것에 제한하지 않고, 좋아하는 것만 받아들이지 않고, 익숙한 것에 고집하지 않으면 언제라도 느낌은 내게 말을 걸어오고 다른 세계로 성큼 안내한다. 보이지 않던 것들이 보이기 시작하는 순간이다.

누구나 가능한 일이지만 노력하지 않고도 가능한 일이란 없다. 다르게 느끼고 싶다면 몸과 마음이 전과 다르게 행동하는 연습이 필요하다. 다이어트에 성공하려면 이론을 아무리 많이 알고 있어도 먹는 음식을 바꾸고 행동을 바꾸지 않고는 불가능하듯이, 느낌도 몸을 움직이는 노력이 필요하다. 전과 다르게 보고, 다르게 움직이고, 다르게 생각하고, 다르게 받아들이는 연습을 해야 한다. 그래서 잘 느끼는 사람들은 몸의 감각이 무디어지지 않게 열심히 움직인다. 모든 게 재미없고 시시하다고 생각하는 사람들은 감각이 무뎌져 느낌을 잃었기 때문일 것이다.

무디어진 감각을 살리는 방법으로 여행이 좋다. 여행은 오감을 자극하기에 충분하다. 특히 낯선 곳에서 아침을 맞이하면 더 좋다. 익숙한 곳을 떠나 새로운 환경에서 맞이하면 온몸의 감각이 열린다. 이때 느낌은 다르다. 매일 먹는 밥의 맛이 다르고, 매일 보던 길가의 작은 민들레도 여행에서 만나면 반갑게 다가온다. 한 번도 들어보지 못한 새소리와 물소리에 기분이 좋아진다. 그리고 여행을 통해 사람을 만나 정을 느끼고 사랑을 배우게 된다.

현실을 떠나 다른 현실을 만나고, 나의 생업과 그들의 생업이 다를 때, 그들의 현실과 생업이 또 다른 차원의 현실이 되어 내 상상을 자극한다. 그리하여 내 현실의 지평이 넓어지고 전혀 다른 문명 속에 들어가게 될 때 여행의 진정한 가치를 느낄 수 있다. 몽골 초원과 사막, 게르와 마유주와 말은 그들의 일상이고 생업이지만 나에게는 꿈이고 상상이 된다. 그곳에는 또 다른 현실이 존재하고 그것을 만나는 순간 내 현실의 지평은 그들의 넓은 초원처럼 넓어지는 것을 느낀다. 그리하여 어제와 다른 나를 발견하게 된다. 여행에서 돌아온 나는 더 이상 어제의 내가 아니다.

그러나 여행 자체가 목표가 되면 얘기가 달라진다. 누군가 소셜미디어에 올린 음식을 먹으러 가고, 사진 속의 장소에 가서 사진을 찍는 것

지식 말고 질문하라

이 목표가 되면 여행은 모방이다. 삶의 모방, 기껏 현실을 벗어나 만나게 되는 동일한 현실, 생업으로부터 도망쳐 겨우 또 같은 생업을 만나고, 나의 현실과 그들의 현실이 동일할 때, 그것이 풍요도 아니고 여유도 아니고 느긋함도 아닐 때 여행은 그저 피곤함이다.

집에서 나와서 만나는 피곤함과 어제의 일상처럼 동일한 시시함을 느끼는 것은 여행이라는 목표에 집착하기 때문이다. 여행은 목표가 아니라 과정이다. 우리의 삶이 시작과 끝 사이에 존재하는 여정이라면 삶은 여행을 닮았다. 여행을 떠나 와서 느끼는 것이 전과 다르지 않다면 나는 아직 과거에 머물러 있는 것이다. 여행은 나의 시선으로 지금 보이는 것을 보는 것이고, 어제하고는 다르게 사물을 보고 듣고 만지면서 새로움을 발견하고 다른 느낌을 찾는 연습이다.

물론 경험하지 않고 간접 경험을 통해 느끼는 경우도 있다. 우리는 간혹 영화 속 감동적인 장면에 눈물을 흘리거나 마지막 멋진 장면에 시원함을 느낀다. 그러나 엔딩 자막과 함께 애써 흐른 눈물을 닦으면서 영화 속 감정도 닦아낸다. 그리고 아무렇지 않게 동일한 세상으로 돌아온다. 책을 보며 느끼는 감정도 정도는 있지만 다르지 않다. 소설 속 주인공이 되어 마지막까지 손에 땀이 고이게 긴장하며 몰입하지만 마지막 책장을 넘기는 순간 다시 현실이다. 몸으로 기억하지 않는 기억은 쉽게 사라진다.

그래서 느낌은 모방되지 않는 나만의 독립된 고유함이다. 이 고유함이 세상을 보는 감각을 예민하게 하여 지금이란 시대를 살아간다.

시대감각을 느껴라

느낌은 시대를 닮아야 한다. 느낌이란 내가 살고 있는 현재의 시공간 속에서의 오감의 반응이기 때문이다. 흔히 말하는 꼰대는 현실감을 느끼지 못하는 사람을 일컫는다. 감각이 무뎌지고 익숙한 것을 버리지 못하는, 경험에 새로움을 더하지 못하는 사람을 말한다. 세대 차이는 나이의 간극에서 오는 것이 아니다. 시대를 담아내는 노력의 격차다.

리더는 스스로를 시대의 주인공이라고 착각해서는 안 된다. 주인공은 시대의 가장 마지막에 나타나는 사람이다. 그러므로 이 시대의 주인공은 디지털로 통하는 밀레니얼 세대다. 디지털 세대가 아날로그 세대를 이해는 할 수 있어도 과거로 회귀는 불가능한 일이다. 지금까지 그랬듯이 앞으로 나아가기 위해서는 아날로그 세대의 노력이 있어야 세대의 격차를 줄일 수 있다.

그러기 위해서는 먼저 시대의 변화를 느끼는 감각이 민감해야 한다. 매 순간 자신의 일상으로 파고드는 다양한 자극을 긍정적으로 받아들여야 한다. 자신이 익숙하게 느끼는 방식에 대해 질문하고, 내가 살고 있는 시공간에서 일어나고 있는 것들에 대해 관심을 가져야 한다. 뿐만 아니라 내가 옳다고 믿는 것에 대해, 내 것이라고 하는 것에 대해, 당연하다고 하는 것들에 대해 질문을 해야 한다. 느낌은 우리가 생각하고 행동하는 것과 무관하지 않기 때문이다. 생각하는 방식, 사물을 대하고 관계 맺는 방법이 바뀌고 달라지면 느낌도 전과 달라지게 된다.

또한 느낌은 학습하는 습관과 함께 진화한다. 아는 만큼 보이고 보이는 만큼 느낄 수 있기 때문이다. 우리가 다 느낄 수 없는 것은 다 볼 수 없기 때문이고 다 보지 못하는 것은 다 알지 못하기 때문이다. 다만 알려고 하는 노력에 따라 더 많은 세상을 볼 수 있고 더 많이 느낄 수 있다.

아는 사람과 모르는 사람의 차이는 결국 느낌의 차이다. 우리가 학습해야 하는 이유다. 지난 10년간 스마트폰, 앱스토어, 소셜미디어, 빅데이터, 사물인터넷, 블록체인과 같은 단어는 세상의 변화를 함축해서 보여준다. 이러한 단어를 모르고 이해하지 못하면 변화 또한 느낄 수 없다. 세상의 변화를 읽는 힘은 변화를 이끌어 가는 단어들의 사생활에 대한 이해가 있어야 가능하다. 단순히 기억하는 것만이 아니라 어디서 어떻게 쓰이는지 알아야 한다는 것이다. 예를 들어 스마트폰을 전화기가 아니라 PC로 이해하고, 빅데이터를 단순히 고객이 남기고 간 찌꺼기로 보는 것이 아니라 자원으로 인식하는 것이다. 이런 인식의 차이가 가능성을 보게 하고 가능성을 알게 된 사람이 본 사물의 느낌은 다른 것이다.

그러므로 리더의 학습은 어제의 단어들을 잊는 것이 선행되어야 한다. 집단적 사고, 객관적, 표준화, 근면, 정리정돈과 같이 산업화 사회에서나 쓰던 관리 중심의 단어들을 잊어야 한다. 이유를 따지고 논리를 만들기보다 동일함이 되어 대상과 관계를 맺어야 한다.

그렇다고 느낌에 어떤 법칙이 있는 것은 아니다. 알고 있던 것, 기억하는 것, 전에 느꼈던 것을 담아 두고서는 새로운 것을 받아들이고 느낄 수 없기 때문이다. 그래서 느낌은 모방할 수 없는 자신만의 것이다. 자신이 만들어내는 능력이며 세상과 만나는 자신만의 방식이다.

몸은 마음보다 솔직하다

산을 좋아하는 나는 매주 산에 오른다. 산을 좋아하게 된 동기가 있었는지는 모르지만 산에 갔다 오면 몸과 마음이 가벼워진 느낌이 좋다. 그러나 사정이 생겨 산에 가지 못한 주가 발생하면 그 다음 주도 산에 가기가 싫어진다. 그리고 그 다음도 핑계를 찾으려고 애쓴다. 그렇게 몇 주를 산에 오르지 않으면 몸이 무거워진다. 그런데 어느 날 나도 모르게 다시 배낭을 찾는 나를 발견한다. 무의식적인 몸의 반응이다. 그것은 내가 선택한 것이 아니었다.

나는 왜 무심결에 다시 배낭을 찾게 되었을까? 마음의 요사에 현혹되어 소파의 편안함을 벗어나지 못하면 건강에 도움이 되지 않는다는 것을 몸은 알고 있는 섯이다. 나는 그것이 몸의 솔직함이라고 생각했다. 이렇게 몇 주를 걸러 산에 오르면 한 걸음 한 걸음이 힘들다. 숨은 차오르고 발걸음은 무겁다. 마음은 금방 오를 것 같지만 몸은 그렇지 않다. 몸은 내가 몇 주를 걸렀기 때문에 그러는 것이라고 말한다. 마음은 청춘인데 몸이 따르지 않는다는 의미를 알 것 같다.

우리는 건강히 지내다가 갑자기 쓰러지는 사람들을 주변에서 종종 본다. 최근에 항상 건강하고 어떤 일이든 주도적으로 하던 친구가 건강이 좋지 않다는 얘기를 했다. 친구는 건강검진을 하다 심장에 이상이 있어 간단한 시술을 했다. 그는 건강검진할 때 발견하지 못했으면 큰일 날 뻔했다고 말했다.

아마 분명히 몸에서 이상을 알리는 신호가 여러 차례 있었을 것이다. 다만 '별 것 아닐 거야.', '이 정도는 버텨야지', '바쁘니까' 이렇게 생각하며 마음이 몸의 신호를 왜곡하거나 차단했을 것이다. 그렇게 큰 일을 겪은 친구는 몸의 반응에 민감해졌다. 우리가 몸의 소리를 잘 들어야 하는 이유다.

느낌은 이런 몸의 반응이다. 그러니까 느낌도 매일 산에 오르는 것 같은 노력이 있어야 하고 이상을 감지하는 민감함도 유지해야 한다. 다시 산행 이야기로 돌아가면, 산행에 몸이 익숙해지면 몸의 감각기관이 열리는 것을 경험한다. 산행의 횟수가 많아지면서 처음 산행에서 보이지 않던 풍경이 보이고 크고 작은 나무와 식물들이 보인다. 바람 소리가 들리고 이름 모를 새소리에 심취되기도 한다. 작은 옹달샘의 물을 마시고, 나무마다 다른 질감을 느끼기도 한다. 매번 갈 때마다 다르다는 것을 느낀다.

이런 느낌은 먼저 익숙해진 느낌에 질문해야 가능하다. 내가 있는 시공간에서 벌어지는 것에 대해, 내 안의 고정된 사고에 대해, 그리고 앎과 당연함에 대해 질문하는 것이다. 느낌은 우리가 생각하고 행동하는 것과 무관하지 않다. 생각하는 방식이 바뀌거나 대상과 관계가 바뀌면 느낌도 전과 다르다. 그런데 매일 같은 것만 보고, 같은 것을 듣고, 같은 생각을 하면 느낌도 매일 같은 느낌일 수밖에 없다.

우리가 알고 있는 사실이 사물을 다른 식으로 보는 것을 방해한다. 그래서 느낀다는 것은 알고 있는 것에서 벗어나 있는 것이고, 아는 것과는 무관하게 내게 말을 걸어오는 것이다.

느낀다는 것은 어떤 대상에 대해 내가 알고 있는 게 전부가 아니고 또 틀릴 수도 있음을 받아들일 때 가능하다. 아는 것을 잠시 내려놓고 보고, 듣고, 만지면 같은 것도 전혀 다르게 느낀다는 것을 알 수 있다. 마음속에 정해 놓고 대상을 대하면 좋고 나쁨을 선택하지만 몸으로 느낄 줄 아는 사람은 자신의 경험에 새로움을 더해 다른 가치를 만들 수 있다. 그래서 더 잘 느끼기 위해선 익숙한 것과 결별하는 노력이 필요하다.

리더가
느껴야 할 것들

모호함

느낌은 확실함에서 오는 것이 아니라 모호한 형태로 찾아온다. 이것도 저것도 아닌 모호한 형태이기 때문에 우리의 감각기관은 예민해진다. 이 순간 호기심이 깨어나고, 경험의 깊이를 탐구하게 되고, 감각이 예민해지면서 알지 못하던 것과 마주친다. 이런 모호함으로 마음이 열리고 자기만의 독창적인 잠재력이 개발된다.

모호함은 이것과 저것 사이의 경계에 존재한다. 우리가 경계에 서는 것은 불확실성과 마주하는 것이다. 우리가 알고 있다고 하는 것도 처음에는 모두 불확실하게 다가온 것이다. 어느 순간도 확실한 상태로 우리 앞에 다가오는 경우는 없다. 그러므로 아직 경험하지 못한 불확실성을 받아들여야 새로운 세상으로 한 발짝 나아갈 수 있다.

이쪽으로도 넘어가고 저쪽으로도 넘어갈 수 있는 위치가 경계다. 그래서 경계는 이 세계와 저 세계를 연결하는 다리다. 그러나 우리는 이런 모호함의 불확실성을 좋지 않은 시선으로 보고 확실함을 선호한다. 이것 아니면 저것이라는 이분법적인 판단을 하고, 옳고 그름, 맞고 틀리고와 같이 확실함을 긍정하고 경계에 서는 것을 부정한다.

이미 정해진 확실함은 편안하지만 자신을 막아서는 벽이다. 벽의 기능은 그 속의 것을 한정하는 데 있다. 시야를 한정하고, 수족을 한정하고, 사고를 한정한다. 한정한다는 것은 작아진다는 의미다. 내가 그저 과거의 경험으로 얻어진 확실함을 지키는 호위병에 그치면 나는 더 이상 아무것도 느끼지 못하고 더 작아지는 것이다. 그렇지 않고 우리는 확실함보다 모든 것이 틀릴 수 있음을 열어둘 때, 지금 알고 있다고 믿는 것이 앞으로 다 틀릴 수 있다고 생각할 때 다른 세계로의 진입이 가능하다.

다른 세상으로의 진입이란 다른 세상 사람이 되어 보는 것이다. 대상의 입장이 되어 보는 것이다. 입장의 동일함이 관계의 최고의 형태다. 최고의 관계만이 입장의 동일함을 느낄 수 있다. 그러나 우리는 대부분 아는 대로만 보려고 하는 습성이 있다. 그렇게 오직 한 방향만을 고집한다. 하지만 경계에 서서 시선을 바꿔 보고 마음을 달리 해서 보면 전혀 다른 시선으로 세상을 볼 수 있다.

사실 우리의 고정관념을 내려놓으면 세상의 모든 것은 모호해진다. 불행이라고 생각했던 게 행복이 되기도 하고, 틀리다고 생각했던 게 맞기도 한다. 주인을 끝까지 지키는 동물을 보면서 인간적인 모습을 발견하기도 하고 인간이 너무나 동물적이라고 느껴질 때도 있다. 가끔 나는 산을 오른다고 생각하지만 산이 나를 품어주고 있다고 느끼기도 한다. 이쯤 되면 이것과 저것이라는 구분은 의미가 없어진다.

이렇듯 느낌은 두 세계의 경계에서 생각하는 것이다. 그러므로 세상을 이분법적 기준과 자기 확신으로 대하는 사람은 감각이 무디어져 느끼지 못하게 된다. 느낌은 자신이 알고 있던 기존의 세계가 흔들리고, 분명하다고 생각했던 것들이 의심스러워질 때 생겨나기 때문이다.

이것 아니면 저것이 아니라, 이것에서 저것으로 넘어가는 그 경계에서 보는 것이 바로 변화다. 우리는 계절의 변화를 꽃이 피고 새싹이 돋아나는 것을 보고 느낀다. 그런데 그 꽃이 어디에서 피고 지는지에는 관심이 없다. 꽃이 피니 봄이구나 하고 생각할 뿐이다. 그러나 조금만 관심 가지면 꽃이나 새싹은 줄기에서 피는 법이 없고 우듬지라고 하는 가지의 맨 끝 줄기에서 핀다는 것을 알 수 있다. 줄기와 대기의 경계에서 꽃이 피고 싹이 돋는 것이다.

나무의 줄기에 아무리 관심을 두어도 그곳에서 변화를 느끼기는 어렵다. 비단 사물과의 관계에서만 그런 것이 아니라 조직도 다르지 않다. 직장에 있을 때 현장에 가면 현장에서 근무하는 직원들은 본사의 동향에 관심이 많다. 본사의 소식을 알아야 변화에 대응할 수 있다고 생각한다. 그러나 그것은 줄기에서 봄을 찾는 것과 같다. 반대로 나는 현장의 소리를 듣기 위해 현장을 찾았다. 그곳에서 변화를 느낄 수 있기 때문이다.

조직의 변화는 본사에 있는 것이 아니라 고객 접점의 경계에 있다. 시장의 변화에 잘 적응하며 성장하는 기업은 경계에 있는 구성원들의 감각이 예민하다.

사랑

누구나 보는 것을 보고, 아무도 생각지 못한 생각을 해내는 사람이 있다. 처음 나는 이런 사람들은 타고났다고 생각했다. 그러나 오래가지 않아 그가 얼마나 그 대상을 사랑했을까 하는 생각을 하게 되었다.

사랑은 대상에게 적극적으로 나를 침투하는 것이고, 이러한 침투를 통해 대상을 알려고 하고 나의 욕망과 합일을 통해 감정을 느끼는 것이다. 합일은 내가 대상을 알거나 자신을 알아 마음의 융합을 이루는 것이다. 생각지 못한 생각은 지식에 의해서가 아니라 이런 융합의 경험에서 만나는 느낌이다.

잘 아는 시나리오 작가가 있다. 그녀는 지금 영화와 방송 드라마를 넘나들며 왕성하게 활동을 하고 있는 작가다. 이 작가의 창작 과정을 보면 사랑 없이 쓸 수 없다는 것을 알게 된다. 처음 작품을 구상하고 작품과 주인공이 결정되면 작품을 쓰기 위해 먼저 관련된 자료를 수집하는 작업을 한다. 자료 수집은 매체에만 의존하지 않고 현장을 찾아가 자료를 찾고 관계된 사람들의 이야기를 듣는 과정을 거친다. 그녀는 이런 과정을 한 번으로 끝내지 않고 반복하는데, 어느 순간 자신도 모르게 현장을 찾아가는 마음이 설렌다고 한다. 이 순간 대상이 연인처럼 다가오기도 하고, 자신이 주인공이 되기도 한다는 것이다.

이렇게 대상에 대해 깊이 알게 되면 애정을 느끼고 사랑을 하게 되는데 이때가 되어야 비로소 작품이 써진다고 한다. 이렇게 사랑하고 대상과 합일이 이루어질 때 물음에 대답하는 글이 써진다. 그러므로 우리는 사랑하지 않는 것도 알 수 있다는 생각을 버려야 한다. 애정 없

지시 말고 질문하라

는 대상에 대해 알 수 있다는 환상을 버려야 한다. 느낌은 이런 애정 있는 관계에서 오기 때문이다.

그래서 사랑은 수동적 감정이 아니라 능동적인 활동이다. 나와 사물로부터 분리된 벽을 허물고 결합시키는 힘이다. 사랑은 우리로 하여금 고립감과 분리됨을 극복하게 하면서 각자의 특성을 허용하고 통합성을 유지시킨다. 이러한 통합성이 우리가 느끼는 새로움이다.

그러나 사랑이 통합성을 유지하지 못하면 소유욕이 생긴다. 꽃을 보려고 하지 않고 꺾고, 공감하지 않고 강요하게 된다. 소유욕은 불안과 고립감을 키우고 물질과 탐욕에 쫓겨 우리를 수동적으로 만든다.

능동성이 활동을 의미한다면 수동성은 활동을 멈춘 자기감정이다. 능동적일 때 우리는 자유롭고 자기감정의 주인이 되어 느낄 수 있지만, 수동적일 때는 자기 자신도 모르는 것, 즉 물욕과 탐욕에 의해 움직이는 대상이 된다. 그러므로 사랑은 참여하는 것이지 빠지는 것이 아니며, 주는 것이지 받는 것이 아니다. 소유하려고 하는 사람에게 있어 주는 것은 빼앗기는 것이고 가난이라고 생각하지만, 능동적으로 실천하는 사람은 사랑을 자기 잠재력의 최고의 경험이고 표현이라고 생각하며 생산적인 것이라고 생각한다.

자기 잠재력이 대상에게 갖고 있는 애정만큼, 우리는 보고 듣고 느낄 수 있다. 우리의 눈은 모든 것이 저절로 보이는 게 아니라 관심을 가질 때 보인다. 모든 것이 다 드러나 있어도, 어떤 것은 잘 보이지만 어떤 건 보이지 않는다. 그런데 아무리 봐도 보이지 않는 것이 어느 순간 저절로 선명하게 보이게 되는 것을 경험한다. 포기하고 아무 생각 없이 있으면 저절로 선명하게 보이는 경우가 있는데 이것은 애정의 싹이 텄기 때문이다. 그러니까 보인다고 보고, 안 보인다고 못 보는 것이 아니라 뭔가 보고 못 보고, 느끼고 못 느끼고는 자기 마음에 달려 있다. 아는 만큼 보고 느끼는 게 아니라 사랑하는 만큼 보고 느끼는 것이다.

꽃을 사랑한다고 말하면서도 꽃에 물을 주는 것을 잊어버린 여자를 본다면, 우리는 그녀가 꽃을 사랑한다고 믿지 않듯이 내 일에서 매일 새로운 느낌을 느끼지 못한다면 자기 일에 대한 사랑을 의심해야 한다.

당연함에 대한 의심

지금 우리가 당연하다고 하는 것들은 모두 과거에는 생소한 것들이었다. 불과 20년 전만 해도 생수를 사먹는 것은 생각지도 못했던 생소한 일이었는데, 지금은 사먹는 것을 당연하게 생각하고 있다.

물도 햇빛이나 공기처럼 누구나 누릴 수 있는 자유재라고 인식했다. 그뿐 아니다. 이제 아침 찬거리를 준비하기 위해 시장에 직접 가지 않고 집에서 시장을 본다. 저녁에 주문하면 아침에 배달되는 것이 생소하지 않고 당연하다. 길거리를 걸으면서 혼자 웃고 이야기하는 사람을 보면 이상하게 생각했지만, 블루투스가 일상이 된 지금은 흔한 풍경이다. 여행도 과거에는 미리 예약하면 할인받아 저렴하게 갈 수 있는 것이 당연했지만 지금은 최후까지 버티는 것이 유리하다. 스마트폰 하나면 장소와 시간 구애 없이 선택이 가능하기 때문이다.

우리의 주변을 살펴보면 모든 것이 그렇다. 당연하다고 생각하던 것은 사라지고 상상도 못했던 것들이 당연해지고 있다. 그러니 당연함을

지시 말고 질문하라

의심해봐야 한다. 언제까지 변하지 않는 것, 언제까지 당연한 것은 없다. 모든 것이 당연함으로 존재한다면 세상 또한 변하지 않는 모습으로 존재할 것이다. 그러나 우리의 주변이 끊임없이 변하는 것을 보면 분명 변화는 존재한다. "세상에 변하지 않는 것은 없다"라는 진리만 변하지 않을 뿐 모든 것은 변한다. 변화란 당연하게 생각하는 것들이 새로운 당연함으로 바뀌는 과정이다.

과거 예측 가능한 삶에서 얻어진 당연함은 삶의 모범답안처럼 작용하였고, 우리는 안전감과 희망을 느끼면서 살았다. 그러나 변화의 속도가 점점 더 빨라지면서, 당연함을 의심할 수밖에 없게 되었다. 우리의 삶이 갈수록 불편한 것은 당연함이 더 이상 당연하지 않아서 일 것이다. 그러나 변화에 민감한 사람들은 지금의 당연함을 의심하고 미래의 당연해질 것을 생각한다. 그렇지 않고 언제나 변화라는 버스의 마지막 손님으로 타기를 반복한다면 지금의 당연함을 당연하게 받아들이고 있어서일 것이다. 이것은 게으름의 문제라기보다 당연한 것에 의심을 품지 않고 받아들이는 데 있다.

만약 내가 의심하고 있다는 것을 의심하면, 나는 의심을 안 하고 있는 셈이 된다. 그래서 의심하고 있다는 사실만큼은 절대적 진리가 된다. 적어도 의심하고 있는 동안은 말이다. 그러므로 의심한다는 것은 현재를 생각하는 것이다.

과거의 나로부터 벗어나기 위해서는 나를 의심해봐야 한다. 우리가 실수하는 이유는 대부분 잘못 알고 있는 지식 때문이다. 학술적인 지식만이 아니라 우리가 보고 듣고 느낀 것을 망라해서다. 그러므로 우리가 알고 있는 모든 것을 의심해봐야 한다.

의심은 먼저 자기 경험으로 만들어진 고정관념을 부정하는 것에서부터 시작한다. 많은 리더들이 자기 경험을 모범답안처럼 생각하지만 세상에 확실한 답이란 없다. 따라서 리더는 알고 있는 모든 지식을 부정해야 한다. 알고 있는 지식은 지금 이 순간에도 누군가에 의해 업그레이드되고 있기 때문이다. 자신을 먼저 부정하면 모든 것을 의심할 수 있게 된다. 그러면 이런 의심을 할 수 있다.

첫째, 그것이 원인이라는 생각을 의심할 수 있다. 원인을 의심하면 천 개의 원인에 하나의 답이 있는 것이 아니라 하나의 답에 천 개의 원인이 있다는 것을 알게 된다.

둘째, 이전에도 그랬고 지금도 그러한 것을 의심할 수 있다. 그러면 이전과 지금의 환경과 상황의 변화를 느낄 수 있다. 모든 것은 환경에 적응하고 시대를 닮아가는 것이다.

셋째, 소수가 그랬기에 대다수도 그러하리라는 것을 의심할 수 있다. 이것은 권력이 어디에서 나오는지 알 수 있다. 그리고 고객에 대한 이해와 가치를 알 수 있다.

넷째, 표면적인 것을 의심할 수 있다. 그러면 사실보다 진심을 볼 수 있고, 유행이 아니라 인간의 욕망이 보인다.

다섯째, 합리적인 것이 옳다는 것을 의심할 수 있다. 합리는 산업화 사회 자본이 만든 프레임일 확률이 높다. 그러나 더 이상 모두가 그렇게 생각한다고 해서 옳은 것은 아니다. 모두가 그렇게 생각하는 것에는 길이 없다. 합리를 의심하면 새로운 길이 보인다.

이렇게 의심을 하면 새로운 느낌을 얻을 수 있게 된다. 새로운 느낌은 지금의 당연함을 부정하고, 당연하지 않을 수 있다는 가능성 열어놓을 때 가능하다.

마음 비움

우리가 느끼지 못하는 이유는 선입견과 고정관념 때문이다. 고정관념이란 상황이 바뀌어도 자기 생각을 수정하지 않는 고착화된 사고방식으로, 자기 경험을 중심에 놓고 비우지 못하는 자기 고집이다. 경험에 새로움을 더하는 것을 거부하고 자기 경험을 답으로 받아들이는 것은 자기 안에 갇히는 것이다. 이런 고정관념은 성장을 방해한다.

그러나 반대로 나를 내려놓고 비우면 그 자리에 상황이 자리하게 된다. 상황이란 끊임없이 변해가는 전체의 일관된 흐름이다. 자기 안의 고정관념을 내려놓으면 '나'라는 작은 세계에서 벗어나 전체라는 상황을 볼 수 있는 안목이 생긴다. 이런 안목이 생기면 다채롭게 펼쳐지는 상황에 적절하게 대처할 수 있을 뿐 아니라 지금보다 더 큰 세상을 볼 수 있다. 내 안에 새로운 것을 위한 자리가 비워져 있어야 사물을 있는 그대로 받아들일 수 있다. 이때 느낌은 전혀 다른 세계로 나를 인도한다.

니체는 "언젠가 나는 법을 배우고자 하는 자는 먼저 서는 법, 달리는 법, 기어오르는 법, 춤추는 법부터 배워야 한다.(중력의 영에 대하여) 그리고 환하게 웃는 법을 배워야 한다"고 했다.

느낌도 이와 다르지 않다. 창의적인 사람은 앎의 중력에서 벗어나 상황과 처지에 따라 사물을 있는 그대로 느끼지만, 그렇지 못한 사람은 앎을 어떻게든 실천하려고 하는 사람이다. 경험이란 것도 그렇다. 우리가 언제나 같은 경험이라고 생각하는 것은 지금의 경험이 아니라 전 경험의 지배 속에 있어서다. 세상에 같은 경험이란 없다. 어떤 경험도 같을 수 없다. 그러니 경험을 온전히 내 것으로 만들기 위해서는 자신을 고집하지 않고 자신을 비워 두어야 한다. 자신의 앎, 자신의 경험, 자신의 시선이 절대적이라고 생각하지 않으면, 하나의 경험은 언제나 우리에게 새로운 느낌을 준다.

느낌이란 차이를 느끼는 것이다. 세상 모든 것의 다름을 느끼고, 그 다름에서 가치를 발견하는 것이다. 그러므로 자신의 것만 보지 말고, 자신의 것만 고집하지 말고, 비우는 연습을 해야 한다. 그리고 온몸의 세포들을 다 열어놓으면 지금하고는 전혀 다른 느낌이 꽂힌다. 순간의 경험이지만, 그 순간의 경험이 나를 예기치 못한 세계로 데려다 준다. 전과 다른 나를 발견하는 순간이다. 한번 바다로 나온 물은 골짜기의 시절을 부끄러워하는 것이다.

'생각을 갖고 있다'와 '생각한다'의 차이

'생각을 갖고 있다'와 '생각한다'는 같은 뜻일까? '갖고 있다'는 가지고 있는 상태, 즉 활동성이 멈춘 상태를 말한다. 반면에 '생각한다'는 지금 내 머릿속에서 없는 것을 만들어내고 있는 상태라는 의미다. 그러니 둘은 다른 뜻을 가지고 있다.

그런데 우리는 지금까지 '생각을 갖고 있다'와 '생각한다'를 같은 의미로 사용했다. 기억하는 것을 생각한다고 말하는 경우가 그렇다. 우리가 살고 있는 시대는 지식과 답을 암기하는 시대였다. 생각이란 암기한 것을 기억해 내는 것이었다. 물건을 찾듯 내 머릿속에 갖고 있는 기억을 뒤져 꺼내는 것이었다. 기억이 가물거릴 때 좀 더 깊이 생각해 보라고 하는 것은 그런 의미를 담고 있다.

조직에서 미팅이나 회의를 진행하는 모습을 보면 더 확실해진다. 이때 흔히 하는 말이 '각자 갖고 있는 생각을 말해보자.'이다. 이때의 생각도 자기가 기억하는 지식과 답, 경험을 의미한다.

'갖고 있다'는 활동을 의미하는 것이 아니라 내가 가지고 있는 것을 보여주는 것을 말한다. 말하자면 내가 알고 있는 지식을 표현하는 것이다. 지금까지는 이런 표현이 가능했다. 지식의 유통기간이 길고 어제가 오늘이 되는 시대에는 가능했다. 그러나 학습을 통해 누적된 지식을 습득하고 그것에 의존하는 시대는 저물어가고 있다.

지금까지는 개인이 습득한 지식으로 문제를 해결하고 답을 찾아 살아갈 수 있었지만, 앞으로는 누가 어떤 지식을 얼마나 갖고 있느냐는 중요하지 않다. 지금처럼 급변하는 환경에서는 더 이상 머릿속의 무언가를 보여주는 생각으로는 안 된다. 이제는 내게 없던 것을 만들어내는 생각을 해야 한다.

생각한다는 것은 다르게 생각하는 것이다. 그런데 우리의 생각은 어제의 생각을 벗어나지 못한다. 우리는 아침에 일어나서 저녁 잠자리에 들 때까지 기계처럼 움직인다. 같은 시간에 일어나서 같은 시간에 아침을 먹고 같은 차를 타고 같은 길을 거쳐 같은 시간에 출근한다. 출근해서 하는 일상도 어제와 다르지 않다. 이렇게 몸과 행동이 기계처럼 습관적으로 움직이면서 생각도 습관이 되고, 남들이 하는 생각을 따라 하고, 지시에 따라 행동하고, 과거에 해 오던 대로 생각하는 것은 생각 없이 사는 것이다.

우스갯소리지만 사람은 자기 나이만큼 키워온 두 마리의 개가 있다고 한다. 하나는 편견이고 다른 하나는 선입견이다. 습관적 생각이나 고정관념, 타성은 편견과 선입견으로 포장되어 생각이 지배되면서 생각 없이 살게 된다. 그러나 우리에게 익숙한 것, 우리가 습관처럼 해 왔던 것에 대해 시비를 걸고 다시 생각할 수 있을 때 우리는 비로소 생각하게 된다.

어제 부정적으로 생각했던 일을 오늘은 긍정적으로 생각할 수도 있다. 이런 마음가짐이 다른 생각을 할 수 있는 선택권을 준다. 다른 생각은 변화 속에 머문다. 만물은 변화 속에 휴식을 취한다는 말이 있다. 이 역설은 움직이는 것이 가만히 있는 것보다 편하다는 것을 말한다. 만물은 끊임없이 변하기 때문에 변화의 파도를 타는 것이 제자리를 고수하려는 것보다 훨씬 쉽다는 것이다.

우리가 새로운 생각을 하기 어려운 것은 가지고 있는 것을 고수하려고 하기 때문이다. 그렇지 않고 자기 습관이나 관념을 버리고 변화의 흐름을 따라가면 생각은 어렵지 않게 자연스러워진다. 그러므로 더러워지는 것보다 다시 깨끗해질 수 없는 마비와 마취의 심성을 경계해야 한다.

생각이 다르다는 것은 다르게 사는 것이다. 다르게 산다는 것은 새로운 것을 경험하는 것이다. 매일 만나는 사람만 만나지 않고 나와 생각이 다른 사람도 만나고, 직장 동료만 만나지 않고 동호회나 관심 분야의 전문가도 만나야 한다. 오프라인과 온라인의 경계를 넘나들며 지금과는 전혀 다른 사람을 만나면 다른 생각에 도움이 된다.

가보지 못한 곳을 가보는 것도 좋다. 매일 보는 환경을 떠나 전혀 낯선 곳에서 아침을 맞이하면 몸과 마음, 머리가 자유를 느낀다. 이때 생각은 전과 다르다.

싫어했던 책이나 음악, 그림을 만나는 것도 좋은 방법이다. 이것들을 통해 내가 사용하는 단어의 세계를 넓히는 것이다. 내가 사용하는 단어의 세계가 내가 생각할 수 있는 세계이기 때문이다. 어휘력이 풍부해야 상상력도 풍부해진다. 이런 상상과 생각을 토대로 다른 사람이 만든 이론이나 개념에 얽매이지 않고 자기 개념을 재정립해나가야 한다. 그렇게 만들어진 나만의 개념이 세상을 다르게 보게 하고, 다르게 생각할 수 있게 한다.

다르게 생각하고 다르게 살아가기 위해서는 깨달음이 있어야 한다. 그냥 다른 사람을 만나고, 가보지 않은 곳을 가고, 보지 않은 책과 그림과 음악을 접해서 되는 것이 아니라 "아, 이렇게 생각할 수 있구나." 하는 깨달음이 있어야 한다. 그러기 위해서 기존의 것에 새로움을 더하는 공부를 멈추면 안 된다.

우리는 살아가면서 나를 표현하는 개념을 계속 재정의하는 노력을 해야 한다. 내가 어떤 개념을 갖고 있느냐에 따라 내 생각도 변하기 때문이다. 삶의 변화가 있어야 생각이 일어나고, 생각이 나를 찾아온다. '생각한다'는 것은 이처럼 생각이 생겨나는 것이지, 물건을 찾듯 생각을 뒤져 기억해 내는 것이 아니다.

비판적으로 사고하라

인간은 '호모 사피엔스'다. 이 말은 '생각하는 인간'이라는 뜻이기도 하다. 인간은 누구나 생각을 하고 살아간다. 하지만 사람들의 생각은 한쪽으로 치우치고, 부분적이고 단편적인 것에 의존하고, 편견과 선입견, 고정관념과 무조건 수용하는 사회 관념과 규칙에 사로잡힐 때가 많다.

이로 인해 많은 사람들이 생각을 가지고 있지만 생각하지 않는 삶을 살아가고 있다. 그러나 우리가 생각하는 능력을 발전시키는 노력을 하지 않는다면, 우리는 한 발짝도 앞으로 나아갈 수 없다. 개인의 삶과 조직의 미래는 우리의 생각하는 능력에 달려 있다. 수용에 길든 리더들이 저지르기 쉬운 것이 지시대로 하는 것이다.

> "그는 매우 근면한 사람이다. 그리고 이런 근면성 자체는 결코 범죄가 아니다. 그러나 그가 유죄인 명백한 이유는 아무 생각이 없었기 때문이다."

정치 철학자인 한나 아렌트는 유대인 학살 책임으로 법정에 선 아돌프 아이히만의 8개월 동안의 재판 과정을 〈예루살렘의 아이히만〉이라는 책에 담아냈다.

2차 세계대전 당시 독일 나치 친위대 중령이었던 아돌프 아이히만. 그는 수송 담당으로서 어떻게 하면 수많은 유대인들을 효율적으로 수송할 수 있는지를 고민하고 고안해냈다. 그는 멈추지 않는 열차, 가스실이 설치된 열차 등의 방법을 고안해 수백만 명의 유대인을 죽음으로 내몰았다.

도대체 그는 어떤 사람이기에 그런 잔혹한 범죄를 저질렀을까? 사람들은 그가 분명 평범한 사람은 아닐 것이라고 생각했다. 법정은 그를 보러 온 사람으로 가득 찼으며, 세계의 관심 속에 재판이 진행되었다. 하지만 법정에 선 그 남자는 너무도 평범한 사람이었다. 심지어 그는 살면서 단 한 번도 법을 어긴 적이 없고 굉장히 성실하며 가족들에게는 누구보다도 인자한 아버지였다.

그는 차분한 태도로 일관되게 자신의 무죄를 주장했다. "나는 잘못이 없다. 나는 그들을 죽이라고 직접적으로 명령하지 않았다. 나는 그저 위에서 시키는 것을 그대로 실천한 한 명의 인간이며 관리였을 뿐이다." 재판 중 그가 한 말이다. 그의 관심은 오로지 맡은 일을 잘하는 것뿐이었고, 조직의 업무 효율성 달성을 위해 노력했다고 주장했다.

우리는 2019년, 사법농단 재판 증언대에서 이것과 동일한 상황을 지켜봤다. 이를 통해 느끼게 된 것은, 우리가 살아가는 사회도 생각의 무능자들이 존재한다는 것이었다. 우리나라에서 가장 똑똑한 사람들이라고 평가받는 법관들이 사법농단 의혹 문건을 작성한 것에 대해서 이렇게 증언했다. "타성에 젖어 부적절한 지시에 따랐다. 불러준 대로 썼다. 말단으로서 지시에 따라 작성했을 뿐이다."

악은 특별한 이유에서 나오는 것이 아니다. 전 세계인들에게 수많은 충격을 가져온 유대인 학살이든 사법농단이든 생각의 부재에서 이행된 직무수행에 따른 결과다. 생각하는 능력의 부재, 자신의 행동에 대하여 생각을 하지 않는 것으로부터 문제는 시작된다. 복종은 쉽다. 시키는 대로만 하면 되니까. 하지만 아이히만은 자신의 행위로 인해 유대인이 죽을 것이라는 사실을 앎에도 불구하고 생각 없이 조직의 명령을 따랐기에 유죄를 받은 것이다.

생각하지 않는 것은 비판적인 사고를 하지 않는 것을 말한다. 비판

지시 말고 질문하라

적 사고는 타당성이나 가치를 판단하기 위해 사실을 분석하는 것이다. 어떤 상황 혹은 사태에 대해 정확한 정보를 바탕으로 그것의 옳고 그름을 잘 따져서 가려내는 활동이다. 그러나 수용에 익숙해진 우리는 비판적 사고에 대해 부정적이고 불편해한다.

우리가 비판을 불편해하는 이유는 비판과 비난을 혼동하는 것에도 있다. 비난은 다른 사람의 잘못된 행동을 지적하면서 나쁘게 말하는 것이라면, 비판은 잘못된 점과 잘된 점을 함께 따져 보는 것으로, 본질적으로 반성적 사고에 기반을 두는 것이다. 아이히만이나 사법농단에 섰던 사람들의 행동은 비판적 사고의 부재에 있다. 자기 생각과 행위를 주관 속에 갇히게 하면서 자기중심적 판단과 결정을 선호하는 자기기만과 모순에 빠진 결과다.

그럼 비판적 사고는 어떻게 가질 수 있을까? 비판적 사고를 가지기 위해서는 먼저 질문으로 시작해야 한다. 원인과 결과에 대해 생각하고, 모든 행동에는 결과가 있다고 이해하고 결정을 내리기 전에 질문을 통해 도움을 얻어야 한다. 질문을 찾았다면, 사건과 상황에 관련된 정보를 찾아야 한다. 결정을 내리는 데 필요한 정보를 최대한 많이 찾아보고 다양한 의견을 들어야 한다.

다양성은 많을수록 좋은 것이다. 많은 정보와 다양한 의견을 수집했다면 자기 생각, 자기 경험을 고집하지 않고 열린 마음으로 정보와 의견을 분석하여 다른 관점으로 상황을 고려해봐야 한다. 그리고 상대방이나 팀원들과 소통해야 한다. 그러기 위해서는 비판이 험담이나 불평보다는 해결책 중심으로 대화를 해야 하고, 그것을 공유하고 공감을 얻도록 해야 한다.

비판적 사고가 중요한 것은 '생각하기'에 대한 기본적인 태도와 능력의 바람직한 방향을 제시하기 때문이다. 비판적 사고는 태도와 능력의 상호작용으로 발휘된다. 여기서 태도는 공정성과 정확성에 대한 열정을 가지고, 정보와 자료에 충실하며, 사회 통념이나 이념에 기꺼이 의문을 가지고 자기 신념을 바꾸는 용기를 갖는 것이다. 그리고 능력은 문제에 대한 해석, 자료와 주장의 분석, 증거나 신뢰 평가, 대안과 가정의 추론 등의 인지능력을 말한다.

미국의 심리학자 다이언 F. 핼펀은 비판적 사고를 '인지적 기술과 전략을 사용하여 논리적 결론 도출, 문제 해결, 올바른 판단, 효과적인 설득 및 대화와 같은 긍정적 결과를 만들어내는 사고 방법'이라고 정의한다. 그는 원하는 결과를 얻고 성공하기 위해서는 비판적 사고를 배워야 한다고 말했다.

정리하자면, 우리가 비판적 사고를 가져야 하는 이유는 첫째, 급변하는 환경과 다양해지는 고객 니즈에 맞게 문제를 체계적이고, 다각적으로 생각하고 해결할 수 있도록 돕기 때문이다.

둘째, 비판적 사고는 지식 기반의 사회에서 잘 적응할 수 있도록 돕는다. 요즘 시대에는 넘치는 정보와 지식에 효과적으로 적응하고 대처하는 능력이 필요하다. 따라서 비판적 사고를 통해 정보를 잘 분석하고 판단하여 새로운 지식을 통합하고 문제를 해결할 수 있어야 한다.

셋째, 비판적 사고는 새로운 아이디어를 평가하고 선택할 수 있도록 한다. 새로운 아이디어는 문제를 해결하고 유용한지를 평가하고 판단

지시 말고 질문하라

할 수 있는 힘을 가지고 있기 때문이다.

넷째, 비판적 사고를 통해 스스로를 점검하고 평가하여 성찰할 수 있기 때문이다. 우리가 일을 잘하고 좋은 삶을 살기 위해서는 가치와 행동, 그리고 선택하고 결정한 것에 대해 돌아볼 수 있어야 한다.

다섯째, 평생학습의 시대에 비판적 사고는 현실에 적합한 지식으로 발전할 수 있기 때문이다. 비판적 사고는 무조건 수용하는 태도에서 벗어나 더 높은 수준으로 깊이 이해하고 독립된 생각을 하게 한다.

여섯째, 올바른 판단을 해야 하기 때문이다. 비판적 사고를 통해 편견이나 선입견, 고정관념에 빠지지 않고 옳은 판단을 할 수 있다. 비판적 사고는 내 관점뿐만 아니라 다른 사람의 관점을 이해하며 판단하도록 만든다.

마지막으로 비판적 사고를 통해 합리적이고 논리적으로 사고할 수 있기 때문이다. 이제 리더의 필수 역량 중 하나는 팀원들의 다양한 의견을 잘 경청하고, 이해하고, 분석하고, 판단하여 문제를 해결하는 능력이다.

모방하고, 흡수하라

일을 하다 보면 가끔 기쁨을 느낄 때가 있다. '나도 이런 면이 있구나'라고 생각하며 스스로 비범함을 느끼는 순간이다. 결국 일의 기쁨이란 생각의 기쁨이다.

그런데 많은 사람들이 어떤 문제에 대해 좋은 생각이 떠오르면 그 문제에 적합한 답을 찾은 것이라고 이해하고, 그 순간을 어쩌다 우연히 일어난 일로 생각한다. 이것은 생각을 독립된 것, 확정된 답으로 보기 때문이다. 그러니 문제에 대한 답을 기억 속에서 우연히 찾은 일치라고 생각한다.

그러나 우연이란 근거 없이 찾아오지 않는다. 내 안의 많은 경험과 지식의 화학적 결합을 통해 생각지 못하게 찾아오는 것이다. 우연은 준비하지 않은 사람에게는 찾아오지 않는다.

기업에서 흔히 하는 아이디어 회의를 봐도 그렇다. 회의하기 전 공지를 하는데, 사전에 아이디어를 다섯 개씩 준비하여 참석하라고 하는 경우가 대부분이다. 그리고 회의를 진행할 때에도 누구 아이디어 중 첫번째 것이 좋다는 방식으로 평가한다. 아이디어를 독립된 단단한 벽돌 같은 것쯤으로 생각한다는 것이다.

우리는 이렇게 아이디어를 문제의 답으로 생각한다. 그러나 생각은 이미 정해져 굳어버린 물질이 아니라 화학작용을 통해 새롭게 탄생하는 것이다. 흰색에 검정색을 넣어 회색을 만드는 것이 생각이다. 아무 준비 없이 참석해서 누군가 던진 말이 다른 사람에게 자극을 주어 거기서 한 가지 더 생각하게 하고, 그 의견에 또 누군가 의견을 보태는 과정을 통해 전혀 다른 아이디어가 나오는 것이다. 조직적 화학 반응, 우리는 이것을 집단지성이라고 한다.

생각의 기쁨이 일상이 되지 못하는 것은 자기 생각을 고집하기 때문이다. 대부분 사람들은 생각을 오직 자기 힘으로 해결하는 것이라고 생각하며 끙끙거리고 스트레스를 받는다. 그렇다 보니 생각 자체가 스트레스라고 생각하면서 생각하는 것을 꺼린다. 그러나 세상의 어떤 생

지시 말고 질문하라

각도 앞선 거인의 도움 없이 탄생된 것은 없다. 대과학자 아이작 뉴턴도 "내가 멀리 볼 수 있었던 것은, 거인의 어깨에 서 있었기 때문이다."라고 했다. 앞선 거인들의 도움 없이 혼자의 힘으로 위대해진 사람은 없다는 것이다.

그토록 대단한 사람도 자신의 시대를 앞서 살아간 거인들을 따라하고, 그들이 만든 결과를 흡수하다가 어느 순간 자기의 생각을 찾게 된 것이다. 그러니 지금보다 더 좋은 생각을 하려면 앞서간 사람들이 간 길을 따라가는 것을 두려워하고 모방이라고 폄하할 일이 아니다.

먼저 자기가 관심 있는 분야의 거인들을 찾아야 한다. 그리고 그 중에서 내가 정말 닮고 싶은 거인을 정하고, 최선을 다해 그를 따라하고, 모방하고, 흡수해야 한다. 거인을 만나는 방법은 많다. 거인들이 남긴 족적을 따라가면 된다. 거인의 책을 읽고, 특히 회고록이 있으면 필독하면 좋다. 그가 남긴 메시지를 모아 정리하며 따라하는 것도 좋다. 그의 철학과 사상을 따라가는 것이다.

나도 그랬다. 나는 자기 주도적인 삶을 살기 위해 변화관리에 관심이 많았는데, 이때 생소하던 변화관리 분야에 새로운 길을 개척하고 있던 변화관리 전문가 구본형 소장을 만났다. 나는 그가 걸어온 길과 걸어가는 길을 따라갔다. 그의 모든 책을 읽고 그가 하는 대로 따라했다. 새벽 4시에 일어나 읽고 쓰기를 했고, 그가 진행하는 프로그램에 참여하고, 프로그램 계발에 참여했다. 그의 독서 방법을 모방하고 가끔은 그와 밤이 깊어가는 줄 모르고 이야기를 나누었고, 그가 했다는 지리산 단식원에 들어가 단식하며 생각을 정리하기도 했다. 나의 첫

책은 그의 모방이다. 물론 한 사람만 따라한 것은 아니다. 신영복 교수의 단어도 베껴 쓰고 모방하고 따라했다. 그러다 보니 어느덧 내 생각이 담긴 한 권의 책이 되었다.

그리고 보면 처음부터 거대한 사람은 없었던 것 같다. 모두 모방의 시절을 거쳤을 것이다. 그러니 우리처럼 평범한 사람들은 모방하고 따라하는 것을 부끄러워할 이유가 없다. 따라하고 모방하면서 생각의 틀을 만들고 시간의 검증을 받으면 된다. 이런 작업을 반복하며 새로움에 새로움을 더하는 것을 게을리하지 않으면 자연스럽게 내가 누구인지 말하게 될 날이 온다. 그리고 또 나를 닮고 싶고 나를 따라하는 사람이 있을지 모른다. 조직은 이런 모습이 선순환될 때 발전한다.

그럼 생각의 기쁨이 우연이 아닌 일상이 되게 할 수는 없을까? 있다. 더 좋은 방법을 찾듯 더 좋은 생각을 하면 된다. 그러기 위해선 먼저 생각의 재료가 풍부해야 한다. 생각의 양은 어휘력과 비례한다는 말이 있듯이 좋은 생각을 위해선 좋은 재료가 풍부해야 한다. 풍부한 어휘력이 풍부한 상상력을 낳는다. 우리가 책을 읽는 이유가 여기에 있다.

'우리가 읽는 책이 우리의 머리를 주먹으로 한 대 쳐서 잠에서 깨우지 못한다면, 도대체 왜 그 책을 읽는 거지?... 책이란 무릇, 우리 안에 있는 꽁꽁 얼어버린 바다를 깨뜨려버리는 도끼가 아니면 안 되는 거야.'

-1904년 1월, 카프카

카프카가 말했듯이 책은 도끼가 되어 얼어붙은 감성을 깨우고 생각을 깨워준다. 그러니 한 권의 책도 읽지 않으면서 생각이 깊어지기를 기대해선 안 된다.

좋은 생각은 화학 작용을 통해 태어난다

생각에 어떤 법칙이 있는 것은 아니다. 좋은 생각이 떠올랐던 순간을 기억해보자. 언제 어디서 무엇을 할 때 생각이 떠올랐다면 어떤 법칙이 있을 수 있지만 생각은 때와 장소를 가리지 않고 떠오른다. 어떤 때는 지하철 안에서도 떠오르고 어떤 때는 화장실에서 또는 길을 걷다가 생각이 떠오를 때도 있다. 그러니까 좋은 생각은 때와 장소에 있는 것이 아니다. 내가 해결해야 할 문제를 내가 얼마나 간절히 원하는가에 따라 좋은 생각이 떠오르는 것이다.

그리고 그것에 불을 붙일 연료가 풍부해야 한다. 그래야 어느 순간 의도했든 의도하지 않았든 영감이 땔감에 불을 붙인다. 그러니까 생각이란 어떤 법칙에 의해서가 아니라 해결하고자 하는 문제와 내 안에 쌓여있는 재료들이 혼돈과 결합의 과정을 거치면서 탄생하는 것이다. 그러므로 좋은 생각을 위해선 신선하고 좋은 재료, 즉 새로운 지식이나 좋은 경험과 같은 인풋이 많아야 한다. 조직에서 좋은 아이디어를 많이 내놓는 사람을 보면 신선한 재료를 받아들이는 활동을 게을리하지 않는 사람들이란 것을 알 수 있다.

사람마다 지적 호기심을 채우는 방법은 각자 다르지만 스피노자가 한 말을 기억하면 좋다. "나는 깊게 파기 위해서, 넓게 파기 시작했다."

땅을 파본 사람은 안다. 아니 파보지 않아도 알 수 있다. 처음부터 깊게 파면, 깊게 파는 데 한계가 있다는 것을. 깊게 파기 위해서는 일단 넓게 파야 한다. 독서도 그렇다. 예를 들어 좋은 마케터가 되려면 마케팅 관련 서적만 보는 것이 아니라 심리, 기술, 통계, 인문 등 관련 서적을 함께 보는 것이다.

마케팅 하나만 알면 아무것도 할 수 없다. 소비심리를 알아야 현재의 소비 수준을 뛰어넘는 소비자를 이해할 수 있다. 기술을 알아야 소비자들에게 전과 다른 새로운 차원의 경험을 줄 수 있다. 스마트 워치와 같이 기술 기반의 제품에 소비자는 매료하고 있고, 그 기술을 자신의 경험으로 소유하고 싶어한다. 테크피리언스란 말이 있듯이 기술을 기반으로 하는 경험은 이제 마케팅의 가장 중요한 요소다.

또한 통계를 알아야 빅데이터를 이해할 수 있고, 인문을 통해 소비자의 욕망을 읽을 수 있다. 그러니 한 가지만 깊이 파면 우물에서 하늘을 보는 개구리와 다르지 않게 된다.

리더가
생각해야 할 것들

가정(假定)을 버려라

질문을 위한 좋은 생각을 위해서는 먼저 가정을 버릴 수 있어야 한다. 가정은 사실도 아니면서 기정사실처럼 생각하는 것이다. 분명하지 않은 것이 사실처럼 분명해지는 이유는 우리들의 가정이 보편적 기준을 벗어나지 못해서다. 그래서 가정은 창의적인 생각을 하고, 받아들이는 데 불편하게 만든다.

콜럼버스의 신대륙 발견을 놓고 콜럼버스를 헐뜯는 사람들이 많았다. 어떤 사람이 말했다. "자네 아니면 신대륙을 탐험할 사람이 없겠는가? 아무라도 배를 몰고 대서양 서쪽으로만 가면 신대륙을 발견하게 될 텐데..."

이 말에 콜럼버스는 껄껄 웃으며 대답하였다. "그렇다면 당신은 달걀을, 뾰족한 곳이 밑으로 가게 탁자 위에다 세울 수 있겠소?"

"뭐라고? 탁자 위에다 달걀을 세우라고? 그까짓 걸 왜 못해!"

큰소리치던 사람과 듣고 있던 사람들이 제각기 애썼으나 아무도 달걀을 세울 수는 없었다.

그러자 콜럼버스는 정색을 하고 일어나 달걀의 뾰족한 부분을 탁자 위에 툭 쳐서 약간 깨뜨린 다음 똑바로 세웠다.

그러자 많은 사람들이 "그렇게 세우는 거야 누가 못 해!"라고 말했다.

"바로 그것이오. 누가 세운 뒤에는 아무라도 쉽게 세울 수 있지요. 새로운 땅을 발견하는 탐험도 이와 마찬가지가 아니겠소?"

이렇듯 누구나 할 수 없다고 가정하면서 누가 하게 되면 아무라도 쉽게 할 수 있다고 생각한다. 가정은 우리 마음속에 형성된 보편적 기준이 만들어 낸다. 이런 가정을 통해 일을 대하고 예측하고 판단한다. 가정을 많이 하면 할수록 예측한 것만 생각하고 예측하지 못한 것은 놓치기 쉽다. 그리고 과거에 어떠했기 때문에 미래에도 그럴 것이라고 가정한다. 하지만 그렇게 생각하기에는 세상은 너무도 빠르게 변하고 있다. 이제 가정은 100% 틀릴 가능성이 높다.

이런 면접이 있다. 면접관 앞에 탁자와 의자가 놓여 있고, 탁자 위에 수프 한 그릇이 놓여 있다. 그리고 친절하게도 그 옆에 소금도 있다. 면접관이 "수프 먼저 먹고 하자."고 한다면 그대는 어떻게 하겠는가? 만약 수프를 맛보기도 전에 소금을 친다면, 안타깝게도 탈락이다.

발명가 토마스 에디슨은 수프를 먹기 전에 소금을 넣는지 안 넣는지를 살펴보는 것이 전부인 면접으로 '예측불허 지수'가 높은 신입사원을 가렸다고 한다. 맛을 보기 전에 소금을 넣지 않는 사람이 훨씬 많은 가능성을 가지고 있다고 본 것이다. 편견이나 고정관념을 갖지 않고 예단하지 않는 사람이야말로 '예측불허'의 성과를 이뤄낼 수 있다고 본 것이다.

조직의 모습이 어제도 오늘도 똑같다면, 현재 상황에서 맛을 보기 전에 소금을 치는 가정들을 버려야 한다.

관계론적으로 생각하라

우리는 지금을 초연결 사회라고 한다. 이것은 독립된 존재의 가치가 가벼워졌다는 것을 의미한다. 그렇다면 우리는 무언가를 알기 위해 고심하는 것이 아니라 어떤 것과 관계되고 연결되었는지를 생각해야 한다.

지금까지는 '누가, 어떤 기업, 어떤 고객이'처럼, 개인과 기업, 고객이라는 각각의 존재와 그 특성에만 주목했다. 이러한 존재적 사고는 독립된 사물을 분석적인 눈으로 보는 것이다. 우리는 대상이 무엇이든 분석하는 것이 우선이었다. 사물 자체에 많은 주의를 기울였다. 그래서 상품을 분석하고, 고객을 분석하고, 기업을 분석하고, 상황을 분석하였다. 그러나 이것은 부분을 합하여 전체를 파악하려는 것과 같다.

이제는 생각을 바꿔야 한다. 초연결 사회의 '연결'은 너무 다양하게 변하고, 너무 빠르게 진화하고, 또 일시적이기도 하다. 우리가 존재 자체에만 집중하면 이런 변화의 속도를 놓치기 쉽다.

관계론적 사고는 독립된 사물의 힘보다는 외부 환경, 즉 사물과 연결된 것에 주의를 기울이는 것이다. 관계를 만드는 연결은 시간, 공간, 대상에 따라 끊임없이 변하기 때문에 연결되는 대상을 염두에 두고 생각해야 한다. 이것은 전체를 보고 부분을 확대하는 방식이다.

존재론적 사고와 관계론적 사고에 대한 좀 더 깊은 이해가 있어야 생각과 질문으로 이어질 수 있다. 특히 신영복 교수의 해석이 설득력이 있는데, 신영복 교수는 유럽 근대사의 구성원리가 '존재론'인데 반해, 동양의 사회 구성원리는 '관계론'이라고 말했다.

존재론에서는 세상의 기본 단위를 개별적인 존재로 인식하고, 그 존재가 자기 증식이라는 운동 원리로 성장하며, 존재들 간의 충돌을 최소화하는 것이 사회의 질서를 유지한다고 보고 있다. 반면에 관계론에서는 배타적 독립성이나 개별적 정체성에 주목하지 않고, 존재의 '관계'가 바로 그 존재의 본질을 가장 잘 설명한다.

이런 인식의 차이는 예를 들어 원숭이, 바나나, 판다 셋을 나열하고 이 중 유사한 둘을 묶어 보라고 하면, 서양인은 원숭이와 판다를, 동양인은 원숭이와 바나나를 묶는 것과 같다. 각 사물의 개별적 존재를 중시하는 서양인은 같은 동물이라는 이유로 원숭이와 판다를 묶고, 관계를 중심으로 생각하는 동양인은 바나나를 먹는 원숭이를 묶는 식이다.

뿐만 아니라 서양인들은 회사를 주어진 업무와 기능을 효율적으로 하기 위하여 설계된 시스템으로 본다고 한다. 직원들은 기계나 다른 도구의 도움을 받아서 이러한 기능을 수행하도록 고용되었고, 업무 수행의 대가로 월급을 받는다고 생각한다는 것이다. 이렇듯 서양인들은 사물을 주변 환경과 떨어진 독립적이고 개별적인 것으로 이해하고, 사물 자체의 속성으로만 설명하려 든다. 그렇다 보니 변화가 일어난다면 한 방향으로 일정하게 진행될 것이라고 믿는다는 것이다.

반면에 동양인들은 회사를 함께 일하는 사람들의 집단으로 인식한다. 직원들은 다른 직원들과 사회적 관계를 맺고 있으며, 회사의 기능은 그러한 관계들에 의해 좌우된다고 생각한다. 동양인들은 전체를 보기 때문에 사건을 사물과 전체 맥락을 연결하여 지각하는 경향이 있고, 수없이 많은 변화 요인들 간의 복잡한 상호작용을 원인으로 생각한다.

지금까지는 서양의 시선이 맞았다. 사물의 속성들에 대한 의식적인 경험만으로도 충분히 가치를 파악할 수 있었다. 이는 사물의 가치를 분석하고 파악하는 것이었고, 변화는 한 방향으로 일정하게 진행되었다. 그러나 사람과 사람, 사물과 사물, 사람과 사물로 이어지는 초연결 사회에서는 연관 없어 보이는 것들을 연결하여 연관성을 찾아내는 '관계론적 사고'가 중요해졌다. 닮지 않은 사물 사이의 '기능적인 닮음'을 찾아야 하는 것이다.

연관 없는 것에서 연관성을 찾아내는 것이 창의적 사고다. 이미 경쟁은 전혀 예상하지 못한 업종으로 확대되었고, 전혀 다른 연결 고리를 찾아 새로운 아이템을 찾고, 다른 영역에 속하는 재료를 결합해 신사업을 시작하고 있다. 연관 없어 보이는 것들도 연결의 목적을 알게 되면 연결의 이유가 만들어진다. 우리의 생각도 이래야 한다.

역발상을 하라

지금과 같이 불확실한 위기 상황을 어떻게 벗어날 수 있을까? 방법은 위기를 기회로 만드는 역발상에서 찾을 수 있다. 역발상은 지금의 위기 상황에 대해 원인이 명확하게 파악되었다면, 반대되는 상황이 될 경우를 파악해보는 것이다. 또한 편견이나 고정관념처럼 굳어버린 것을 파괴하는 것이다.

우리의 뇌는 색다른 자극이 들어오지 않으면 늘 익숙한 방식으로만 반응한다. 익숙한 자극이 뇌 안으로 입력되면 뇌 안의 프레임은 기존의 경험을 통해 알고 있는 정보나 이미지를 조합하여 뭔가를 생각한다. 이미 뇌 안에 형성된 프레임, 즉 고정관념을 근간으로 습관적으로 반응한다는 것이다.

그러니 우리가 고정관념을 가지고 생각하는 것은 어쩌면 당연한 일이다. 그러나 지금까지 경험하지 못한 낯선 환경과 자극이 입력되면 뇌는 비로소 머리를 쓰기 시작한다. 또한 한계 상황에 놓이거나 절박한 상황에 몰리면 기존의 정보나 경험적 기억에서 벗어날 수 있다고 판단한다. 이미 있는 정보나 생각으로 이제까지 경험해보지 못한 위기나 한계 상황을 돌파할 수 없다는 판단을 내리면 신기하게도 다른 방식으로 뇌가 작동하기 시작한다는 것이다. 기존의 생각과 경험을 동일한 방식으로 조합하는 것이 편견이고 고정관념이라면 지금까지 조합해보지 않은 방식으로 연결하고 조합하는 것은 역발상이다.

역발상은 무엇이든 반대로 생각하는 반어법적 상상이 아니다. 모순, 접목, 상상을 통해 새로움을 추구하는 당위성이 있어야 한다. 다른 사람의 생각을 무조건 거꾸로 혹은 반대로 하는 것이 반어라면, 논리와 타당성으로 설득력을 갖추면 역설이 된다. 이렇게 역설적으로 모순을 접목하여 상상하면 역발상으로 이어진다.

예를 들어 안경은 테가 있어야 한다. 그런데 '안경+테'라는 고정관념에 시비를 걸고 모순을 접목하니 '안경+무테'가 되어 테 없는 안경이 탄생했다. 배 건조도 마찬가지다. 기존에는 '배 건조는 바다에서 해야 한다'라는 고정관념을 가지고 있었지만, '육지에서 건조'한다는 모순을 접목하여 상상한 것이 오늘날 육지에서의 배 건조를 가능하게 만들었다. 이렇게 창조를 낳는 역발상은 모순을 접목하여 상상하면 쉽게 접근할 수 있다.

위기를 기회로 만든 역발상의 사례로는 일본 아오모리 현 사과가 있다. 아오모리 현은 사과 산지로 유명하다. 그런데 수확을 앞둔 1991년 어느 날, 큰 태풍이 몰아쳐 사과의 90% 이상이 떨어지고 말았다. 사과 농사를 통해 한 해를 먹고 살던 농민들은 기운을 잃고 한탄과 슬픔에 빠졌다.

그런데 한 농부는 여기에서 역발상을 해낸다. 그 시기에는 입시경쟁이 아주 치열했다. 그는 태풍에도 떨어지지 않는 10%의 사과를 통해 입시에서 떨어지고 싶지 않은 사람들을 연상해냈다. 그 결과 사과는 10배 비싼 가격에 팔려나갔고, 예년보다 더 큰 이익을 낼 수 있었다.

뿐만 아니라 노인 케어시스템 하면 노인들을 편하게 모시는 시설로 생각하는데, '알파인 케어 빌리지'라는 곳은 노인을 과보호하는 것이 가장 좋지 않다는 생각으로 일부러 언덕이나 계단을 만들어 근육 트레이닝을 시키고, 직접 농사를 지어 식품을 조달하게 하고, 식사 시간이 되면 노인들 스스로 그릇에 밥을 담고 배식하게 했다. 또한 노인들에게 도박과 스포츠를 권장하여 치매를 예방하게 하는 복지 시설을 만들었다. 기존의 노인 케어 센터와는 정반대의 발상으로 재활 비율이 획기적으로 향상되었다고 한다.

이렇듯 역발상은 당연하다고 생각하는 현상들을 의심해보고 시비를 걸어 넘어뜨리는 것이다. '벽을 눕히면 다리가 된다.'라는 말이 있다. 미국의 인권 운동가 안젤라 데이비스가 한 말로, 편견이나 고정관념의 벽을 눕힐 수 있다면 그것은 다른 세상으로 가는 다리가 될 수 있다는 뜻이다.

유추하라

유추란 둘 혹은 그 이상의 현상이나 복잡한 현상들 사이에서 기능적 유사성이나 일치하는 내적 관련성을 알아내는 것을 말한다. 여기서 유사성은 닮지 않은 사물 사이의 기능적인 닮음을 말한다. 색이나 형태처럼 관찰에 근거한, 사물들 사이의 유사점을 말하는 닮음과는 다르다.

유추가 중요한 이유는 이것이 단순한 유사성을 드러내서가 아니라 추상적 기능 간의 드러나지 않은 관계를 보여준다는 데 있다. 의사들의 필수품인 청진기의 발명 사례를 보면 이해할 수 있다.

청진기는 1816년 라에네크에 의해 발명되었는데, 그는 우연히 아이들의 노는 모습을 보고 아이디어를 얻는다. 어느 날 놀이터에서 시소를 타던 아이가 긴 나무 막대를 못으로 박박 긁으면 반대편에 있던 아이가 판자에 귀를 대고 듣는 타전 놀이를 하던 것을 보게 된다. 호기심이 생긴 그는 그 놀이를 따라하다가 판자에 귀를 대어보니 상대편 못 긁는 소리가 크고 똑똑하게 잘 들리는 것을 알게 되었다.

평소 여자 환자의 가슴에 귀를 대기가 난처했던 그는 다음날 자신의 진찰실에서 종이를 말아 여러 가지로 실험을 하여 나무 막대기로 긴 원통형의 '가슴 검사기'를 고안했는데 이것이 청진기의 원조가 된다. 이렇듯 유추는 기능적 유사성이나 내적 관련성을 알아내는 것이다.

유추를 통해 새로운 이해의 세계로 도약한 사람들 중 으뜸은 헬렌 켈러다. 알다시피 헬렌 켈러는 심장병을 앓은 후 19개월이 되던 때 시각과 청각을 잃었고, 말도 하지 못하는 장애를 갖게 되었다.

그녀가 이런 장애를 극복할 수 있었던 것은 '유추'를 활용했기 때문이었다. 헬렌 켈러는 듣지 못하면서 말을 배웠고, 보지 못하는데도 읽고 쓰는 능력을 익혔다. 순전히 점자만을 통해 몇 개의 국어를 읽을 수 있었고, 설득력 있는 글을 쓸 수 있었다. 이것은 보고 듣는 세계와 이것이 차단된 세계 사이에서 유추적인 상상력을 작동한 결과라고 할 수 있다.

"예를 들어 나는 기분이 좋아지는 향기의 종류와 농도를 '관찰'한다. 이것은 다양한 색의 종류와 내 눈이 어떻게 매혹당하는지 상상할 수 있게 한다. 그 다음 나는 생각의 빛과 한낮의 빛 사이의 유사성을 추적한다. 그리고 인간의 삶에서 빛이 얼마나 소중한지를 예전보다 더 뚜렷하게 인식하게 된다." 그녀는 이런 식으로 자신의 지적 확장을 이루었다.

헬렌 켈러가 장애인이면서도 유추할 수 있었던 것은 보고 들을 수 없었던 것과, 맛, 냄새, 느낌으로 알았던 것들 사이에서 수많은 연상과 유사성을 이끌어낼 수 있었기 때문이다. 그녀에게 유추는 자신이 지각할 수 있는 것들과 없는 것들의 유사성을 만들어내 직접 접근할 수 없었던 광범위한 정보를 습득하는 주요한 도구였다.

이처럼 유추는 우리들의 삶에서 상상력을 가장 크게 동원하는 생각의 도구 중 하나이다. 세상의 많은 발명품과 제품들도 자연이나 사물에 대한 유추의 결과들이다. 진공집게나 착유기는 거머리를 기계적으로 유추한 것이고, 가방이나 신발 등에 다양하게 사용되는 찍찍이도 옷에 달라붙는 도꼬마리에서 유추한 것이다. 뿐만 아니라 부산의 영도다리와 같은 도개교는 사람의 눈꺼풀을 모델로 유추한 것이다.

그러니 사물을 볼 때, '그것이 무엇인가'가 아니라 '그것이 무엇이 될 수 있을까'에 착안해야 한다. 그래야 사물을 전혀 새로운 방식으로 볼 수 있다.

결국 우리의 생각을 구속하거나 자유롭게 하는 것은 감각이 아니라 유추를 통해 미지의 것들을 조명하는 능력에 있다.

5장

리더 유형에 따른
질문형 리더가 되기 위해
갖춰야 할 자세

나는 모든 일에
질문을 던지는 성격 덕분에
지금의 성공을 이룰 수 있었다.

래리 앨리슨(Oracle 창업자)

완벽주의 리더가
갖춰야 할 자세

모든 걸 다 알려고 하지 마라

처음 리더가 되면서 가장 당혹스러운 것은 경영진이 참석하는 자리에서 자기 부서의 업무를 구체적으로 알고 있어야 하는데, 제대로 파악하고 있지 못했을 때다. 그래서 리더들은 흔히 모든 답을 다 알고서 회의에 참석해야 한다고 생각한다. 하지만 모든 것을 파악하고 알고 있다는 것 자체가 끝도 없을뿐더러 모든 것을 다 알고 있는 사람은 아무도 없다.

그렇다 해도 대부분 리더가 되면 사다리의 높이만큼 아는 것도 많아야 한다는 생각이 지배적이다. 많이 알지 못하면 능력이 없다고 스스로 자격을 의문시하는 경향도 있다.

산업화 사회나 농경사회에서는 리더가 더 많이 알아야 하는 것이 당연했다. 경험과 앎이 비례했기 때문이다. 그렇다 보니 리더가 책임감에 모든 것을 알고 파악하고 통제하는 게 당연하다고 생각했다. 하지만 이런 생각은 팀원들의 의견을 무시하고 생각을 내놓지 못하게 만들었다.

이제는 달라져야 한다. 리더에게 있어 중요한 것은 모든 것을 다 알고, 모르는 것을 숨기는 것이 아니라 내가 모르는 것을 팀원들이 알아낼 수 있도록 하는 것이다.

찰스 도지슨의 〈거울나라의 앨리스〉에서 앨리스가 붉은 여왕과 만나 벌이는 에피소드의 한 장면이 있다. 이 대목에서 리더 자신과 구성원들의 모습을 생각해 볼 수 있다.

그런데 정말 이상하게도 그들 주변에 있는 나무며 다른 것들의 위치가 전혀 바뀌지 않았다. 그들이 아무리 빨리 달려도 어느 것 하나 뒤로 젖히고 앞으로 달려나갈 수 없을 것 같았다.

"모두 다 우리를 따라 움직이는 걸까?"

앨리스는 어리둥절해져 생각했다. 여왕은 앨리스의 생각을 눈치챈 것 같았다. 여왕은 다시 소리쳤다.

"더 빨리! 아무 말 하지 말고!"

앨리스는 왜 빨리 달려야 하는지 도무지 알 수가 없었다.

4차 산업혁명으로 세상이 변하여도 별 반응이 없던 사람들이 코로나 이후 급변한 변화에 어떻게 해야 할지를 모르고 있다. 각자의 분야에서 큰 성과를 이룬 사람들조차 힘들게 경력을 쌓으며 축적한 경험이 더 이상 작동하지 않는다고 한다.

간혹 앙상한 과일나무에 썩은 과일이 말라붙어 있는 것을 볼 수 있다. 오래 붙어 있으려는 고집과 집착 때문에 썩게 된 것이다. 그러나 잘 익은 과일은 항상 때를 맞추어 떨어진다. 이처럼 이미 알고 경험한 것들로 인해 확고해진 답에 집착하지 말고, 버려야 새로운 생명, 새로운 젊음을 얻는 길임을 알아야 한다. 다 알아야만 한다는 생각을 버려야 더 알 수 있고, 자신이 모른다는 사실을 아는 사람만이 배울 수 있다.

일찍이 한비자도 "하질의 군주는 자기 능력을 다하고, 중질의 군주는 다른 사람의 힘을 다 쓰며, 상질의 군주는 다른 사람의 지혜를 다 쓴다."고 했다.

모든 것을 알고, 완벽하며 문제가 하나도 없는 리더는 없다. 문제와 환경을 제대로 알고, 내가 해결할 수 있는 일과 없는 일을 구분하고, 구성원들과 함께 하려고 하는 자세가 더 중요하다.

완벽주의에 빠진 리더들은 늘 분주하게 움직이고, 자신에 대한 불평과 구성원에 대한 불만이 가득하다. 할 수 있는 것보다 더 많은 것을 하려 하고, 작은 일을 자기 식대로 크게 확대해석한다. 구성원들에게는 지나치게 높은 기준을 부과하고 미치지 못하면 무능하고 한심하게 생각하며 사소한 실수에도 강박적으로 반응한다.

그런 리더 밑에 있는 구성원은 당연히 어려움을 겪을 수밖에 없다. 리더의 눈치만 살피다 정작 중요한 일을 소홀히 하게 된다. 리더의 마음을 100% 읽고 100% 맞히기란 현실적으로 불가능하기 때문이다.

특히 완벽주의자 리더들의 문제는 사태를 늘 흑백으로만 보는 것에 있다. 상황이란 늘 '완벽' 아니면 '불완전' 뿐이기 때문이다. 접점이 없고 제3의 대안을 생각하지 않는다. 그렇다 보니 구성원들에게 질문한다는 것은 생각할 수 없다.

또한 완벽주의자 리더는 내가 아닌 다른 사람을 의식하면서 스스로 완벽하지 못한 것에 힘들어한다. 완벽에 대한 강박도 비교하고 비교되는 자존심에서 비롯된다. 자존심은 방어적이고 경쟁심을 유발한다는 면에서 부정적이다. 자존심이 가득 찬 사람은 의식의 성장이 차단된다. 자신의 약점이나 부족을 부정하기 때문이다. 뿐만 아니라 자존심은 진실한 성장을 만들어 낼 수 있는 내면의 힘을 가로막는다.

완벽하려고 하는 것은 나의 성장을 막는 벽이다. 완벽하려고 하면 할수록 소통과 교류를 막는 벽은 더 견고해진다. 이렇게 견고해진 벽으로 둘러싸이면 타인과의 관계는 물론 지적 통섭을 거부하게 되면서 끝내 자기 안에 갇히게 된다. 벽의 기능은 그 속의 것을 한정하는 데 있다. 시야를 한정하고 수족을 한정하고, 사고를 한정한다. 한정한다는 것은 작아지게 하는 것이다. 리더 스스로 작아지고 외롭다고 생각하는 이유다. 그러나 어떤 의심도 허용되지 않는 고립은 세상의 변화에 무디어져 가고 밖에서 어떤 일이 벌어지고 있는지도 모르게 한다. 이런 무지(無知)로 인해 불안과 두려움을 느끼고 두려움은 더욱 완벽을 추구하게 한다.

이러한 두려움의 치명적 약점은 창조성을 죽인다는 것이다. 두려움 속에 있는 사람은 육체적 분주함 속에서 자신의 불안을 잊으려고 하고, 더 많이 알고, 더 완벽해지려고 하는 데 모든 시간을 쏟는다. 누구보다 열심히 산다는 것은 분명하지만 완벽이라는 놈에게 발목 잡혀 한

발자국도 앞으로 나가지 못하면서 창조성을 잃게 된다.

실수를 하면서 새로운 것을 창조하기 위해 계속 도전해야 하는데 작업이 처음부터 완벽해야 한다고 생각하면 새로운 아이디어를 내거나 다시 시도하기가 어렵게 된다. 그러니 처음부터 잘해야 된다는 생각을 멈추고, 만족스럽지 않고 받아들일 수 없어도 완벽을 위한 노력을 요구하기보다는 여유로움을 찾아야 한다.

여유로움이란 스트레스를 주지 않고도 일을 잘 해낼 수 있다는 능력에 대한 신뢰감이다. 완벽하지는 않지만 결과는 좋을 것이라는 기대감을 갖고, 잘할 수 있을지 의심하지 않고 구성원들에게 자신감을 갖게 하는 것이 중요하다. 실패는 완벽을 가하지 않아도 되는 일에서 완벽을 추구하려고 할 때 일어난다.

그러니 자신의 불완전함을 자신의 일부로 인정해야 한다. 스스로 불완전함을 받아들이지 못하면 결코 발전할 수 없다. 빈틈없는 완벽이 우리를 발전시키고 성장시키는 것이 아니라 불완전함을 극복할 때 성장한다. 예측 불가능한 불완전함이 인간의 핵심이기 때문이다.

자존감이 높은 리더가 되어라

리더가 모르면 자존심이 상한다고 생각하지만 정작 중요한 것은 자존심이 아니라 자존감이다. 자존심은 내가 상대보다 잘났다고 생각하고, 지기 싫어하고, 더 나아 보이려는 마음에서 생긴다. 그러니까 상대적이다. 그러나 자존감은 자기 자신을 존중하는 마음으로 자신의 강점이나 긍정적인 모습은 물론 자신의 단점이나 부정적인 모습도 그대로 인정해 주는 것이다.

자존감이 낮은 리더의 경우, 경험과 전문적인 지식, 기술 등을 앞세워 자신을 부각시켜야지만 인정받고 존경받을 수 있다고 생각한다. 그러나 그것은 자기 자랑에 불과하며, 세상을 경쟁적인 시각으로 보면서 나타나는 열등감에 불과하다.

나는 이런 리더가 유능하다고 생각하지 않는다. 담당자로서 실무를 처리할 때는 그런 전문성과 기술 역량이 크게 좌우하지만, 리더는 부분이 아니라 전체의 힘을 이끌어내는 것이 더 중요하다. 리더가 자기 자랑만 하고 실무 능력에 집착하면 구성원들은 일을 하지 않고 리더의 능력에 기대려 하면서 위아래의 할 일이 바뀌게 된다. 그러니 리더는 혼자만의 힘으로 능력을 인정받으려 해선 안 된다. 구성원들로 하여금 저마다의 역량을 발휘하게끔 해줘야 한다.

그렇게 하려면 리더가 일의 방향을 구체적으로 제시해줘야 한다. 리더가 혼자 다 알고 말하는 것은 간섭이고 통제가 되지만 방향을 제시하면 전체가 하나가 되는 통섭이 된다. 이때 조직은 스스로 굴러가기 마련이다.

자존감이 높은 리더일수록 이기적인 자기를 넘어 보편적 가치로서 타인을 존중하고 서로의 자존감을 지키려 노력한다. 이런 마음이 구성원들의 역량을 최대한 발휘하게 하여 최고의 성과로 이어진다. 일반적으로 자존감이 높은 리더는 자기에게 솔직하고 자신의 부족을 배움의 기회로 삼으며, 스스로 옳다고 믿는 것에 대해 합리적인 의심을 하고 그 틀에서 벗어나 성장의 기회로 삼는다. 자존감은 타고난 기질이나

지지 말고 질문하라

성격을 바꾼다고 생기는 것이 아니므로 구성원 각자의 타고남과 역량을 믿고 표현하게 하고 존중하며 조직을 이끌어야 한다.

자기확신을 버려라

완벽주의자 리더의 또 다른 특징은 자기 확신이 강하다는 것이다. 가끔 단정적 종결어미를 즐겨 사용하고, 모든 행동에 확신이 가득한 사람을 보면 부럽다. 의사결정 하나 하는 데에도 이런저런 생각이 복잡해지는 것에 비해 뚜렷한 확신은 멋있고 진실에 가까울 것처럼 보이기도 하다.

그런데 이런 확신은 대부분 자기 경험에서 온다. 우리는 보통 어떤 상황이나 사물을 보면 쌓인 경험이 만드는 환상과 동시에 현실과 통합되어 의견이 만들어진다. 현실은 환상에 영향을 주고 환상은 지각된 현실 모습의 수정 작업을 통해 최종적인 의견이 만들어진다. 이때 지극히 주관적인 것이 객관성으로 위장해 확신에 찬 주장을 하게 된다. 특히 실무 경험이 많고 유능할수록 자기 확신이 강하다.

문제는 자기 확신이 너무 강하면 유능한 사람이 무능해질 수 있다는 것이다. 자기 경험으로 확고해진 정답 때문에 새롭거나 색다른 것에 내재된 불확실성을 찾지 못하면서 앞으로 나아가지 못하게 된다. 확신이 강하면 세상의 답을 자기 확신 하나만 있는 것으로 착각하기 때문이다.

그러나 세상의 정답은 하나만 있는 것이 아니다. 우리가 사는 세계는 그렇게 단순하지 않다. 빠르게 변하면서 세상은 복잡해지고 더 다양해졌다. 하나의 문제에 천 개의 답이 존재하는 사회가 되었다. 혼자만 잘나서는 아무것도 이룰 수 없는 사회다. 그렇기 때문에 리더 자신이 무조건 맞다고 생각이 들 때 반드시 '정말 그럴까?'라고 다시 한번 생각해봐야 한다. 아닐 수 있다는 생각, 자기의 생각이 틀릴 수 있다는 생각을 해봐야 한다.

무능의 시간이 있어야 더 유능해질 수 있다. 그렇지 않고 자기 확신이 강하면 강할수록 스스로 무능해지고 확신에 찬 답을 강요하면서 구성원들의 배움마저 막는다. 그것은 스스로 정답을 찾을 수 있는 기회를 빼앗는 일이다. 자신과 구성원 모두가 바쁘게 움직이지만 앞으로 나아가지 못하는 이유다.

처음 리더가 되면 알 수 없는 불안과 두려움이 생긴다. 이런 불안과 두려움은 '잘 할 수 있을까?'하는 마음과 '어떻게 해야 하나?'하는 마음의 불확실성에서 온다. 이때 대부분의 리더들은 자기만의 앎에 의존하며 두려움에서 벗어나려 한다.

그래서 많은 리더들이 자신의 경험과 학습으로 알게 된 것이 가장 안전하다고 생각한다. 또한 경험이 모든 것의 답이고 판단의 근거라고 생각하지만 경험에 지나치게 의존하게 되면 선입견을 키우게 된다. 커진 선입견은 다른 사람의 의견에 대해서도 자기 마음속에 굳어진 견해를 강요하게 만든다. 그러나 경험이 만든 안전지대가 지금과 같이 다양하고 급변하는 환경에서는 가장 위험지대가 될 수 있다.

당신은 어떤 리더인지 생각해보라. 직원들이 가져오는 보고서 하나하나 틀을 잡아주고, 잘못된 방식에 대해서는 그냥 넘어가는 법이 없이 친절하게 가르쳐주는 리더인가? 왜 이렇게 했는가를 묻고 다른 방법을 고민해보라고 하기보다는 자신의 방식을 강요하지 않았는가?

이런 리더가 있는 조직은 대부분 수직적이고 권위적이다. 그러나 아무리 수평적인 조직문화를 강조하고 교육해도 리더가 자기 경험만으로 리드하고 있으면 조직문화는 바뀌지 않는다.

리더가 성과를 내지 못하는 이유는 등불에 너무 의지하기 때문이다. 어린 시절에 경험한 일이지만, 한밤중에 등불을 켜면 한 치 앞의 길이 밝게 보여 넘어짐은 방지할 수 있었지만, 한 치 밖은 더 어둡게 느껴져 두려움이 더 커진 적이 있다. 유난히 밝은 눈앞만 따라 걷다 보면 주변 전체가 오히려 더 어두워진 느낌을 받아 아무것도 보이지 않게 되어 방향을 잃고 다른 길로 간 경험도 많다.

이렇듯 자기 등불에만 의지하다 보면 자기 불빛이 만든 프레임으로 인해 사람과 세상을 보는 틀, 해석하는 관점 그리고 이해하는 마음이 깊고 밝게 보이는 듯하지만, 오히려 지극히 좁고 협소한 영역만 밝게 보인다.

이런 리더의 밑에 있는 직원들은 자신이 생각했던 절차와 방식에 대해 말 한마디 못하고 무시되고, 갈수록 리더의 논리와 체계에 익숙해진다. 자신들의 생각을 이야기하기보다는 리더의 지시에만 익숙해지면서 업무의 질은 갈수록 떨어지고 일의 내용에 생각이 담겨 있지 않게 된다. 어차피 리더가 다시 고친다고 생각해 대충하고, 리더가 다 알아서 할 것이라는 생각에 자기 의견을 표현하지 않으면서 리더에게 모든 것을 떠맡기기 때문이다. 리더는 갈수록 더 지시하게 되고 작은 것까지 챙기는 관리자로 변해버린다.

그러므로 자기 등불이 밝으면 밝을수록 주변은 더 어두워지는 결과를 초래하게 된다. 그러나 등불을 끄면 작은 별빛만으로도 주변을 살필 만큼 밝아져 어둠 속을 두려움 없이 걸을 수 있다.

한비자도 군주에게 자기의 꾀를 버리라고 말했다. 그럼으로써 도리어 총명해질 수 있다고 말한다.

군주는 지혜를 버림으로써 도리어 총명해질 수 있고, 현명함을 버림으로써 도리어 공효가 있으며, 용기를 버림으로써 도리어 강해질 수 있다.

그리하여 현명한 군주의 도는 지혜로운 자들이 자신의 지략을 모두 사용하게 만들고 군주는 그에 따라 일을 결정하므로 군주는 지혜에서 다함이 없게 될 것이고, 현명한 자들이 그 재주를 다 부리도록 만들어 군주는 그것에 근거해서 임명하므로 군주는 재능에서 다함이 없게 될 것이다. (한비자 제5편 주도)

한 사람의 지혜는 늘 한계가 있다. 아무리 머리가 좋은 사람이라 할지라도, 잘 조직된 여러 사람의 머리를 당할 수는 없는 것이다.

종교에서도 가장 먼저 수행이나 참선 기도를 통해 실천하는 것이 하나씩 자기 등불을 꺼 가는 것이라고 한다. 자기 등불을 꺼 가는 방법은 먼저 가장 내가 믿고 확고하게 의지하던 것부터 하나씩 꺼 가는 것이다. 그러면서 나 혼자가 아니라는 생각을 갖는 것이다. 내 작은 등불이 하나씩 꺼지면서 많은 별빛이 살아나고 주변이 더 환하게 빛나면서 작고 한정된 생각이 넓고 깊어지는 순간이 오게 된다. 이때 내가 나를 드

자시 말고 질문하라

러내지 않아도 '나'라는 존재가 드러나고 조직은 힘을 가지게 된다.

힘의 속성은 단수로 존재할 수 없는 복수의 것이다. 힘은 항상 다른 것과의 관계 속에서만 작동한다. 아무런 관계가 없다면, 그리고 다른 힘이 없다면 힘은 존재하지 못한다.

이렇게 자신이 믿고 있는 등불을 꺼야 리더는 비로소 질문을 할 수 있다.

간단하게 정리하면 똑똑했던 리더가 성과를 내지 못하는 것은 첫째로 리더가 너무 똑똑하기 때문이고, 둘째는 듣지 않기 때문이다. 그러니 리더가 성과를 내고 조직을 앞으로 나아가게 하기 위해서는 자신을 내려놓아야 한다. 직원들이 자신들의 생각을 담아 주도적으로 일을 추진할 수 있도록 조직문화를 바꿔야 한다. 아무리 리더의 생각이 많고 역량이 높다고 하여도 조직과 직원들의 역량이 향상되지 않으면 성과를 창출할 수 없다. 혼자 모든 일을 다 할 수 있다고 생각하는 것은 착각이다. 같이 가야 가치를 만든다.

구성원들이 자유롭게 표현하게 만들어라

자기주장이 강한 리더는 대부분 상대를 배려하는 것을 잊는다. 상대방에 대한 배려가 상실된 상태에서 자신의 솔직한 감정과 생각을 표현하는 것은 자기주장이 되고 독선이 된다. 문제는 이런 상황이 지속되면 표현의 자유를 잃은 구성원들은 '보어아웃'에 빠지게 된다.

'보어아웃'은 일이 너무 많아서 생기는 '번아웃'과는 정반대로 일이 너무 없어서 생기는 현상을 말한다. 직장인에게 있어 최소한의 자기 표현력 상실은 의욕 상실로 이어진다. 자기 생각, 자기 역량을 표현하지 못하고 상사의 지시만 수용해야 하는 환경에서는 일이 지루하고 단조롭기만 하다. 이런 모습을 보고 대부분의 리더들은 구성원들이 게으르기 때문이라고 생각하지만 잘못된 생각이다.

잡코리아가 2020년 8월에 직장인 782명을 대상으로 '보어아웃' 현상에 대해 조사한 결과를 발표했는데, 직장인 중 41%가 보어아웃을 경험했다고 한다. 직급별로 보면 대리급 45.1%, 과장급 42%, 사원급 39.5% 순으로 나타났다. 직장인들이 보어아웃을 겪는 경우는 조금 상이했지만, 사원급은 '원치 않는 일을 하고 있어서'가 42.1%였고, 대리급의 경우는 '방치된 느낌이 들어서'와 '단조로운 업무만 하고 있어서'가 39.1%로 공동 1위에 올랐다고 한다.

여기서 중요한 것은 신입사원이 보어아웃을 느낀다는 것과 조직에서 실무적으로 가장 중추적이면서 일의 재미와 성취감이 높은 대리급이 보어아웃을 많이 겪고 있다는 사실이다. 원하지 않는 일을 하면서 수용에 익숙해지고, 시키는 일만 하면서 조직에서 존재감을 잃어 보어아웃에 빠지게 된다는 것이다. 특히 신입사원이나 대리급에서 보어아웃을 느낀다는 것은 리더가 일방통행으로 업무를 진행하고 있음을 반증한다. 이렇게 직장인들의 보어아웃 현상은 직장인 개인의 문제보다는 리더의 문제일 확률이 높다.

대부분의 리더들이 나는 아니라고 생각하지만, 한 번쯤 자기 조직의 회의 문화를 살펴보면 알 수 있다. 조용하고 아주 정숙한가? 아니면 시끌벅적한 토론장인가? 리더인 자신이 말을 많이 하는가? 아니면 많이 듣는 편인가? 대부분 리더들이 이구동성으로 하는 말이 있다. 누구는 말을 하고 싶어서 하냐고, 구성원들이 말을 하지 않으니까 어쩔 수 없이 자신이 말을 많이 하게 된다고 말이다. 그러나 리더 스스로 자신이 일방적이고, 지시적이란 것을 알게 되면 회의가 토론을 통해 의견을 수렴하는 자리가 아니라 업무 전달을 하는 자리였다는 것을 알 수 있다. 그런 의도를 알기에 구성원은 입을 다물고 받아쓰기만 하게 되는 것이다.

그럼에도 리더가 이런 회의를 진행하는 이유는 어디에 있을까? 이유는 간단하다. 먼저 리더 단독이 아니라 구성원들 의견을 수렴해 공동의 의사결정이 이루어졌다는 책임 공유에 있다. 두번째는 일방적이지 않고 민주적으로 의견을 수렴했다는 사실에 대한 단순한 '보여주기'이다. 마지막으로 자기 의견에 고개를 끄덕이며 열심히 받아쓰는 모습에 도취된 자기 과시 때문이기도 하다. 이런 회의가 진행되고 있다면 리더 혼자 일방통행을 하고 있다는 증거다. 이런 환경에서 구성원은 의욕을 상실하고 지루함을 느끼면서 보어아웃에 빠지게 된다.

조직이 성장하지 못하는 이유는 리더의 독선에 있다. 조직이 한 개인의 힘을 넘지 못하면 조직의 가치를 잃는다. 우리가 조직력을 배울 때 많이 듣던 '절전지훈(折箭之訓)'이라는 교훈에서 이를 살펴볼 수 있다. 아무리 보잘것없는 힘이라도 합하면 누구도 부러뜨리지 못할 정도로 커지지만, 아무리 힘이 강해도 혼자는 쉽게 부러진다. 힘의 속성은 단수로 존재하지 않기 때문에 조직을 만들어 힘의 확장을 이룬다. 그러나 아무리 큰 조직도 한 사람으로 움직이면 한 사람을 넘지 못하는 것이다.

조직이란 개인 없이는 존재할 수 없지만, 단순한 개인의 총화를 의미하는 것은 아니다. 인간이 조직을 형성하는 기본적인 이유는 분산된 각자의 총화 이상의 확대된 주체성으로 결합하려는 데에 있다.

그러니 조직이 확대된 주체성을 만들어내지 못하고 리더의 지시에 일사불란하게 움직이는 것도 의심해봐야 한다. 이런 조직은 군대나 다름없다. 군대의 특징은 복종과 일사불란함에 있다. 그러나 공교롭게도 우리가 군대 가기를 싫어하고 벗어나고자 하는 것도 군대가 추구하는 복종과 일사불란함 때문이다.

이렇게 복종과 일사불란함을 추구하는 문화는 개인의 생각을 허용하지 않고 상부의 명령만 존재한다. 또한 군대를 벗어나고자 하는 근본적인 이유는 바로 표현의 자유를 상실했기 때문이다. 지금 자신의 조직이 무기력하고 이직률이 높고 이직하고자 하는 구성원이 많다면 표현의 자유가 없기 때문이다. 리더가 죽어야 리더십이 산다는 말이 있듯이, 리더는 최대한 자신을 드러내지 않으면서도, 구성원들이 자율적으로 제 할 일을 하게 해야 한다. 표현의 자유가 있어야 건강한 조직이다.

그러기 위해서 리더가 몇 가지 자세만 바꾸면 된다.

첫째, 말을 줄여야 한다. 소통 총량의 법칙이 있다. 이는 두 사람의 말의 합을 말하는 것으로 한 사람이 말을 많이 하면 상대방의 말이 줄어든다는 것이다. 다시 말해 리더가 말을 줄이면 구성원들이 자연스럽게 말을 많이 하게 된다. 처음에는 모두가 어색할 수 있으나 침묵의 시간을

지시 말고 질문하라

참고 이겨내면 구성원들이 한 사람씩 자기 생각을 말하기 시작한다. 리더의 침묵이 금이 되는 순간이다. 그러니 먼저 말하지 말고 구성원이 먼저 말하게 기다려 줘야 한다. 그렇다고 토론의 목적을 이해하기 전에 구성원 모두가 차례로 자기 의견을 말하게 하는 것은 좋지 않다.

둘째, 지시하지 않고 질문하는 것이다. 질문은 너의 생각이 필요하다는 암묵적 의사이면서 상대방에 대한 신뢰다. 그러니 질문을 통해 상대방의 의견을 적극 경청해야 한다. 내가 듣고 싶은 것만 듣지 않고, 중간에 의사결정의 답이 떠오르는 경우가 있어도 내가 생각하는 답을 말하지 않고 끝까지 들어주어야 한다.

셋째, 혼자 하려고 하지 말고 권한을 위임하는 것이다. 구성원 개개인에게 조직을 위해 중요한 일을 할 수 있는 능력과 권한이 있다고 확신을 주어 개인의 강점을 최대한 발휘하게 해야 한다. 이로써 구성원의 잠재력을 개발하고 사기를 높일 수 있다.

넷째, 업무의 목적과 목표를 명확히 하는 것이다. 지금 우리 조직이 추진하고 있는 일의 이유가 명확하고 그 일로 인해 얻고자 하는 목표가 정직하다면 과정은 아름다울 수밖에 없다.

다섯째, 하는 일을 공유하고 공감할 수 있어야 한다. 어느 누구도 소통의 중요성을 부정하지 못한다. 그러나 소통이 서로 의사전달 수준에 머물러 있다면 공학적 의사소통을 벗어나지 못하고 있는 것이다. 소통은 의사전달 행위보다 공유(sharing) 행위로 보아야 한다. 뿐만 아니라 하는 일의 중요성과 관계에 대한 공감이 있어야 구성원들이 자율적 표현으로 이어질 수 있다.

모르면 물어보면 된다

연암 박지원은 "모르는 것이 있으면 길 가는 사람이라도 붙잡고 묻는 것이 옳다. 비록 하인이라 할지라도 나보다 글자 하나라도 많이 알고 있다면 우선은 그에게 배워야 한다... 법이 좋고 제도가 아름다우면 아무리 오랑캐라 할지라도 스승으로 삼아야 한다."라고 말했다. 공자도 〈논어(論語) 술이(述而)〉편에서 "세 사람이 길을 가면 반드시 나의 스승이 될 만한 사람이 있다"라고 하였으며, 당나라 한유(韓愈)도 〈사설(師說)〉이란 글에서 "나보다 먼저 태어나서도 도(道)를 들은 것이 앞서면 그를 쫓아 스승으로 삼을 것이요, 나보다 뒤에 태어났더라도 도(道)를 들은 것이 나보다 앞서면 또한 그를 쫓아 스승으로 삼을 것이니 나는 도를 스승으로 삼기 때문이다. 어찌 나보다 일찍 태어나고 늦게 태어난 것을 가지고 스승이라 할 수 있겠는가?"라고 말했다.

내가 알고자 하는 것을 먼저 아는 사람을 지위고하 남녀노소를 떠나 스승으로 삼으라는 말이다.

순자(荀子) 권학(勸學)에 나오는 청출어람(青出於藍)이란 말도 그렇다. '쪽에서 뽑아낸 푸른색이 쪽빛보다 더 푸르다'는 뜻으로, 제자가 스승보다 나음을 비유적으로 이르는 말이다.

조직에서 일을 잘하면 인정을 받고 승진을 하게 된다. 자연스럽게 더 크고 많은 일이 주어지고, 지금까지 경험하지 못했던 일도 하게 된다. 그러나 새로운 일과 확대된 분야를 맡으면 유능했던 내가 무능해진다. 비록 실무를 잘하여 인정받았지만, 바뀐 일이나 확대된 업무에 대해서까지 인정받은 것이 아니기 때문이다.

그러나 처음 리더가 되면 대부분 자신이 모르는 것을 팀원들에게 모른다고 말하지 못한다. 부하직원들에게 모른다는 사실을 인정하는 것을 부끄러운 일이라고 생각하기 때문이다. 처음부터 다 알 수 없다는 것을 인정하면서도 자신의 역량에 대해 스스로 의심을 갖는다. 그러면서 자기 역량이 과대평가되었다고 생각한다. 이런 이유로 승진에 대한 기쁨도 잠시 심한 리더 스트레스를 받게 된다.

리더 스트레스는 자신이 감당해야 하는 역할과 해낼 수 있다는 자신감의 괴리에서 온다. 자신을 인정하고 있는 사람들을 실망시킬 수 있다는 염려가 스트레스가 된다. 그러나 모름을 인정하는 것은 부끄러운 일이 아니다. 리더가 부하 직원에게 묻는 것은 왠지 능력이 부족한 것으로 생각할 수 있지만, 새로운 일에 대한 본질적인 질문을 할 수 있는 시기가 있기 때문에 용기 있게 묻고 경청하여 핵심을 바르게 파악하는 것이 좋다.

간혹 안에서 찾아야 하는 것을 밖에서 찾으려고 하는 사람이 있다. 구성원들에게 질문하면 바로 알 수 있는 것을 전문가를 찾아 답을 구하려고 하는 경우가 있는데 잘못된 생각이다. 조직 내에서 그 일을 하고 있는 담당자보다 더 전문가는 없다.

그런가 하면 자리가 사람을 만든다는 말을 믿는 사람이 있는데 위험한 생각이다. 눈치와 짐작으로 대충하려고 해서도 안 된다. 대충 넘어가려고 하는 것은 스스로 실력 없음을 보여주는 것이나 다름없기 때문이다. 그러니 용기 있게 모르는 것을 물어야 한다.

질문의 수준 또한 리더의 능력이다. 업무의 본질적인 질문을 통해 자신과 구성원들의 성찰의 기회로 삼을 수 있고, 정보가 공유되고 책임 또한 공유된다. 뿐만 아니라 구성원들이 조직에 필요한 일을 하는 데 중요한 것이 무엇인지 스스로 깨닫게 한다. 이런 과정에서 구성원들은 자부심과 긍지를 가지게 된다. 구성원들의 생각을 묻고, 견해와 의견을 소중하게 여긴다면 동기부여는 물론 긍정적인 태도를 갖게 된다. 질문이 상대방의 가치를 인정하는 것이다.

또한 리더는 질문을 통해 구성원들과 보다 의미 있는 대화를 나눌 수 있으며, 보다 적극적인 참여를 이끌어낼 수도 있다. 이때 구성원들은 리더가 질문하는 것을 능력이 없다고 생각하지 않고 자신들을 신뢰하고 있다는 생각을 갖게 된다. 그리고 감사와 존중을 받고 있다고 생각하기 때문에 업무에 자신감을 갖게 된다. 이런 자신감이 안정감을 느끼게 하고, 자신들의 장점에 보다 집중하게 되어 높은 성과로 이어진다.

특히 구성원들은 질문에 대한 수용력이 커지면서 일에 대한 책임감이 커지고, 리더는 주도적인 질문을 통해 여유를 가지고 유연하게 대처할 수 있다. 조급증이 사라지면서 리더가 언제나 답을 다 알고 있어야 한다는 생각도 하지 않게 된다. 그러면서 변화에 쉽게 적응하고 새로운 데이터와 현실에 침착하고 여유있게 받아들인다. 집중과 활력을 잃지 않고 변화의 요구에 능숙하게 대한다. 불확실성을 두려워하지 않고 성장의 기회로 받아들이고, 위기가 찾아와도 침착하고 명확한 사고를 잃지 않기 때문에 역경에서 흔들리지 않는 모습을 보여줄 수가 있다. 그러니 리더의 질문은 단순히 내가 모르는 것을 아는 것을 넘어 조직 전체에 더 큰 긍정적 효과로 이어진다.

그러므로 리더가 구성원들에게 질문하는 것은 실력 없음을 인정하는 부끄러운 일이 아니다.

나는 직장에서 많은 보직을 경험한 멀티플레이어였다. 리더 위치가 되면서부터 3년 단위로 순환 보직을 하게 되어 기업의 모든 보직을 경험했다. 그렇다고 눈짐작으로 대충 보직을 수행하지 않았다. 새로운 보직을 맡을 때마다 좋은 성과를 냈고, 변화와 혁신의 문화를 만들었다.

그런 실적과 문화를 만들 수 있었던 것은 바로 불치하문의 자세에 있다. 지방에서 처음 서울에 올라온 나는 모든 것이 생소하고 잘 몰랐지만, 대충 짐작으로 하지 않고 모르는 것은 알 수 있는 사람을 찾아 질문했다. 젊음은 젊은 직원들에게, 서비스는 서비스 담당, 기술은 기술 담당, 마케팅은 마케팅 담당, 미화는 미화 담당에게 물었다.

질문에는 지위고하가 없고 남녀노소가 없었다. 처음에는 모두가 어색하고 의아해했다. 지시에 순응하고 수용에 익숙한 문화에서 질문은 어울리지 않는 옷만큼이나 어색했던 것이다. 그러나 어울리지 않는 옷도 시간이 지나면서 익숙해진다.

나는 질문을 하면서 단순히 답만을 요구하지 않고, 생각과 의중을 물었다. 정해진 답보다는 질문을 통해 문제를 발견하게 하여 새로운 시선을 갖도록 했다.

우리가 앞으로 나아가지 못하는 것은 문제를 발견하기보다는 이미 정해진 답을 찾으려고 하기 때문이다. 나는 답과 원인을 찾기 위한 질문이 아니라 질문을 통해 문제를 발견하고 새로운 아이디어를 발상하게 했다.

　내가 얻고자 한 것은 구성원들의 기억이 아니라 내적 동력, 즉 생각이었고, 지식이 아니라 지혜였다. 지식이 밖에서 안으로 들어오는 것이라면, 지혜는 안에서 밖으로 나오는 것이다. 그래서 지식은 오프라인에 널려 있었지만 지혜는 그렇지 않았다. 우리가 구성원들로부터 얻고자 하는 것은 지식이 아니라 지혜다. 지혜를 얻는 것은 질문을 통해 가능하다. 이렇게 일에 구성원들의 생각과 지혜가 녹아들면서 성과로 이어졌다.

　구성원들은 나를 두려워하지 않았고, 정보는 수평으로 흘렀다. 누구든 자기 분야에 전문가가 되려고 힘썼고, 그런 만큼 자기 존재감을 가졌다. 존재감을 가진다는 것은 스스로 조직에서 존중받고 있다는 생각을 하고 자율적으로 행동하게 한다.

　자율성이란 우리의 삶과 일에서 선택권을 갖고자 하는 보편적 욕구다. 간혹 리더들이 직원들에게 자율성을 충분히 부여하고 있다고 생각하지만 이것은 타율적일 확률이 높다. 자율성이 의지와 선택권을 충분히 발휘하여 행동하는 것이라면, 타율성은 외부로부터 비롯된 압박감과 요구를 경험하고, 그 경험에 따라 특정한 결과를 내기 위해 행동하는 것이다.

　구성원들이 느끼는 조직 내 자율성이란 리더가 구성원들의 의견을 얼마나 고려하고 무슨 일을 어떻게 할지에 대한 결정권을 부여하는 것이다. 이것은 리더와 구성원 간 질문을 통해서 가능하다. 변화와 혁신 그리고 수평적 기업문화는 존재에 대한 인정과 존중받고 있다고 생각할 때 가능하다.

그러나 질문하지 않고 자신이 스스로 똑똑하다고 생각하는 리더는 다른 사람의 장점을 보지 못한다. 이런 리더는 다른 사람의 의견에서 장점보다 단점을 먼저 발견하기 일쑤다. 그래서 다른 사람의 의견에서 새로운 것을 배우려 하는 대신, 더 똑똑한 자신의 생각을 다른 사람에게 가르치려 들거나 논쟁을 벌여 상대방을 꺾으려 든다. 부하 직원을 경쟁의 대상으로 보기 때문이다.

리더가 구성원을 경쟁의 대상으로 삼는 것만큼 어리석은 짓은 없다. 그러나 생각보다 우리 주변에는 이런 리더가 많다. 조직은 이런 리더로 인해 앞으로 나아가지 못한다. 조직이 리더 한 사람의 생각을 넘지 못하기 때문이다. 그러니 모르는 것이 있으면 아는 구성원을 찾아 질문을 해야 한다.

특히 지금처럼 빠르게 변하는 디지털 시대에는 디지털 세대가 더 빛나고 적합하다. 그 시대에는 그 시대의 사람이 주도하는 것이다. 산업화 시대는 산업화에 적합한 사람이 주도했다면, 디지털 시대는 디지털 세대가 주도한다. 세상을 이해하는 능력과 관련해 세대 간 위치가 변환됐다. 많은 산업화 시대의 리더들이 세상 밖이 어떻게 돌아가고 있는지 제대로 파악하지 못하고 있는 반면, 디지털 세대들은 현재 급변하는 상황을 정확히 감지하고 돌아가는 상황을 더 빨리 포착한다.

지금 세상은 단순히 변하는 것이 아니라 탈바꿈이다. 이런 상황이 우리를 당혹스럽게 하는 건 오랜 경험으로 쌓은 직감이나 인사이트가 작동하지 않는다는 데 있다. 그러니 내 경험과 지혜를 의심하고, 빠르게 변하는 디지털 시대에 적응하기 위해서는 모르는 걸 인정하고 질문해야 한다. 질문은 이제 선택이 아니라 리더의 생존 영역이다.

시대의 주인공은 언제나 가장 늦게 들어온 세대가 차지하는 것이다. 가장 늦게 들어온 세대가 시대의 가장 앞에 서기 때문이다. 옛날이나 지금이나 배움은 앞선 자에게 배우는 것이다. 나보다 똑똑한 후배가 있으면 얼마나 좋은가? 모르면 물을 수 있으니 말이다. 그러니 불치하문(不恥下問)의 자세를 가져야 한다.

실천 모름을 말하는 용기를 갖는 법

직장에서 인사 이동으로 지금의 자리를 떠나 경험하지 않은 부서로 이동하거나 새로운 업무를 맡는 경우가 있다. 새로운 부서로 이동한 리더가 새로운 업무를 다 알 수 없는 일이다. 그렇다고 신입사원처럼 다시 시작할 수도 없다. 그뿐 아니라 급변하는 환경과 신기술, 새로운 트렌드, 신세대, 신문화 또한 다 알 수 없다. 그러니 이 상황을 받아들이면 된다. 그렇지 않고 모르는 업무를 아는 체한다거나 다른 직원에게 토스하면 리더를 불신하게 된다. 구성원들이 원하는 것은 리더가 다 알고 있는 것처럼 행동하는 것보다 모르는 것을 인정하고 함께 일하는 것이다.

그럼 어떻게 해야 용기있게 모른다고 말할 수 있을까?

첫째, 솔직하게 표현해야 한다. 모든 것을 알아야 한다는 생각에서 벗어나면 아는 것과 모르는 것이 명확해진다. 이 명확함을 그대로 표현하면 된다. 솔직하게 표현하면 스스로 정중하고 겸손해지고 상대방에 대한 배려심이 생긴다. 솔직할 때가 가장 자기다움을 찾는 순간이기도 하다.

그리고 솔직함은 긍정의 표현이기 때문에 상대방의 마음 또한 열리게 하여 상호 존중감을 갖게 한다. 특히 SNS를 통해 일상의 모든 것을 알릴 만큼 표현이 자유로운 신세대는 솔직함을 리더의 가장 큰 덕목으로 생각한다.

그러니 의식할 일이 아니라 그냥 나를 솔직히 표현하면 된다. 무엇보다 이런 솔직함이 리더에게 더 지혜롭고 책임감을 갖게 한다는 것이다. 건강한 관계의 핵심은 솔직함이다.

둘째, 배움이 있어야 한다. 배움은 성장의 문제다. 성장하는 사람과 성장이 멈춘 사람의 차이는 배움에 있다. 모른다고 말하는 것이 성장의 문제라고 생각하면 용기는 꼭 굳게 마음먹어야 생기는 것이 아니다. 배우겠다는 마음만 있으면 그만큼 쉽다.

모름의 순간이 새로운 배움의 순간이 된다고 생각하면 모른다고 말하기는 훨씬 더 편해진다. 거듭 말하지만 무능의 경험 없이 유능해지는 경우는 없다. 우리가 사는 디지털 시대는 최초로 나이 든 세대가 신세대보다 더 모를 수 있는 시대다. 신기술, 새로운 트렌드나 문화는 디지털 세대인 후배들에게 배워야 한다. 그러면 그들 또한 경험의 지혜를 배우려 할 것이다.

배움의 상호작용이 수평적인 문화를 만든다. 21세기 문맹은 읽고 쓰지 못하는 것이 아니라 배우고 잊어버리고 또 배울 줄 모르는 사람이다.

셋째, 관심을 갖는 것이다. 일이나 사람에게 관심을 갖게 되면 모르는 것을 알고 싶어지고, 그때 모름을 말하는 것이 자연스럽게 된다. 아는 만큼 보이고 보이면 더 사랑하는 법이다.

간혹 구성원들로부터 질문을 받거나 진행하는 업무에 대해 이해가 부족할 때도 즉답을 찾으려 애쓰기보다 나중에 알아보거나 찾아서 알려준다고 말하는 것이 좋다. 이런 경우 꼭 메모를 해 놓고 잊지 않고 답해 주는 것이 관심이다.

또는 전문가나 좋은 책을 권유하는 것도 좋다. 그리고 좋은 정보나 답을 찾으면 공유하기를 부탁한다. 이것은 리더가 구성원의 업무는 물론 업무를 맡고 있는 직원들에 대한 관심이다. 관심을 갖게 되면 모름을 모른다고 말하는 것이 당연해진다.

넷째, 정확한 방향 제시다. 리더가 업무에 대한 정확한 방향 제시를 못하면 작은 것에 신경을 쓰고 예민해진다. 특히 과거 경험과 자기 기준에 의존하며 관리하려고 한다. 관리하려고 하는 순간 관리자는 다 알아야 한다는 생각을 하게 된다.

그러나 리더가 업무의 방향을 정확히 제시하면 작은 일에 대해 관대해진다. 이 관대함이 내가 모든 것을 다 알아야 한다는 것에서 자유롭게 한다. 리더의 일과 구성원들이 할 일을 구분할 수 있으면 모르는 것을 모른다고 말하는 것은 어려운 일이 아니다. 모름이 진실한 관계를 만든다.

지시 말고 질문하라

성질 급한 리더가
갖춰야 할 자세

열린 질문을 해라

해킹이나 보이스 피싱은 '긴급'하다는 공통점이 있다. 그들은 상황을 긴급하게 만들어 상대방이 생각할 시간을 주지 않고 자기가 얻고자 하는 것을 얻으려 한다. 그래서 긴급함은 상대방에게는 언제나 비생산적인 활동이다.

질문도 그렇다. 상대방에게 생각할 시간을 주지 않는 것은 오직 내가 얻고자 하는 것을 요구하는 것과 다르지 않다.

질문을 통해 얻고자 하는 것은 무엇일까? 대부분 리더들의 질문은 답이나 동의를 얻기 위해 질문을 하는 경우가 많다. 그렇다 보니 '예/아니요'와 같은 답변이나 '맞다/틀리다'와 같이 선택을 요구하는 폐쇄형 질문을 하게 된다.

이것은 상대방의 생각을 묻는 것이 아니라 내가 지금 알고자 하는 답을 묻는 것이다. 그러나 우리가 질문을 통해 얻고자 하는 것은 '좋다', '나쁘다' 같은 감정 표현도 아니고, '맞다', '틀리다'와 같이 선택하는 것도 아닌, 더 좋은 생각이다.

닫힌 질문은 대부분 '예', '아니오'처럼 제한적인 답을 요구하므로 안 되는 것을 되게 하라는 명령과 다르지 않다. 상사가 '맞냐', '틀리냐'라고 다그치듯이 즉답을 요구하는 질문을 하면 구성원들은 상사의 질문을 두려워하게 되며, 바로 답하지 못하면 부정적인 평가를 받는다고 생각하게 된다.

그렇다고 폐쇄형 질문이 전혀 쓸모가 없는 것은 아니다. 대화나 회의를 시작하면서 "지금 회의를 시작해도 될까요?"와 같이 간단한 대답이 필요할 때나, 마지막에 결론을 명확하게 정리하거나 이해의 폭을 넓히고 실천 과제를 정하고 결정에 대한 합의를 이끌어낼 때는 폐쇄형 질문이 유용하다.

이런 경우가 아니라면 리더는 구성원들의 생각의 폭을 넓히고 자아 성찰과 스스로 문제를 해결할 수 있는 역량을 키울 수 있도록 개방형 질문을 해야 한다. 그러기 위해서는 자유롭게 자기 생각을 대답할 수 있게 즉답보다는 시간과 공간의 여유를 주고 기다려 주어야 한다. 간혹 참지 못하고 자기 생각을 말해버리지만 이것을 이기고 기다리면 어느 순간 리더가 답을 주지 않는다는 것을 알고 구성원들은 스스로 자기 생각을 정리하며 답을 찾으려고 하게 된다.

대부분 리더들은 개방형 질문을 꺼린다. 대화가 어디로 흘러갈지 예측할 수 없고 시간만 낭비한다고 생각하기 때문이다. 그래서 조직 지배력이 강한 리더일수록 폐쇄형 질문에 치중하게 된다. 답변을 짧게

지시 말고 질문하라

끊을 수 있고 대화를 주도할 수 있다고 생각하기 때문이다. 그러나 구성원들은 이런 질문을 받으면 추궁받는다는 느낌을 받고 즉답을 못하면 상처를 받고, 자기 존재감을 잃고 존중받지 못한다고 생각해 자율성을 잃게 된다. 그리고 리더는 이런 구성원들을 불신하게 된다.

직장에 있을 때 일이다. 내 상사였던 사람은 현장을 아무도 모르게 암행했다. 암행하는 이유는 간단하다. 지시사항을 잘 이행하고 있는지 확인하기 위해서다. 그리고 현장에 가면 언제나 하는 질문이 '이것이 맞나?'였다. 보고를 받을 때는 '그게 맞아? 이것이 여기에 있는 것이 맞아? 지금까지 뭐했나? 지금 뭐 하자는 건가?' 이런 의심과 질책성 질문에 익숙했다.

한번은 고객용 서비스 데스크의 위치를 놓고 '가운데가 맞나? 사이드가 맞나?'라고 언성을 높이며 논쟁을 하기도 했고, 현장 책임자가 쓰레기봉투 가격을 몰라 곤욕을 치르는 경우도 있었다. 임원의 이런 질문은 트집을 잡거나 망신을 주기 위한 낮은 수준의 질문이다. 이런 질문은 직원들로 하여금 조급함, 죄책감, 방어적 태도를 유발하여 상사를 두려워하게 만든다.

이렇게 자기가 듣고 싶어하는 답을 들으려고만 하면 다름은 없고 틀림만 있게 된다. 다름이 없는 틀림은 독선과 폭력으로 발전한다. 틀림이 평가의 기준이 되는 순간 직장인에게는 성장을 저해하는 폭력이 되기 때문이다.

상사의 질문을 두려워하지 않게 하기 위해서는 답변자가 활동하게 해야 한다. 먼저 일의 목적이나 문제의 핵심을 관통하는 질문을 하는 것이다.

"이 일은 정말 중요하다고 생각하는데, 지금까지 잘 처리가 안 된 요인이 무엇이라고 생각하는가?" 혹은 "앞으로 이 문제를 해소하기 위해 빨리 진전시키려면 어떻게 해야 하겠나?"와 같이 일을 어떻게 해야 진전시킬 수 있는지 스스로 생각하게 하는 '열린 질문'을 해야 한다.

열린 질문의 중요한 역할 중 하나는 직원들과 소통할 수 있다는 것이다. 소통이 단순히 일하기 좋은 직장이나 인간관계의 증진을 위한 활동이라고 생각해서는 안 된다. 소통이 창조적인 사고로까지 연결되어야 한다. 창조적으로 사고하는 사람들은 질문과 마주했을 때 바로 결론을 내리지 않는다.

개방형 질문은 가능한 답이 하나가 아니라 많다는 걸 알게 해주고, 많은 경우의 수를 찾아 모을 수 있게 해준다. 그리고 가장 타당하다고 생각하는 답을 찾아 범위를 좁혀가는 방식으로 생각하게 해준다. 그만큼 직원들이 깊게 생각하고 일에 대한 통찰과 의식을 갖게 한다. 스스로 방법을 찾아내고, 그 일에 대한 책임감을 갖게 해준다.

반대로 일방적으로 지시하고 닫힌 질문으로 일관하면 직원들의 의식은 개발되지 않고, 수용에 길들여져 시키는 일만 하게 된다. 그러므로 리더는 직원이 스스로 생각할 수 있도록 열린 질문을 하고 생각을 표현할 수 있도록 기다리는 자세를 가져야 한다.

조급해지지 말고 기다려라

기다린다는 것은 상대방을 믿고 인정한다는 의미를 담고 있다. 스스로 생각하고 해결책을 생각해낼 시간을 만들어 줄 수 있기 때문이다. 자신이 인정받고 자신의 아이디어로 문제를 해결하는 것만큼 보람 있고 동기부여되는 경우가 없다. 이것은 구성원의 잠재력을 인정하는 믿음에서 출발한다.

토론과 질문에 능한 세종대왕도 토론이나 답변 시간에는 자기 발언을 최대한 줄이고 처음과 끝에만 관여했다고 한다. 이것은 질문하기전에 상대방에 대한 입장의 공감이 있어야 가능하다.

인정받고 싶은 욕구는 누구에게나 가장 큰 동기 요소다. 상대방이 하고 있는 일의 특성을 잘 이해하고 그가 가지고 있는 장점이나 가치관, 기여한 것 등을 잘 관찰하여 인정하고, 충분히 표현하게 하는 것이다.

자신의 적합한 쓰임새를 찾아 세상에 자신을 내보이려고 하는 것은 사회적 인간의 욕구이다. 이런 믿음이 있어야 답변자 또한 자기 생각을 가지고 답변 활동을 활발히 하게 된다. 설령 조금 실망스런 답변에 대해서도 상대방이 잘할 수 있는 가능성과 잘하고 싶은 마음을 인정해줘야 한다.

그렇다고 가식적인 칭찬을 하는 것은 좋지 않다. 부족한 부분을 정확하게 집어주고 채워주는 것이 좋다. 그러면 직원의 마음도 더 구체화되면서 스스로 해내겠다는 다짐을 하게 된다.

또한 추측하지 않고, 참을성을 가지고 들어줘야 한다. 간혹 리더들이 성급하게 자기 생각을 말하는 경우가 많다. 다시 말하지만 질문은 답변하는 사람의 활동이란 것을 잊어서는 안 된다. 참고 들어주는 것은 수동적인 역할이 아니다. 상대방으로 하여금 생각을 정리하고 새로운 아이디어를 낼 수 있게 공간을 만들어 주는 적극적인 활동이다.

따라서 답변자의 말만 듣는 것이 아니라 말 속에 들어 있는 의도와 내면의 욕구와 같은 감정까지 헤아리면서 깊이 있게 들어주는 것이 중요하다.

나는 직장에 있을 때 조급함의 문제와 기다림의 효과를 다 경험했다. 처음 팀장이 되어 영업을 맡았을 때는 현장을 찾아 직원들에게 모르는 것은 묻고, 직원들의 의견을 잘 들어주고 소통하였다. 직원들도 유연하고 자유롭게 자기 생각을 말하며 좋은 아이디어도 많이 내주었다.

그러나 점점 잘해야겠다는 의욕과, 빨리 좋은 실적을 내야 한다는 생각에 마음이 조급해졌다. 그때부터 독선적으로 변하고 지적과 지시에 능해져 갔다. 지적과 지시가 많아지는 만큼 현장에 가면 화를 내는 횟수가 많아졌다. 분노 조절을 못하고 화를 많이 내자 정서적 불안감이 높아지고 리더십이 무너졌다. 직원들의 행동은 경직되었고 생각은 굳어졌으며 창의적인 아이디어를 입밖에 꺼내지 못하게 만들었다.

내가 입을 열고 귀를 닫는 만큼 직원들은 입을 닫고 받아쓰는 데만 열중했다. 받아쓰기 문화는 수용에 길들게 하고 마음의 문을 닫게 한다. 현장에 가면 화내는 것이 일상이 된 어느 날, 돌아오는 길에 장문의 문자 메시지를 받았다.

한 마디로 팀장이 오면 현장에서 느끼고 있는 많은 이야기도 하고 싶고, 좋은 얘기도 해주고 갈 줄 알았는데 화만 내는 모습에 한 마디도 말을 할 수 없었고, 무섭고 실망스러웠다는 것이었다. 함께 근무했을 때 자상하고 이야기를 잘 들어주던 팀장을 기대했는데, 화만 내는 팀장을 보고 얼마나 실망하고 두려움을 느꼈을까. 이 문자 메시지는 많은 생각을 하게 했고 나를 다시 되돌아보게 했다.

화는 직원들을 믿지 못하는 불신이 된다. 불신하게 되면 일방적으로 지시를 하게 되고 지시는 수용을 요구하고 결국 팀장 한 사람만 일을 하게 된다. 그러나 아무리 강하고 현명한 사람도 함께하는 힘은 넘을 수 없다. 나는 가장 강한 사람이란 가장 많은 사람의 힘을 이끌어내는 사람이란 것을, 가장 현명한 사람은 가장 많은 사람의 말을 귀담아 듣는다는 것을 잠시 잊고 있었던 것이다.

이런 깨달음을 얻은 뒤 임원이 되고부터는 누구보다 기다리는 데 익숙해졌다. 언제나 방문은 열려 있었고, 누구나 자유스럽게 들어와 자기 의견을 표현할 수 있었다. 보고든 회의든 의견을 끝까지 듣고 생각을 묻고 모르는 것은 질문했다. 직원들을 지시를 수행하는 사람으로 보지 않고 생각 파트너로 인식하니 직원들 한 사람 한 사람의 존재를 인정하고 존중하게 되었다.

조직문화는 교육으로 바뀌는 것이 아니라 이러한 인정과 존중으로 바꾸는 것이다. 먼저 리더가 일방적이지 않고 상호작용을 통해 서로를 인정하고 생각을 공유하면 일은 재미있고, 즐거움의 대상이 된다. 그러면 각자 일 속에 자기 생각을 녹이고 새로운 아이디어를 적용하며 혁신적으로 일하게 된다.

퇴직을 한 지 3년이 넘은 지금도 후배들은 그 시절을 그리워하며 직장의 르네상스였다고들 말한다. 기다림으로 인해 조직문화마저 바뀌면서 많은 성과들이 이 시기에 만들어졌으니 부정할 수 없는 말이다.

그러니 기다림은 리더의 가장 적극적인 활동 중 하나다.

내 생각을 먼저 말하지 마라

조직이 리더의 한계를 넘지 못하는 것은 리더가 먼저 자기 생각을 말하고 구성원들은 리더의 생각에 맞추어 행동하기 때문이다. 그러므로 리더는 자기의 생각을 먼저 드러내는 것을 경계해야 한다. 의식적으로 말을 줄이고 처음과 끝에만 관여하는 것이 좋다. 꼭 중간에 질문을 해야 된다면 열린 질문으로 답변자가 한 번 더 생각하는 질문을 해야 한다. 자기의 생각을 말하지 않고 듣기만 하는 것도 좋지 않다. 자기의 생각을 말하되 하나의 의견으로 제한하고 반드시 내 생각에 구애받지 말고 답하라고 말해야 한다.

우리가 직장에서 많이 경험하는 일이 있다. 지금 하는 일이 상급자의 의중에 맞는지 틀리는지 따지면서 일하는 것이다. 지금까지 많은 기업들이 고객보다 오너나 상급자의 의중을 더 중요시했다. 그렇다 보니 리더들은 본인의 생각을 자기도 모르게 또는 일부러 흘리는 경우가 있다. 이것은 내 생각은 이러하다고 하는 암묵적 표현이다.

특히 리더가 화를 낼 때 구성원들은 리더의 의중을 확실히 알아챈다. 그리고 리더의 입맛에 맞는 말만 골라서 하게 된다. 이렇듯 구성원들은 리더의 의중을 알기 위해 끊임없이 노력하면서 리더의 의중에 맞게 행동을 선택적으로 하게 되는 것이다.

직장에서 흔히 있는 일로, 예를 들어 팀장이 오늘 점심은 내가 쏜다고 하면서 중국집에 가서 메뉴판을 들고 팀장이 먼저 "나는 오늘 짬뽕이 땡기는데, 난 짬뽕."하면서 팀원들에게 맛있는 것을 시키라고 하면 짬뽕 이상을 시킬 수 없다. 팀장이 짬뽕이라고 못을 박았는데 그 이상을 시키는 일은 쉽지 않다. 이렇게 상사가 먼저 자기 생각을 말하면 조직을 자기가 생각하는 방향으로 몰아가게 된다.

이런 현상은 단순히 조직 위계에서 오는 것만이 아니라 심리적인 현상도 크다. 우리 속담에 '자라 보고 놀란 가슴 솥뚜껑 보고 놀란다.'라는 말이 있다. 자라 보고 놀란 사람은 심리적으로 자라와 비슷하거나 자라와 연관된 동물이나 생김새가 유사한 물체를 봐도 자라를 본 것처럼 놀란다. 자라를 보고 무서움을 느낀 후에는 평소에 전혀 무섭지 않던 솥뚜껑이 순간적으로 무섭게 느껴지는 것이다. 이런 현상을 심리학에서 '점화 효과'라고 한다.

이러한 현상은 의식적으로 발생하기보다 무의식 속에서 발생하는 경우가 많은데, 적정 점화 효과와 부적 점화 효과가 있다. 적정 점화 효과는 선택적 주의를 통해 이전에 경험했던 단서에 대해 반응 속도가 빠르게 나타나는 것을 말하고, 반대로 부적 점화 효과는 이전에 억제했던 단서에 대해서는 반응 속도가 느려지는 현상을 말한다.

1971년 데이비드 마이어(David Meyer)와 로저 쉬바네벨트(Roger Schaneveldt)가 점화 효과에 대한 실험을 진행했다. 이 두 사람은 단어의 어휘를 판단하는 과제에서 두 가지 연구를 병행했다. 먼저 목표와 무관하게 무작위로 단어를 보여준 뒤 표적 단어를 보여주고, 다음에는 표적과 매우 가까운 단어를 먼저 보여주고 다시 표적 단어를 보여주는 방식이었다. 피험자들은 전자보다 후자에서 반응시간이 훨씬 빠르게 나타나는 결과를 얻었다. 즉, 먼저 제시된 단어에 의해 나중에 제시된 단어가 영향을 받는다는 사실을 입증했다.

또한 사회심리학자 존 버그는 이런 실험을 했다. 뉴욕 대학의 학생들에게 '근심하는, 늙은, 회색의, 은퇴한, 주름진' 등과 같이 노인을 묘사하는 단어로 문장을 만들어 보라고 지시했다. 이 실험을 마친 뒤, 존 버그는 학생들이 복도의 한쪽 끝에서 다른 쪽 끝으로 이동하는 데 걸리는 시간을 몰래 측정하였다. 그런데 놀랍게도 노인을 묘사한 단어로 문장을 만든 학생들은 그렇지 않은 학생들보다 훨씬 복도를 천천히 걸어갔다. 이 학생들은 자신들에게 주어진 단어가 노인과 관련된 것임을 무의식적으로 인식하고 노인처럼 천천히 걷는 행동에 적용한 것이다.

이와 같이 점화 효과는 단어에만 국한되는 것이 아니라 무의식적인 행동이나 감정에도 영향을 미친다. 즉 본인 스스로 인식하지 못한 상태로 먼저 경험한 어떠한 것이 다음에 할 행동에까지 영향을 끼친다는 것이다. 말하자면 리더가 평상시 의식적이든 무의식적이든 먼저 제시했던 말이나 행동을 팀원들은 빠르게 따라하게 되므로 먼저 언행을 조심해야 한다.

그뿐 아니라 급변하는 시장 환경의 변화에 맞춰 전문가에게 보다 객관적인 진단을 받고 솔루션을 찾으려고 하는 기업의 경우도 그렇다. 전문가에게 컨설팅을 받을 때 가장 먼저 컨설턴트들이 하는 작업은 포지션별, 직급별 설문과 인터뷰다. 특히 컨설턴트들은 실무직원들의 설문과 인터뷰를 통해 기업의 문제와 컨설팅의 방향을 잡는다. 그런데 처음 잡은 방향이 어느 순간 바뀌는 경우가 많은데 그 시점이 경영진

지시 말고 질문하라

의 인터뷰 이후부터다. 그러니까 처음 정확한 문제에 맞게 설정된 방향이 경영진의 의사가 반영되면서부터 바뀌게 된다. 이런 상황이 되면 직원들의 반응은 하나같이 그럴 거면 뭐 하러 비싼 돈 주고 컨설팅을 받는지 모른다고 한다. 컨설팅의 결과는 뻔하다. 경영진이 늘 하던 말이 그럴듯한 형식으로 만들어진다. 그래야 컨설팅을 긍정적으로 마칠 수 있기 때문이다.

나는 이런 컨설팅을 수없이 보면서 깨달은 것이 있다. 내가 임원이 되면 절대 앞서 말하지 않겠다고 다짐했다. 경영진의 말이 곧 방향이 된다는 것을 알았기 때문이다. 나도 원래 먼저 말하고 상대방이 별 의미 없는 이야기를 하면 말을 끊는 경우가 많았으나 이후 나는 듣기 전에 말하지 않고 지루하고 짜증스러운 말도 끝나기 전에 끊지 않았다. 그렇지 않고 내 의견과 배치된다고 얘기를 끊으면 논의의 방향은 내 생각의 방향대로 정해지기 때문이다. 그 이후 귀를 열고 다소 힘들더라도 구성원들의 이야기를 꼼꼼히 들어보면서 구성원들의 생각은 물론 그들의 존재가 입체적으로 다가옴을 느낄 수 있었다.

한비자 양권(揚權) 편에도 군주가 신하 말을 들을 때 취해야 할 태도를 이렇게 말하고 있다.

'신하의 말을 듣는 태도란 마치 술에 취한 몸짓 같은 것이어서, 입술이든 이든 먼저 움직이지 말아야 한다. 이든 입술이든 더욱더 어리석은 것처럼 하여야 한다. 저쪽에서 스스로 진술하면 나는 그것을 통하여 알게 되고, 시시비비 다른 의견이 폭주하더라도 군주는 이에 상대하여 겨루지 않는 바, 허정한 상태로 하는 것 없는 자세가 도의 참모습

이다.'

　여기에서 그냥 듣는 것도 아니고 술에 취한 듯 들으라는 말은 논쟁이나 반박을 하지 말고 들어야 한다는 말로, 이성보다 감성에 입각해 들으라는 것이다. 한마디로 입을 열지 말고 신하의 의견을 들으란 것이다. 그렇지 않고 군주가 신하의 말을 잘라버리고 이야기를 하기 시작하면, 신하는 군주의 의도가 어떤 것인지 간파해 버리기 때문에 그 이후에는 군주의 뜻에 맞춰 발언하게 된다. 그렇게 되면 군주로서는 신하의 진심을 알 수 없을 뿐 아니라 신하의 지혜를 활용할 수 없게 된다. '신하의 지혜를 활용할 수 없다'는 것에 한비자의 강조점이 있다.

공감적 경청을 해라

스티븐 코비는 자신의 베스트셀러인 〈성공하는 사람의 7가지 습관〉에서 경청을 함에 있어 상대방과 공감하는 '공감적 경청'이 중요하다고 했다. '공감적 경청'이란 나의 사고의 틀 속에서 다른 사람의 이야기를 듣는 것이 아니라, 다른 사람이 가진 준거의 틀 안으로 들어가는 것을 의미한다. 다른 사람의 관점을 통해서 사물을 보는 것, 즉 그들이 세상을 보는 관점에 입각하여 상황을 보는 것이다. 그래야 상대방을 이해하고 상대가 느끼는 감정도 이해할 수 있다. 그는 잘못된 커뮤니케이션을 분석한 결과 공감적 경청을 방해하는 요인을 다음과 같이 정리하였다.

　첫째는 판단하며 듣는 것이다. 다른 사람의 이야기를 들을 때 내가 그 의견에 동의하느냐 또는 동의하지 않느냐를 먼저 판단하는 습관을

읽지 말고 질문하라

말한다. 다른 사람의 이야기를 들으면서 "그건 아니지" 하면서 이야기를 끊는 경우다.

둘째는 탐사하며 듣는 경우다. 상대에게 질문하되, 내 자신의 준거의 틀에 입각하여 질문하고 듣는 것을 의미한다. 상대방의 행동을 의심하는 식으로 질문하고 듣는 경우다.

셋째는 충고하며 듣는 것이다. 상대방의 이야기를 들으면서 자신의 경험에 따라 충고하는 것을 의미한다. 상대방은 진지하게 자신의 고민을 토로하고 있는데 "사회란 다 그런 거야"하는 식이다.

넷째는 해석하며 듣는 것이다. 자기 자신의 동기와 행동에 근거하여 다른 사람의 동기와 행동을 유추하고 설명하는 것을 의미한다. "노는 것 좋아하더니 실적이 그 모양이지"하는 식으로 대꾸하는 경우다.

대부분 리더들이 이 범주를 벗어나지 못해 직원들과 소통이 어려운 것이다. 이것은 상황을 자기 의도대로 몰아가려고 하기 때문이다.

답변자의 활동을 독려하라

계속해서 강조하지만 질문은 질문자가 아닌 답변자의 활동이다. 그러므로 질문과 질문자의 자세는 답변자의 활동을 유발할 수 있어야 한다. 그럼 어떤 질문의 자세가 답변자의 활동을 독려할 수 있을까?

첫째, 질문의 목적을 명확하게 하고 답이 어떻게 사용될 것인지 구체적으로 제시해줘야 한다. 모호한 질문을 하고 정확한 답을 요구하는 리더가 많기 때문이다.

둘째, 상대방을 배려하며 질문해야 한다. 답변자가 대답할 수 있는 질문인지 고민 후 질문해야 한다는 것이다. 대부분 답변자는 자신의 관심사와 의견, 경력과 전문분야에 대한 질문을 받는 것을 좋아한다. 답변자와 전혀 관련이 없는 질문은 답변 활동을 위축시킬 수 있다.

셋째, 답변 활동을 할 때 '좋은 생각이야'와 같이 긍정하는 반응을 보이는 것이다. 내 생각과 다르다고 해서 부정적인 피드백을 하면 답변 활동을 이어갈 수 없다.

넷째, 입은 닫고 귀를 열어야 한다. 말이 막히고 멈추더라도 말하지 않고 인내심을 갖고 기다리는 것이다.

다섯째, 분위기를 살피는 것이다. 내 기분보다 답변자의 상태를 살피는 것도 중요하다. 질문도 대화의 한 종류인 만큼 분위기와 시기를 봐서 해야 한다.

여섯째, 다름을 존중하는 것이다. 다른 사람에게 질문하는 것은 다른 의견을 듣고자 하는 과정이란 것을 잊어서는 안 된다. 서로 다양성을 인정할 때 다른 생각을 통해 좋은 답을 찾을 수 있다. 무엇보다 중요한 것은 열린 마음이다.

나는 직장에서 팀을 이끌 때, 매주 금요일 아침 팀 미팅을 카페에서 진행했는데, 앞서 얘기한 질문자의 자세를 지키려고 노력했었다. 보통 이때 두 가지로 질문을 주고받았다. 첫째는 금주 진행한 핵심 업무를 중심으로 질문하며 생각을 공유하였고, 둘째는 차주 중점업무를 공유하는 식이었다. 팀 미팅을 금요일에 한 이유는 먼저 팀원들에게 생각할 수 있는 시간을 주기 위해서였다. 생각을 실천하고 느낀 점을 서로 듣고 공유하기 위해서다. 그리고 장소를 사내 회의실이 아닌 카페로

한 것은 자유로운 분위기를 만들어 팀원들이 자기 생각을 자유스럽게 표현할 수 있게 하기 위해서였다. 아무래도 사내 회의실은 격식과 서열이 존재해 자유로운 분위기를 해칠 수 있기 때문이었다. 이런 공간의 자유를 느끼면 팀원들은 표현의 자유를 느꼈고, 표현의 자유는 자기 내면의 유능을 보여주려고 노력하게 만들었다.

이런 자기 유능이 다른 팀원들의 업무와 시너지를 내면서 팀원 간의 관계가 좋아지고 강한 팀워크로 발전하게 되었다. 이때 우리 팀은 가장 건강하고 좋은 성과를 만들었으며, 사내에서 가장 부러워하는 팀이었다.

좋은 질문의 자세는 자기가 듣고 싶은 답만 듣는 것처럼 사적이지 않으면서 자기 과시가 없고, 오직 직원의 역량 강화와 상대방에 대한 존재감에 있다. 상대에 대한 인정 없이 좋은 질문을 할 수 없기 때문이다. 그래서 좋은 질문을 하는 리더는 답변자가 성찰과 학습이 최대치가 될 때까지 기다린다. 시간을 주는 이유가 여기에 있다. 내가 듣고 싶은 답이 아니라 답변자의 생각을 들으려고 한다면 생각할 시간이 필요한 것이다.

시간에 숙성되지 않은 답은 이미 정해져 있는 답일 확률이 높다. 리더의 질문이 이미 정해진 답을 얻는 것이라면 답변자의 기억력을 확인하는 것이나 다르지 않다. 질문은 나와 다른 생각을 필요로 할 때 던지는 것이다. 우리의 생각이 스스로에게 던진 질문이듯이 상대방의 좋은 생각을 얻으려면 스스로에게 질문을 던질 시간이 필요하다.

때와 장소를 가려서 질문하라

많은 리더들이 때와 장소를 가리지 않고 질문을 하는 경우도 많다. 나는 직장에 있을 때 이런 리더들을 많이 봤다. 특히 폐쇄형 질문에 익숙한 리더가 그러는 경우가 많은데 그들은 현장에서 즉답을 요구하는 질문을 했다.

즉답을 요구하는 질문은 대부분 폐쇄형 질문일 확률이 높고 질문자가 아무리 어깨의 힘을 뺀다고 해도 권위적이다. 이런 상황에서 답변자는 위축될 수밖에 없다. 이때 예상 질문을 벗어나면 당황하게 되고 답변을 못했을 경우 답변자는 자기 자신을 부정하며 자책하게 된다.

그러나 구성원들을 성장으로 이끄는 리더는 때와 장소를 가릴 줄 안다. 시간만큼 장소의 중요성을 알기 때문이다.

특히 직장인들의 삶은 대부분 집과 직장에 매여 있다. 이렇게 매일 반복되는 시간과 장소 그리고 동일한 일은 인간의 감각기관마저 무디게 만든다. 무디어진 감각기관은 보지도 듣지도 느끼지도 못하게 만들고, 새로움을 받아들이지 못하게 하면서 생각도 현실을 넘지 못하게 제한한다.

미국의 사회학자 레이 올든버그는 자신의 저서 〈정말 좋은 공간〉에서 새로운 제3의 공간을 제안했다. 올든버그는 제1의 공간을 가정, 제2의 공간을 일터 즉 직장이라고 했으며, 많은 사람들이 스트레스 해소는 물론 삶의 에너지를 충전하고 삶의 여유를 되찾을 수 있는 제3의 공간이 필요하다고 했다.

올든버그는 그런 장소의 특징을 몇 가지 들었는데, 격식과 서열이 없는 곳이면 좋고, 소박해서 부담이 없고, 자유롭게 얘기할 수 있고, 언제나 출입이 가능하면 좋고, 음식이 있는 곳이면 좋다고 했다. 꼭 이런 곳으로 제한되는 것은 아니다. 자기가 편안함과 자유를 느껴 오감이 살아나는 곳이면 좋다. 그래서 내 오감에 사물이 닿는 순간 남다른 정서적 파동이 일어나 그것들을 새로운 의미로 물들이는 곳이면 좋다.

이런 공간이 생각과 상상을 자유롭게 할 수 있는 자유의 공간이자 아지트다. 아지트란 한 마디로 생각이 깊어지는 공간이다. 그곳이 어디든 몸과 마음이 행복해지고, 생각이 탄생하는 공간이면 좋다. 내가 팀의 주간 회의를 카페에서 진행한 것도 그런 이유에서였고, 팀원들이 그런 공간을 경험하게 하고 싶어서였다. 그러므로 리더가 답변자로부터 새로운 답을 얻으려면 답변자에게 대답할 자유를 주어야 한다. 시간과 공간의 여유가 곧 답변자에게는 대답할 자유다.

실천 답변을 기다려 주는 법

질문은 단순히 내가 아는 것을 얻기 위한 활동이 아니라 답변자의 학습을 촉진하는 동시에 의사결정과 문제 해결 능력을 높이는 활동이다. 리더는 질문을 통해 자기 생각의 일치를 찾는 것이 아니라 답변자의 관점을 이해하고 답변자의 활동을 보장해줘야 한다. 그러므로 리더가 좋은 질문을 하려면 즉답을 요구하지 않고 기다릴 준비를 하고 있어야 한다.

그럼 어떻게 실천할 수 있을까?

첫째, 개방형 질문을 하는 것이다. 개방형 질문은 질문할 때부터 기다림을 전제한다. 생각을 묻는 질문이기 때문이다. 개방형 질문은 질문을 받은 직원이 생각을 갖고 중요한 게 무엇인지 탐구하여 자기 생각으로 '자기 이야기'를 편하게 할 수 있게 해준다. 특히 개방형 질문을 통해 통찰력이 커지고 더 나은 해법을 찾을 수 있다. 열린 질문은 질문으로 끝나는 게 아니라 상대방의 말에 집중하는 자세도 필요하다. 열린 질문은 개방적이고 편견이 없기 때문에 상대방이 존중받는다고 생각한다.

둘째, 이유를 묻는 질문을 하라. 이유를 묻는 질문은 목적과 전제 그리고 인과관계를 따져본 다음 문제를 해결하기 위해 하는 깊이 있는 질문이다. 그렇기 때문에 질문 후 기다림이 있어야 가능하다. 이유를 물을 때는 직원들이 호기심과 지식에 대한 욕구가 나게 하는 것이 좋다. 특히 "왜"와 "어떻게"라는 말을 사용해 분석적이고 비판적인 사고를 유도하는 것이 좋다. 그리고 이유를 묻게 되면 예상하지 못한 관점을 제시할 수 있으니 질문한 리더는 열린 마음을 가지고 기다려야 한다.

셋째, 탐사적 질문을 하는 것이다. 탐사적 질문은 새로운 관점과 통찰을 가지고 탐구하는 학습이 목적이기 때문에 시간은 필수적이다. 이때 질문은 "~을 생각해보았나요?"와 같이 직원이 생각하고 학습하게 하는 것이다. 그리고 탐구적 질문은 조직의 학습문화를 형성하기에 좋다. 특히 질문을 통해 리더와 직원 간에 지적 상호작용이 자연스럽게 되어 수평적 문화를 만드는 데 가장 효과적이다.

넷째, 내 생각을 미리 말하지 않는 것이다. 이 말을 직설적으로 표현하면 리더의 생각을 의도적으로 숨기란 것이다. 이것은 단순히 직원들의 생각을 테스트하기 위한 것이 아니라, 직원들의 생각을 반영하기 위해 적극적인 활동을 하라는 것이다. 특히 수용에 길든 직원들은 상사의 의중에 민감하여 가능하면 상사의 입맛에 맞추려 한다. 그렇기 때문에 리더는 자기의 생각을 가장 마지막에 표현하는 것이 좋다. 이때도 자기 생각을 말하되 하나의 의견으로 제한하고 반드시 내 생각에 구애받지 말라고 해야 한다. 이때 리더의 자세 중 중요한 것은 끝까지 듣는 것이다. 간혹 나의 생각과 상이한 답을 하면 기다리지 못하고 조급함이 생겨 자기 생각을 말하는 경우가 있는데 인내를 가지고 끝까지 들어주어야 한다.

유목민의 마인드로 무장하라

지금처럼 불확실성이 높고 급변하는 환경에는 과거 경험보다는 현실에 적합한 실험이 필요하다. 현실적 상황을 직시하며 사실도 끝없이 의심해야 한다. 그래서 지금과 같이 불확실성이 높고 급변하는 환경을 보고 신 유목의 시대라고도 한다.

과거 유목민은 끊임없이 이동하지 않으면 살아남을 수 없었고, 살아남기 위해 이동하지 않으면 안 되었다. 이동은 늘 새로운 환경을 접하게 하고 경계하고 의심하게 했다. 항상 주변을 살피며 정보 수집을 하고 빠르게 움직여야 살아남을 수 있었다.

그래서 그들은 이동에 편리한 기술을 개발하고 좋은 무기로 무장했다. 그들은 정착을 위해 성을 쌓지 않고 과거 경험을 중요시하지도 않았으며, 오직 새로운 길을 만들며 끊임없이 이동했다.

유목민에게 동일한 공간에서 반복적 경험을 쌓아가는 것은 무의미

했고, 경계가 없는 초원을 차지할 수 있는 것은 오직 실력뿐이었다. 그리고 살기 위해 옆을 봐야 하는 수평적 마인드를 가졌고, 살아남기 위해 나와 다른 사람이 소중했으며 다른 사람일수록 더 끌어들였다. 다른 사람이 모르는 정보를 제공하고, 새로운 지역과 환경에 대한 삶의 지혜를 줬다.

이런 사회에서는 개방과 수평이 최고의 가치다. 이런 가치가 개인의 차별화된 경쟁력을 키우고 창조와 혁신을 통해 새로운 길을 개척하는 경쟁력이다.

유목민과 반대의 삶은 정착민이다. 정착민들은 정착을 통해 인류문명을 만들고 사회 제도를 만들었다. 그들은 소유와 관료제도가 만들어지고 계층과 계급이 생기는 수직 마인드를 기초로 삼았다. 그리고 한 곳에서 먹고 입을 것을 해결하였다. 이렇게 만들어진 사회는 폐쇄적이고 수직적이었으며, 창의력은 떨어지고 과거 경험을 기반으로 하는 기억력이 존중받는 사회가 되었다.

기억을 중시하는 사회는 미래를 사는 것이 아니라 과거를 사는 사회다. 학습은 반복되고 새로운 정보를 받아들이는 시도를 중단한다. 그렇게 시간이 멈추고 닫힌 사회를 살면서 끊임없이 이동하는 민족에 의해 힘없이 무너졌다. 역사적으로도 개방적이고 수평적인 생각을 하는 민족이 가장 큰 제국을 건설했다.

'성을 쌓고 사는 자는 반드시 망할 것이며, 끊임없이 이동하는 자만이 살아남을 것이다.'라고 한 유목민의 삶이 다시 조명받는 이유는 그때와 지금의 환경이 너무 닮았기 때문이다.

4차 산업혁명은 이제 곳곳에서 현실이 되고 있다. 세상은 빠르게 변하고 인터넷의 발달은 시공간을 쉽게 넘나들 수 있게 만들었다. 이런 환경에서 살아남기 위해서는 유목민이 그랬던 것처럼 조직을 개방적, 수평적, 그리고 자율적으로 만들어야 한다.

더 이상 구성원들이 복종하고 수용하면서 한 곳에 머물 것이라고 생각해서는 안 된다. 평생 직장은 이미 끝났고, 누구든 한 직장, 한 가지 업종에 매여 있지 않는다. 승진에 관심 있는 사람은 극소수고, 회사를 위해 일하지도 않는다. 개인은 자신의 가치를 인정받고 자기의 강점을 발휘할 수 있는 곳을 찾아 이동할 것이다. 그들은 자신의 삶 속에서 자기 스스로 흥미를 느끼는 일들과 관계를 맺고 싶어한다.

그러므로 리더는 자기 확신의 덫을 걷고 개방과 수평적인 조직문화를 만들어 구성원들의 강점을 적극 표현하게 하여야 한다. 이제 동일성이 아니라 다양성을 기반으로 조직을 이끌어야 한다는 것이다. 조직의 장점은 여러 관점과 다양한 의견을 가지고 있다는 점이다.

구글은 이 시대 최고의 제국 중 하나다. 구글의 기업문화는 유목민의 DNA를 닮았다. 구글의 기업문화 또한 개방과 수평 그리고 자율성을 기반으로 하기 때문이다. 구글에는 모든 직원들에게 20% 타임제가 있다. 근무 시간 중 자신이 관심 있고 하고 싶은 일에 근무 시간 중 20%를 사용할수록 지원해 주는 제도다. 여기에서 창의적인 아이디어가 나온다. 또한 자신이 원하는 일을 자유롭게 선택할 수 있고 자신이 이룬 만큼 인정해 준다. 그리고 구성원들이 최고의 능력을 발휘할 수 있는 환경을 만들어 준다.

지시 말고 질문하라

넷플릭스도 세계 시장을 빠르게 넓혀가는 기업 중 하나다. 넷플릭스는 현재 세계에서 가장 가치가 높은 엔터테인먼트 기업이다. 이미 시가총액이 2380억 달러로 디즈니의 2258억 달러를 제쳤다.

넷플릭스의 성장을 시대의 흐름으로 보는 사람도 있지만 CEO 리드 헤이스팅스의 경영철학을 보면 오해란 것을 알 수 있다. 넷플릭스의 기업문화는 인재 밀도를 유지하고, 인재들은 서로에게 배우면서 폭발적인 시너지를 낸다. 누구든 솔직하게 피드백을 주고받는 문화다. 그리고 불필요한 규정을 없애고 자율적으로 일할 수 있는 권한을 준다. 넷플릭스의 조직문화를 보면 빠르게 변화하는 시장 환경에 최적격이라고 할 수 있다.

이렇듯 지금도 세계 곳곳에서 글로벌 제국을 만들어가는 기업을 보면 수평적이고 다양성을 보장하는 기업문화를 지향하여 혁신적인 아이디어를 통해 성장을 지속적으로 이루어내고 있다.

선입견과 편견에 맞서라

선입견은 주로 먼저 들었거나 알게 된 간접적인 경험 때문에 새로운 의견이나 사실을 인정하지 않고 거부하는 고정적인 심리상태를 말하고, 편견은 이런 고정적인 관념으로 인해 부정적인 쪽으로 생각하는 것을 말한다.

대부분 선입견으로 인해 잘못된 믿음이나 확신이 굳어지면 편견이 되므로 둘은 동시에 존재한다. 선입견과 편견의 문제는 다름을 인정하지 않아 소통의 부재를 만든다는 데 있다. 이런 선입견과 편견은 과거 경험이나 다른 사람의 잘못된 정보에 의존할 때 생긴다.

대부분 리더는 새로운 보직이나 조직을 맡게 되면 먼저 구성원들에 대한 정보를 파악하게 된다. 정보는 대부분 정리된 인사기록이나 전임자들의 평가표에 의존하거나 전임자나 조직의 선임 직원으로부터 사람에 대한 인수인계를 통해 파악하는 경우가 많다. 특히 리더들은 전임자로부터 받는 인수인계를 중요하게 생각한다.

이때 평가의 기준은 좋은 사람과 나쁜 사람, 필요한 사람과 불필요한 사람과 같이 이분법적이다. 그러니까 구성원 한 사람 한 사람 경험해보지 않고 화이트 리스트와 블랙 리스트가 정해지는 것이다. 이렇게 자기 경험 없이 간접적으로 얻은 구성원들의 정보가 강력하게 작용하면서 선입견을 가지고 사람을 보는 편견을 갖게 된다.

나도 직장에 있을 때 선입견과 편견을 가지고 부하직원을 대한 아픈 기억이 있다. 지방에서 근무하다 처음 서울로 발령을 받고 왔을 때다. 관장(영화관)인 나에게 부관장은 조직 현황과 구성원 한 사람 한 사람에 대해 나름 장단점을 기준으로 평가해줬다. 이때 부관장은 여직원 A에 대해서는 매우 부정적인 평가를 하면서 기회가 되면 다른 지점으로 보내는 것이 좋다고 말했다. 이유를 물으니까 근태는 물론 업무 능력이 떨어지고 다른 직원들과의 관계도 안 좋다는 것이다.

처음에는 의욕이 넘쳐 현장을 살피고 실적을 챙기는 등 바쁜 일정을 보내면서 사람보다는 일 중심으로 업무를 하다 보니 직원들과 소통할 수 있는 기회가 적었고, 나도 모르게 부관장이 평가해준 정보를 가지고 직원들을 대하게 되었다. 당연히 나는 A가 역량과 관계성이 부족하다는 선입견을 가지게 되었고 관심 밖에 있었다.

그런데 몇 개월이 지나 여유가 생겨 개인별 업무 진행사항을 평가하다가 발견했다. 각자 진행한 일과 진행하고 있는 일을 살피다 유독 잘 정리된 보고서가 있었는데 A의 보고서였다. 분명히 부관장은 업무 능력이 떨어진다고 했는데 내가 보기에는 월등해 보였다. 뭔가 잘못된 느낌이 들어 이후 A에 대해 유심히 관찰하고 업무를 꼼꼼히 살폈다. A는 언제나 단정하고 밝은 모습을 하고 있었고 업무처리도 깔끔했다. 한 번은 고객 컴플레인을 처리하는 모습을 보고 뒤에서 박수를 쳐줄 정도였다.

부관장의 평가가 잘못된 게 분명하다고 판단한 나는 A와 면담을 했는데, 그녀의 평가가 안 좋은 이유는 이랬다. 전임 관장의 업무 지시에 현장 사정을 들어 어렵다는 의견을 내면서 찍혔다는 것이다. 이후 관장이나 부관장이 자기를 없는 사람 취급을 했다고 한다. 그러면서 새로 오신 관장님도 자기를 대하는 게 전임자와 다르지 않아 그만둘 생각까지 했다는 것이다. 나는 그날 A에게 사과했고, 이후에는 A가 자기 역량을 발휘할 기회를 주었다. 그리고 누구보다 현장업무능력이 탁월한 A를 통해 나 또한 현장에 대해 더 많이 이해를 할 수 있었다. A는 지금도 자기 역량을 발휘하면서 조직에서 성장하고 있다.

잘못된 선입견으로 좋은 직원을 잃을 뻔했던 일이었다. 이후 나는 선입견과 편견에 맞섰다.

특히 요즘같이 젊은 밀레니얼 세대들이 실무를 담당하고 있는 시대에는 리더가 선입견과 편견을 가지고 있으면 우수한 직원을 떠나보낼 수도 있다. 밀레니얼 세대는 인정받지 못하고 자기 의견 표현이 제한되는 자율적이지 못한 문화를 거부한다. 일부 리더들은 이런 밀레니얼 세대를 자기중심적이라고 하지만 그렇지 않다. 이들은 자신의 생각이나 원하는 바를 표현할 수 있어야 한다는 강한 믿음을 가지고 있기 때문이다.

이들은 조직에 앞서 자기 성장을 우선시한다. 자기 성장에 도움이 되지 않는 일은 거부하거나 받아들이지 않으면 퇴사도 불사한다. 앞 세대가 자기에게 주어지는 일을 열심히 했다면 밀레니얼 세대는 조직보다 자기가 흥미를 느끼는 일을 하기를 희망한다. 또한 밀레니얼 세대는 자신의 의견이 어떻게 반영되는지에 대해 알고 싶어한다. 이것은 조직에 대한 가치 있는 기여를 통해 자기 존재를 인정받고 싶어하기 때문이다. 밀레니얼 세대는 자기 존재감이 강한 세대라서, 이것을 느끼지 못하면 떠난다.

그렇다고 밀레니얼 세대가 조직 충성도가 없다고 생각하면 잘못이다. 그들이 그렇게 비쳐질 뿐이다. 그러나 조직에서 자기 존재감을 느끼는 밀레니얼 세대는 충성도가 높다. 밀레니얼 세대가 조직에 충성하게 되는 경우는 먼저 자기가 현재 하고 있는 일이 좋고, 자기가 조직에서 인정받고 있다고 생각할 때다. 그리고 조직에서 성장하고 발전할 수 있는 기회가 많이 주어지고, 자신이 소속된 조직이 사회에 긍정적인 영향력을 미치고 있다고 생각할 때다. 만약 그들이 조직을 떠난다면 그것은 사실 조직을 떠나는 것이 아니라 나쁜 상사를 떠나는 것이다. 상사가 자기에게 관심을 보여주지 않고 자신을 인정해 주지 않으면서 독선으로 조직을 이끌 때 떠난다.

결국 선입견과 편견에 맞서는 이유는 한 사람 한 사람과 그들이 가진 다양한 생각이 소중하기 때문이다. 한 마디로 다름을 인정하는 데 있다.

사람은 누구나 천복을 타고 난다고 한다. 쓸모없는 사람이란 없다는 것이다. 결국 소중한 사람들의 다름을 받아들이기 위해서 리더는 선입견과 편견에 맞서 싸우고 그들의 쓸모를 찾기 위해 질문해야 한다. 조직은 사람을 소유하는 것이 아니라 사용하는 것이기 때문이다.

강점을 이끌어내라

본사로 이동한 이후 나는 더 큰 조직을 맡으면서 철저하게 강점 기반으로 조직을 이끌었다. 구성원들이 꼭 한번 해보고 싶은 일을 할 수 있게 희망보직 제도를 도입하고, 각자 타고난 강점 기반으로 잠재력을 최대한 발휘하게 했다.

구성원들의 강점을 알아보는 여러 방법이 있지만 나는 관찰법과 결과물 평가를 통해 찾았다. 관찰법은 일하는 모습을 관찰하는 방법이다. 구성원을 관심 있게 관찰하면 일이 즐거운 사람과 그렇지 않은 사람을 쉽게 알 수 있다. 표정이란 마음이 겉으로 나타나는 것이기 때문이다.

결과를 평가하는 방법 또한 즐겁게 일하는 사람과 즐겁지 않은 사람의 결과를 쉽게 알 수 있다. 즐겁게 하는 사람의 결과는 늘 새롭고 신선한 반면에 그렇지 않은 사람의 결과는 과거를 벗어나지 못하기 때문이다. 이렇게 파악되면 개인 면담을 하고 인사에 반영하는 방식이다. 중요한 것은 선입견과 편견 없이 구성원들을 바라보는 시선이다.

리더가 구성원들을 이끄는 것은 일을 잘하게 하는 것 이상의 의미를 갖고 있다. 구성원들 한 사람 한 사람 진면모를 파악하고, 그들의 잠재력을 발견하고 실현할 수 있게 돕는 것도 중요하다. 리더의 본질은 다른 사람을 통해 자기 성공을 이루는 것이다.

이것은 훌륭한 구성원 없이 훌륭한 리더가 될 수 없다는 의미다. 훌륭한 리더는 구성원을 도와 발전시키고, 그들이 더 훌륭한 사람이 되어 일을 잘하게 되면 결국 리더가 가장 큰 수혜자가 된다. 결국 훌륭한 조직은 훌륭한 구성원들이 모여 있는 조직이다. 이것은 조직을 구성하는 개개인이 훌륭해야 가능한 일이다. 그러므로 리더는 구성원들을 리더의 생각으로 움직이게 하기보다 개별적으로 발전시켜야 한다.

그러기 위해서는 첫째, 앞서 얘기했듯이 개인의 하고 싶은 것, 즉 욕망을 찾고 도와야 한다. 개인의 발전은 개인의 욕구에 근거해서 이루어지기 때문이다. 둘째, 개개인을 다르게 대하고 이끌어야 한다. 많은 리더들이 구성원 모두를 같은 방식으로 대하는 것이 형평성 있고 평등하고 생각할 수 있지만 그렇지 않다. 평등을 동일함으로 생각해서는 안 된다. 구성원들이 모두 동일할 수 없다. 셋째, 각자 잘하는 업무를 찾아주고 해당 영역에 배치하는 것이다.

한 조사 과정에서 '본인은 직장에서 자기가 가장 잘하는 일을 하고 있습니까?'라는 질문을 하여 분석하였다. 그 결과 '매우 그렇다'라고 대답한 직원들이 이직률이 낮은 직장에 근무할 확률이 50% 이상, 생산성이 높은 부서에 근무할 확률이 38%, 고객 만족도가 더 높을 확률이 44% 이상 높았다고 한다. 그런데 '당신은 직장에서 가장 잘하는 일을 할 수 있는 기회를 얻습니까?'라는 질문에 '매우 그렇다'라고 응답한 직원이 20%밖에 안 되었다.

지금도 많은 리더들은 "마음만 먹으면 무슨 일이든 잘할 수 있다"라고 주장한다. 조직에 따라 그럴 수도 있겠지만 사람을 극단적인 상황으로 몰고 가서는 일상이 보존되지 않는다. 그보다는 무슨 일을 하든 자기가 잘할 수 있는 강점을 활용하게 하면 더 효과적이다. 이제 뛰어난 리더는 구성원들의 강점을 발견하고 개인화에 대한 열정을 지녀야 한다.

사고의 식민성을 버려라

리더의 식민적 사고는 보편적 조직을 만들고 생각의 집단화를 만든다. 보편적 가치란 가치에 있어 차이의 상실을 의미한다. 그리고 조직이 스스로 더 이상 새로운 가치를 창조하지 못한다면 생각의 집단화를 의심해봐야 한다.

생각의 집단화란 보편적 가치에 대한 적응이다. 보편적 현실에 적응하고 순응하게 되는 순간이 새로운 가치 창조의 활동이 멈추는 순간이다. 적극적이고 능동적이던 사람이 시간이 지나면서 이미 만들어진 것을 보편적 원리로 수긍하기 시작하면 다름은 비난의 대상이 된다. 다름이 비난의 대상이 되면 차이를 만들어내기 위한 노력 또한 멈춘다.

이것은 토양이 산성화되는 원리와 비슷하다. 토양은 스스로 화학작용을 통해 산성화를 막고 작물을 키워내는 힘을 갖고 있지만 화학비료를 무분별하게 사용하면 그 능력을 상실하고 만다. 더 이상 자기 능력을 포기하고 외부의 영향에 의존하게 되면서 시간이 지나면 작물을 키워낼 힘을 잃는다.

조직도 이와 다르지 않다. 외부의 이념을 무분별하게 받아들이고 신봉하면 구성원들은 더 이상 생각하기를 포기한다. 생각하지 않으면 기존의 것에 더 의존하게 되고 더 이상 새로운 가치를 만들지 못하고 조직은 위태로워진다.

우리가 살면서 가장 즐겨 사용하는 말은 무엇이고, 내가 조직에서 가장 많이 사용하는 말 또한 무엇이라고 생각하는가? 아마도 이성과 합리성일 것이다. 이것은 우리가 성장하면서 끊임없이 교육받고 요구받았기 때문이다. 그래서 이성과 합리성은 무엇을 설명하고 이해시키는 것은 물론이고 행동과 생각을 할 때 우리 삶의 기준으로 작동한다.

그럼 이성적이고 합리적인 생각은 언제나 옳은 것일까? 그럴 수도 있고 아닐 수도 있다. 분명한 것은 이성과 합리성으로 인해 개인의 생각과 행동이 통제된다는 것이다. 이성과 합리는 모두가 그렇다고 생각하는 기준들이다. 이런 '우리'의 사고가 개인인 '나'의 사고를 통제하는 법으로 존재한다. 법은 우리의 이성을 통해 만들어진 것이므로 복종하는 것이 이성적인 것이 된다. 그리고 이성을 중심에 놓고 사고해야 질서 있고 논리적이라고 받아들인다.

이렇게 '이성'이 당위로서의 이념이 된다. 보편, 질서, 객관, 기준, 체계, 동일성 등과 같이 '우리' 안에 있는 공통의 성질이 우선하게 된다는

지시 말고 질문하라

것이다. 그래서 '나'에게 있는 개별적이고 독립적인 가치보다 '우리'가 원하는 가치에 도달하려고 노력한다. 결국 집단적 이념을 내재화한 것을 자신의 가치로 착각하게 된다.

이렇게 개인의 독립된 감성과 생각이 집단적 이념에 갇히면 자기 스스로 새로운 가치 기준을 생산하지 못하고 외부 기준에 의존하게 된다. 그리고 외부 기준을 잘 지키는 것이 자신의 가치를 결정한다고 생각한다.

결국 나와 조직이 새로운 가치를 만드는 것이 어려운 것은 '우리'가 만든 집단적 이념에 복종하기 때문이다. '우리'의 기능은 그 속의 것을 한정하는 데 있다. 시선을 한정하고 행동을 한정하고, 사고를 한정한다. 한정은 작아지게 하고 멈추게 한다. 리더가 외부의 이념에 복종해 이미 만들어진 것에 의존하게 되면 조직은 더 이상 발전하지 못하게 된다.

이런 일화가 있다. 오늘날 중국을 경제 대국으로 이끈 리더는 덩샤오핑이다. 그가 젊은 시절 지방 관리로 있을 때다. 몇 년째 해마다 흉년이 들어 아사자가 끊이지 않는 지역이 있었는데 얼마 후 무슨 이유에선지 그곳에서 아사자가 생겼다는 보고서가 더는 올라오지 않고, 오히려 살기 좋은 고장이 되었다는 소식이 들리는 것이었다. 어느 날 당에서 파견된 감찰반이 그 지방에서 당명 불복과 사회주의 이념을 어긴 사건을 적발하게 된다.

사건의 전말은 이렇다. 해마다 흉년이 들어 상당수의 가족과 이웃들이 굶어 죽는 참담한 현실을 보다 못한 그 지역의 책임 지도자는 주민

들을 살리기 위해 마을 어른들과 논의해서 당명을 어기는 매우 위험한 결단을 내린다. 기근의 원인이 사회주의 농촌경제의 근간인 협동농장 제도의 비효율성임을 지적하고 한시적으로 농지를 분배해 개인이 직접 농사를 짓게 한 것이다. 이에 동조한 마을 사람들은 자신에게 분배된 농토를 최대한 활용하는 창의성을 발휘하여 농사를 지었다. 그 결과, 생산량이 협동조합 시절보다 두 배 이상 증가하게 되었고, 다양한 잡곡도 생산해 가정마다 곡식이 가득 차게 된 것이다. 매년 이 같은 영농 방식을 택해 살기 좋은 마을로 변모했지만 당명을 어긴 게 드러나 지도자들이 반동죄로 모두 처형받기 직전에 이른다.

이런 상황을 알게 된 덩샤오핑이 중앙당 간부들에게 선처를 호소해 처벌을 경감하고 사면될 수 있도록 애쓴 덕에 처벌을 면하게 되었다. 이후 덩샤오핑이 권좌에 올라 개혁개방이라는 대전환을 설계하고 실행하는 데 이 사건이 영향을 끼쳤다고 한다. 자신들이 최고의 가치로 여기고 오랫동안 지켜온 이념과 기준을 버림으로써 오늘의 중국이 존재하게 된 것이다.

그러니 먼저 리더가 '우리'가 만든 이념과 과거의 중력에서 벗어나야 한다. 그러지 않으면 구성원들은 조금 벗어났다가도 자석에 이끌리는 쇠붙이처럼 다시 돌아간다. 그리고 창의적이던 구성원까지 괜히 나섰다가 자기만 손해란 것을 알고 수용에 길들여지면서 그저 그런 보편적인 조직이 된다. 그래서 니체도 이런 이념의 복종을 경계하고 중력의 정신에 맞서라고 했다. 제도와 법, 관습과 도덕 등 중력의 영에서 벗어나라고 한 것이다.

이제 리더의 역할은 보다 선명해졌다. 외부의 기준을 따르지 않고, 내부의 동력을 작동시켜 구성원들의 잠재력을 개발해야 한다. 구성원들이 더 깊이 생각하게 하고 개인의 역량이 조직에 기여하게 하여 새로운 기준을 만들어 시장을 선도해야 한다. 누구도 어떤 조직도 선도하지 않고는 지속할 수 없다.

리더는 그동안 믿고 의지하던 합리적인 기준들을 의심해봐야 한다. 그리고 조직의 기준을 외부에서 찾으려고 하는 사고의 식민성을 버리고 내부에서 찾는 노력이 필요하다. 믿음이란 자기의 독립성을 양보하고, 자기 존재의 활동성을 포기하는 일이다. 그러니 믿고 있는 것을 버리고 느끼는 불안을 두려워하지 말아야 한다. 어쩌면 그 불안은 신이 내린 축복일 수 있다. 불안하고 두렵지 않은 용기란 없다. 절벽을 뛰어내리는 용기 없이 자유롭게 날 수 없듯이 질문도 사고의 식민성을 버리는 용기 없이 자연스러울 수 없다.

리더의 배움도 그렇다. 배움이 타인의 사고를 반복하는 것이어서는 안 된다. 배움과 모방의 과정 속에서 창조의 자극을 느끼고 활동을 할 수 있는 힘을 가질 수 있어야 한다. 그렇지 않고 배움이 기존의 것, 다른 사람이 만든 것을 답습하는 데에서 그치면 이 또한 식민성을 벗어나지 못한 것이다.

특히 조직을 이끄는 리더의 배움이 타인의 사고를 반복하고 기존의 것을 모방하는 데 익숙하면 구성원들의 생각이 무시된다. 사고의 식민성이란 외부의 것을 언제나 보편적 원리로 수긍하고 구성원들의 좋은 생각은 우연으로 규정하며 무시하는 것이다. 그러나 어떤 보편적 원리라고 해도 지금 우리 조직의 문제를 해결해줄 수 있는 이론은 없다. 특히 지금처럼 다양하고 빠르게 변하는 환경에서 시대 지난 보편성으로 해결할 수 있는 것은 아무것도 없다.

그래서 배움은 기존의 것에 새로움을 추가하는 활동이 되어야 한다. 새로움이 꼭 밖에서 안으로 들어오는 것이라고 생각하지 마라. 인간을 포함하여 세상의 모든 만물은 내적 힘의 작동 없이 새로움을 만들고 변화를 이끈 적이 없다. 변화가 외부로부터 오고 새로운 가치가 밖에서 만들어진다는 생각이 바로 식민적 사고다. 변화의 힘이 조직 내에 있는 것이 아니라 외부에 있다고 생각하기 때문이다. 이제 우리 것이 새로운 것이 되지 못하고 선도하지 못하면 어떤 기업도 지속할 수 없다는 것을 알아야 한다.

그러나 이것을 리더 혼자 할 수 있다고 생각해서도 안 된다. 개인이 아무리 뛰어나도 멍청한 조직을 이길 수 없다. 그러므로 구성원들의 잠재력을 통하지 않고는 불가능한 일이다. 배움이 계속해서 채우는 것이라고 생각해서도 안 된다. 기존의 낡은 이념적 사고를 버리지 않고는 새로워질 수 없기 때문이다. 기존의 것을 내려놓을 때 우리는 새로워질 수 있다. 날마다 조금씩 나아지기 위해 덜어내는 것도, 지금까지의 가치체계를 약화시키는 것도 중요한 일이다.

실천 다름을 인정하는 법

"저는 그것이 불편합니다"라고 말할 때 불편함은 감정이다. 그 불편한 감정을 마주하는 사람은 그대로 받아들이면 된다. 문제는 자연스럽게 상대방의 감정을 받아들이는 게 아니라 "뭐가 그렇게 불편해?"와 같이 이성적으로 반박하는 데 있다.

생각이란 것도 감정만큼이나 각자 다른데 나와 다른 생각을 틀리다고 말한다. 이렇게 리더의 생각이나 행동을 강요하는 것은 폭력이다. 이것이 폭력인 이유는 다른 사람의 감정이나 생각, 행동이 존중받지 못하고 무시되기 때문이다. 그러므로 다름을 인정한다는 것은 한 사람을 오롯이 독립된 주체로 존중하는 것이다.

그럼 어떻게 내 기준을 내려놓고 다름을 인정할 수 있을까?

첫째, 자기 의심이다. 기업이든 개인이든 성공의 경험을 잊지 못한다. 이런 경험이 기준으로 작용하고 자신이 모든 것을 알고 있다고 착각하게 만든다. 그리고 다른 사람의 의견은 무시되고 자기 경험을 고집한다. 이런 리더는 자기가 강하다고 생각할 수 있지만 사실은 변화를 두려워하는 약한 리더다.

자기 의심은 강자만이 할 수 있다. 자기의 이념적인 생각에 의심을 갖는 것은 강자만이 할 수 있는 일이기 때문이다. 진짜 강한 리더는 자기 생각과 경험이 틀릴 수 있다고 의심을 하며 다른 것을 인정하고 변화를 즐긴다. 그러니 다름을 인정하기 위해서는 먼저 자기가 믿고 의지하는 것을 의심해야 한다.

둘째, 확신하지 마라. 확신은 의심이 없다면 발생할 수 없다. 의심을 충분히 일으킬 만한 원인이 사라져야 비로소 확신이 찾아온다. 의심이 크고 깊다면 확신도 그만큼 클 것이다. 그렇기 때문에 그것이 무엇이든 처음부터 확신하지 않아야 한다.

확신은 시간과 상황의 변화를 다시 의심하고 충분히 의심을 일으킨 원인이 사라진 후 다시 찾아오는 것이다. 확신은 내 경험과 기준에 의해 확정되어 고정된 것이 아니라 환경과 상황에 따라 변하는 것이기 때문에 먼저 확신해서는 안 된다. 문제는 모르는 것 때문에 발생하는 것이 아니라 안다고 확신하지만 알지 못하는 것 때문에 발생하는 것이다.

셋째, 선입견을 버려라. 선입견은 경험이나 먼저 알게 된 것이 고착되어 다른 의견이나 새로운 사실을 받아들이지 않고 거부하는 것이다. 자신을 지배하는 틀을 스스로 만들고, 거기에 자발적으로 지배된다.

선입견은 시대를 닮아가려는 변화에 대한 이해와 새로움에 새로움을 더하는 배움이 멈추면서 생긴다. 결국 선입견을 갖지 않으려면 변화에 대한 이해가 선행되어야 한다. 이것은 '세상의 모든 것은 변한다.'라는 진리만 빼고 다 변한다는 것을 알고 실천하면 된다.

또 선입견을 가지면 새로운 사태에 대해서도 흑백의 논리로 가치를 판단한다. 그러나 가치란 흑백이 아니라 그 경계에 존재한다. 경계는 고정되어 있지 않은 변화의 영역이며, 끊임없이 변하는 곳이다. 그러므로 이분법적으로 생각만 하지 않아도 세상의 다름을 받아들이게 된다.

넷째, 보편에서 개별로 돌아가라. 세상은 이성과 합리, 법과 체계, 이론과 이념과 같이 보편적인 것으로 이루어져 있으며, 이런 보편성에 순응하는 것이 잘 사는 거라고 생각한다. 그러나 이런 보편성이 다름을 부정하는 불안감을 조성한다.

문제는 이런 불안감으로 인해 개인의 생각과 행동이 통제된다는 것이다. 이렇게 개인의 독립된 감성과 생각이 집단의 보편성에 갇히면 스스로 새로운 가치의 기준을 생산하지 못하고 보편성을 믿고 의존하게 된다.

믿음이란 개인의 독립성을 양보하고 활동성을 포기하는 일이다. 새롭고 특별한 가치란 믿고 있는 것을 버리고 느끼는 불안을 두려워하지 않는 용기를 가질 때 가능하다. 절벽을 뛰어내리는 용기 없이 자유롭게 날 수 없는 것이다. 어쩌면 불안은 신이 내린 축복일 수 있다. 개인에게 집중하면 다름은 쉽게 인정할 수 있다.

'독선형' 리더가
갖춰야 할 자세

자기 한계를 인식하고 존중하라

안정과 안전은 새로운 것을 시도하고 자신의 한계를 넘어서는 것을 방해한다. 성공한 사람은 다시 성공하기 위해 증명된 전략과 모범을 고수하지 안전을 고수하지는 않는다. 그러나 안정과 안전은 리더를 유혹하기에 충분한 안전지대다. 그래서 자기 한계를 인식한다는 것은 쉬운 일이 아니다. 또 한계를 보인다는 것은 마치 능력 없는 사람으로 비쳐질 수 있다. 그래서 자기 한계를 스스로 인식하는 것이 어렵다.

뿐만 아니라 학교에서 직장에 이르기까지 우리는 타인에 의해서 평가받는 데 익숙하다. 그래서 타인의 평가에 의해서 자기 한계를 가늠한다. 다른 사람이 긍정하면 내가 능력 있다고 생각하고, 부정하면 그것이 자기 한계라고 받아들인다. 그렇다 보니 자기 한계를 인식한다는 것을 마치 능력의 한계로 받아들이기도 한다.

이렇게 우리가 한계를 제한으로 받아들이는 것은 성찰하지 않기 때문이다. 그러나 한계란 의미는 제한이 아니라 가능성이며 새로운 시작이다. 한계는 넘어야 할 벽에 불과하다. 한계의 벽을 무너뜨리면 새로운 세계로 가는 다리가 된다. 자신의 한계를 넘는다는 것은 자신이 가지고 있는 고정관념이나 선입견에 사로잡히지 않고 도전하는 것이다.

그러므로 모든 발전은 자기 한계를 인식할 때 가능하다. 한계의 인식이 있어야 비로소 한계를 넘어선 원리를 받아들일 수 있기 때문이다. 그러나 리더가 자기 한계를 인정하는 것은 죽기보다 싫은 일이다. 자기 안의 모든 기준과 확고함 그리고 자기 소신을 떠나는 일은 불안이고, 그런 자신을 바라보는 부하직원들의 시선은 두려움이기 때문이다.

불안은 지금까지 쌓은 것이 무용지물이 될지도 모른다는 심리적 반응이다. 오랜 시간 경험과 학습으로 만든 자기 소신을 버린다는 것은 쉬운 일이 아니다. 특히 리더의 위치에 있는 사람에게 다시 시작한다는 것은 용기의 문제이기도 하다. 그러나 리더가 자기 한계를 인식하지 않으면 평생 자기가 하던 말을 강화하고 자기가 하는 생각을 강화시키는 일만 하게 된다.

자기 한계를 인식하지 못하는 리더는 일상의 반복되는 언어에 '더'를 붙이는 일로 새로움을 만들려고 한다. 더 열심히, 더 성실하게, 더 많이... 그러나 한계를 인식하지 않는 '더'는 고정관념과 선입견 그리고 리더의 독선을 만든다. 소통의 부재는 여기서 시작된다.

리더가 한계를 인식하지 못하면 질문은 리더십으로 작동되지 않는다. 한계를 인식하지 않는 질문은 다른 사람을 참여시키지 않고 일방적이기 때문이다. 리더가 자기 기준의 일방적 수용을 강요하면 조직은 경직성을 벗어나지 못하고 갈등과 불신만 커지게 된다.

또한 자기 한계를 인식하지 못하면 급변하는 상황 변화에 맞출 수가 없다. 자기 한계를 인식하지 못하는 사람에게 있어 변화는 그동안 자기 경험과 노력으로 쌓은 것을 뺏기는 거라고 생각하기 때문이다. 나이를 먹으면서 자기도 모르게 보수적으로 변하는 모습이 그렇다. 경험이 많아지고 자기 경험에 의지하는 경향이 높아지면서 나타나는 현상이다. 이것은 자신의 경험으로 만들어진 기준과 확신이 자기 역량이라고 생각하면서 자기 기준과 부합하지 않는 것을 부정하며 생기는 현상이다.

현상을 유지하려는 상태가 보수라면 자기 것을 지키려고 하는 것은 기득권이다. 어느 조직이나 기득권자들이 있다. 그들은 지금의 안정과 보수를 희구한다. 그리고 이것은 이미 조직에서 성공한, 가진 자들의 특성이기도 하다. 이들에게는 지금 바꾸어야 할 이유가 없다. 그들은 지금 향유하고 있는 권력과 부의 많은 부분을 과거의 성공에 대한 보상이라고 생각하기 때문이다. 그리고 과거 논리를 긍정하고, 자신에게 익숙한 관행과 방법을 옹호한다.

문제는 기득권을 가진 자들이 대부분 조직의 상위에 있으면서 조직의 변화와 혁신을 방해한다는 것이다. 변화의 필요를 인정하지만 지금은 아니라고 말한다. 조직에 대한 문제를 어느 정도 인정하지만 지금 당장 해결해야 할 일을 처리하고 내일부터 시작하자고 한다. 그들은 언제나 일상적인 일 때문에 바쁘다는 이유를 들어 변화를 포기한다.

지금의 리더는 한계를 인식해야 소통할 수 있다. 무조건 자기 의견을

따지지 말고 질문하라

강조하고 수용을 강요하던 리더가 스스로 한계를 인식하기 시작하면 다른 사람의 의견에 관심을 갖게 된다. 다른 의견에 대한 관심은 다른 사람에 대한 관심으로 발전하게 되고 비로소 다름을 인정하게 된다. 그리고 다름을 인정하면 구성원들의 생각과 의견을 묻고 경청하게 된다. 그래서 소통이란 질문하고 질문을 받는 과정에 존재하는 것이다.

그리고 질문 활동이 상하 관계를 넘어 지적 영역으로 넘어가면서 자연스럽게 수평적 소통이 이루어지게 된다. 리더 자신이 오랫동안 당연하다고 생각한 것들을 의심하게 되면서 학습욕구가 생긴다. 상호 건설적인 피드백과 의견에 귀를 열어두고 리더 스스로 서슴지 않고 자신의 부족함을 묻게 된다. 이렇게 서로 상호작용을 인정하면 조직은 직급과 시대를 넘어 존중하는 관계로 발전하게 된다.

여기에는 세대 간 갈등도 상하 간의 불신도 타인에 대한 의심도 사라진다. 리더가 자기 한계를 인식하고 질문하게 되면 상호 신뢰가 쌓이고 존중과 존경만 있을 뿐이다. 이것이 질문 리더십의 핵심이다.

노자도 '빔이 있어야 쓰임이 된다'고 했다. 그릇의 속이 비어있어야 그릇으로써 쓰임이 생긴다는 의미다.

내 안에 이미 과거가 된 기준이나 이념을 버려야 새로운 시대를 담을 수 있다. 새로운 것은 그동안 내가 몰랐던 것이다. 우리가 어린 시절부터 모르는 것을 알아갈 때 질문했듯이 자기 한계를 인식하고 모르는 상태가 되면 자연스럽게 질문하게 된다. 리더가 질문할 때 자기 성장과 조직을 변화로 이끌어 갈 수 있다. 모든 것의 출발은 자기가 믿고 근거했던 한계를 인식하고 거기서 벗어나야 가능하다.

자기 한계 인식은 성찰과 각성을 통해 가능하다. 성찰의 과정이 없으면 자기 마음에 드는 것만 보고, 듣고, 받아들이고 맘에 들지 않는 것은 받아들이지 않기 때문이다. 모든 것을 자기가 알고 경험한 것으로 한정하면 모든 상황의 한계를 넘지 못한다. 당연히 성취가 작아지고 더 좋은 방법이 있어도 받아들이지 않으면서 효율성은 떨어진다. 문제를 내가 원하는 대로만 보게 된다.

그러나 4차 산업혁명에서의 시장은 어떤 고정된 하나로 돌아가지 않고, 그 무엇도 하나로 의존할 수 없는 시대다. 내 안에 이미 정해진 것에 의존하고 나 아니면 안 된다는 생각만큼 어리석은 일이 없다.

리더가 자기 한계를 인식하는 것은 구성원들의 잠재적 역량의 해방이기도 하다. 조직이 더 이상 행성만 모여 있는 곳이어서는 안 된다. 항성이 자체 중력으로 존재하면서, 내부에서 핵융합 반응으로 열을 생산하여 빛을 내는 천체를 의미한다면, 행성은 구형에 가까운 모양을 유지하면서 주변의 영향력 있는 항성 주변을 공전하는 천체를 말한다.

리더가 한계를 인정하지 않고 자기 중심으로 일하면 모든 구성원은 리더의 주변을 공전하는 행성에 불과하다. 그러나 독립된 개인은 각자의 잠재력을 가지고 있는 항성 같은 별이다. 급변하고 다변하며 불확실성이 높은 환경은 더 이상 한 사람의 빛으로 밝힐 수 없다. 구성원들의 독립된 잠재력을 빛나게 해야 한다. 모두가 빛나는 별이 되어 밝힐 때 조직의 미래도 밝아질 수 있다.

나 아니면 안 된다는 생각을 버려라

리더가 나 아니면 안 된다는 생각을 갖는 것은 어쩌면 당연한 일인지 모른다. 시간도 여유도 없이 오로지 일밖에 모르면서 조직의 인정과 승진을 통해 리더의 자리까지 왔으니 그럴 만하다. 그리고 조직의 인정에 보답하려고 자기에게 주어지는 일이라면 어떤 어려움이 있어도 해결하면서 자신도 모르게 자만심마저 가지게 된다.

리더가 이런 생각을 가지면 생기는 첫번째 문제점은 바로 리더와 구성원들 간에 불신이 생긴다는 것이다. 모든 일이 나 아니면 안 된다는 생각을 하는 리더는 조직의 모든 공을 독차지할 가능성이 크기 때문이다. 실제로 나는 직장에 있을 때 이런 사람을 많이 봤다. 이들은 팀의 성과를 입에 물고 다니며 무용담처럼 자기 자랑으로 합리화하는 데 능하다. 무용담에 팀원들은 없고 오직 자기 자신만 있다.

그러나 어떤 일도 팀원들의 수고 없이 만들어질 수 없다는 것을 모르는 사람은 없다. 그리고 오직 자기 공으로 포장하는 사람은 과정보다 결과를 중시한다. 이것이 쌓이면 팀원들은 리더를 불신하고 떠난다. 이런 사람 주변에 사람이 없는 이유다.

반면에 앞에서는 냉정하지만 뒤에서 작은 공도 빠짐없이 챙겨주는 리더가 있다. 이런 리더는 자기를 내세우지 않고 우리 팀을 강조한다. 일하는 과정에 팀원들 모두가 주연으로 등장한다. 특히 팀이 이룬 성과를 말할 때 나는 빼고 우리를 앞세우며 팀원들의 노력을 칭찬한다.

이런 리더는 결과도 중요하지만 과정 또한 중요하게 생각한다. 리더가 과정 속 팀원들의 노력을 기억하고 인정해 주면 팀원들이 순간순간

최선을 다할 뿐 아니라 팀원과 자발적 신뢰가 쌓인다. 이런 사람이 따뜻한 카리스마를 소유한 리더다.

역사적으로 이순신 장군이 그렇다. 이순신의 장계에는 함대 출발 일자, 항해 시간, 적의 동태, 전투 상황 등이 매우 상세하게 기록돼 있다. 전과와 전리품도 빼놓지 않고 보고하고 있다.

특히 눈에 띄는 대목은 부하 장수들과 병사들이 올린 전과와 전공이다. '우후 이몽귀가 왜선 1척 나포, 참수 7급, 왜선 1척 분멸, 녹도 만호 정운이 왜선 1척 나포, 참수 20급, 여도 권관 김인영 참수 1급 등등...'(불패의 리더 이순신/하늘재) 이런 식으로 부하들의 전과와 전공을 낱낱이 실명으로 보고하고 있다. 그리고 왕이 멀리 있어 행정력이 미치지 못할 때는 자기가 먼저 공을 세운 부하들에게 포상을 했다. 부하들 입장에서는 멀리서 상만 내려준 왕보다는 뒤에서 옆에서 묵묵히 자신을 알아봐주고 인정해준 이순신을 더 믿고 따를 수밖에 없었을 것이다.

칭찬도 대놓고 하는 것보다 대상이 없는 곳에서 하는 칭찬이 더 효과적이다. 많은 직장인들이 경험하는 일이지만 당사자가 없는 곳에서 험담하기는 쉬워도 칭찬하는 경우는 극히 드물다. 그러나 칭찬이든 험담이든 언젠가는 당사자에게 도달하게 되어있다. 당사자가 없는 곳에서의 험담이 관계의 악화를 만든다면 칭찬은 좋은 관계는 물론 스스로 자기 일을 하게 하고 책임감을 가지게 한다.

쉬운 일은 아니지만 리더는 마땅히 이래야 되는 것이다. 그러나 나 아니면 안 된다고 생각하는 리더는 팀원의 공을 자기 것으로 만들면서 칭찬에 인색해지고 오만해진다. 오만해진 리더는 탐욕만 있고 질문은 없다.

두번째는 구성원들의 잠재력 개발이 안 된다는 데 있다. 나 아니면 안 된다고 생각하는 리더는 질문하기보다 지시에 능하기 때문이다. 그러나 리더의 계획이 아무리 훌륭하고 면밀해도 그것이 일방적이면 그저 하나의 지시일 뿐이다. 일방적으로 지시하고 조언하면 직원들의 의식은 개발되지 않고, 책임은 지시를 한 리더에게 있을 뿐 직원들은 시키는 대로 한 사람으로 머문다. 이렇게 지시와 조언에 능한 리더는 자기가 없으면 조직이 돌아가지 않는다고 생각한다. A에서 Z까지 자기가 계획하고 지시하고 챙기고 확인해야 비로소 맘을 놓는다.

직장에 있을 때 두 명의 팀장과 함께 해외 출장을 간 적이 있다. 출장 목적은 구매 프로세스 개발을 위해 해외 거래처와 유통구조를 파악하는 중요한 출장이었다. 그런데 주관부서인 구매팀장 A가 국내 업무 때문에 전화기를 손에서 놓지 못하고 출장 업무에 집중을 하지 못하는 것이다. 반면에 같이 간 영업담당 팀장 B는 국내에서 전화도 오지 않을 뿐더러 무관심하다고 할 만큼 신경을 쓰지 않았다.

그날 저녁 술을 한잔 하면서 알게 된 사실이다. A 팀장은 자기가 없으면 팀이 돌아가지 않고, 나 아니면 안 된다며 목소리가 커졌다. 하나에서 열까지 다 챙겨야 한다며 스스로 매우 중요한 사람처럼 이야기하는 것이다. 반면에 영업을 담당하고 있는 B 팀장은 우리 팀은 자기가 없어도 담당들이 알아서 한다고 했다. 대신 자기는 방향을 구체적으로 제시한다고 한다. 나는 B 팀장에게 불안하지 않느냐고 물었더니, 알아서 하는데 뭐가 불안하냐고 대답했다. 사실 매일 상황이 바뀌고 숫자에 따라 대응해야 하는 영업팀장이 국내 상황에 더 민감해 하며 수시로 통화를 해야 하지만 입장이 바뀐 것이다.

자고로 팀은 팀장이 없어도 잘 돌아가는 팀이 좋은 팀이다. 노자도 말하기를 '최고의 통치는 백성들이 그 존재만 알 뿐이다.'라고 했다. 즉 백성들이 스스로 자기 본성대로 살아가도록 아무런 간섭도 하지 않는 통치자를 최고 수준의 통치자로 본 것이다.

본인은 자상함이라고 생각할지 모르지만, 일일이 챙기고 간섭하는 리더는 하질의 리더나 다름없다. 리더는 일을 구체적으로 확인하고 간섭하는 것이 아니라 구체적으로 방향을 제시하는 것이 중요하다.

리더의 확인이 직원들을 수동적이게 한다면 방향은 능동적으로 활동하게 한다. 조직이 가야 할 방향을 구성원들이 구체적으로 알면 스스로 생각하며 일을 하게 된다. 스스로 생각하며 일한다는 것은 스스로 일을 기획하고 계획을 세우고 실행하고 평가하고 책임까지 지는 것을 의미한다. 이런 과정에서 구성원들은 자기 역량을 키워가는 것이다.

그러므로 훌륭한 리더는 나 아니면 안 된다는 생각 대신에 직원들이 스스로 생각할 수 있도록 열린 질문을 하여 스스로 해내겠다는 다짐을 갖게 하는 리더다. 위에서 말한 팀장 A는 "문제없겠나?"와 같이 확인을 하기 위한 닫힌 질문을 한다면 팀장 B는 "어떤 점을 더 고려해야 할까?"와 같은 열린 질문을 하여 자유롭게 생각하고 다양한 의견을 말할 수 있게 하여 상대방의 의식 수준과 통찰을 이끌어냈을 것이다.

세번째는 나 아니면 안 된다는 생각을 가지면 시간이 부족해 중요한 일을 할 수 없다는 것이다. 모든 것을 내가 챙겨야 하기 때문에 몸이 열

지식 말고 질문하라

이라도 부족하다. 그러나 세상에 혼자서 할 수 있는 일은 별로 없다.

그래서 리더는 일을 위임할 줄 알아야 한다. 위임이란 자신이 할 수 없는 일을 떼어내 다른 사람에게 주는 것이 아니다. 리더가 진정으로 중요한 일에 집중하기 위해 시간을 확보하는 절실한 수단이다. 권한 위임은 어느 한 사람에게 권한을 위임하는 것을 의미하지 않는다. 조직원들 각자 스스로 행동하고 통제하고 문제를 해결하는 재량권을 주는 것이다. 이런 재량권이 조직원들의 역량을 높인다.

현장 책임자로 근무할 때 일이다. 2006년 멀티플렉스 영화관들이 시장에 정착하며 영화관 사업이 성장기를 맞이했다. 주말이면 관객이 넘쳤고 관객이 넘치는 만큼 고객 컴플레인도 늘어 조용한 날이 없었다.

문제는 간단히 해결될 문제가 의사결정이 늦어지면서 커진다는 것이었다. 지금도 그렇지만 영화관의 고객 응대는 대부분 아르바이트(파트타임) 직원이 한다. 문제가 생기면 아르바이트 직원들은 교육받은 매뉴얼대로 처리하려고 하거나 고객을 기다리게 하고 매니저나 관장의 의사결정을 기다려야 했다.

대부분 환불에 관한 문제였고 환불 가능 여부는 관장의 의사결정 사항이었기 때문에 즉시 처리가 안 되면서 고객의 불만이 커지는 문제가 되었다. 나 또한 주말에는 아무 일도 못하고 긴장 속에 있어야 했다. 나는 고심 끝에 매니저들의 우려에도 불구하고 환불규정을 바꾸어 아르바이트 직원에게 내 권한을 일임하기로 했다.

결과는 바로 나타났다. 고객 컴플레인은 물론 환불도 크게 감소한 것이다. 이후 나는 더 많은 권한을 구성원들에게 위임했고, 시간의 여유를 갖고 고객을 더 깊이 관찰하며 가치를 높일 수 있는 더 큰 생각을 할 수 있었다. 중요한 것은 권한 위임을 통해 모든 구성원들이 각자 재량을 발휘하며 성장했다는 것이다.

이렇듯 리더가 모든 일을 챙기고 결정하고 가르치려고만 하면 구성원은 리더를 넘을 수 없다. 어렸을 때 동네 어른들로부터 이런 이야기를 듣는 경우가 있다. '저 아이는 자기 아버지를 빼다 닮았다' 이 말이 그때는 좋은 얘기인 줄 알았다. 그러나 시간이 지나 좋은 얘기가 아니란 것을 알게 되었다. 아버지의 인생을 넘지 못하고 닮아가는 아이가 잘 성장하고 있다고 할 수 없기 때문이다. 어느 부모도 자식이 자기와 동일한 삶을 살기를 바라는 부모는 없다. 그러나 그 아이가 부모를 넘지 못하고 빼다 닮는 것은 아버지의 가르침이 지나치기 때문이다. 아버지가 자기 것을 남김없이 가르치려고 하면 아이는 그저 아버지만 닮으려고 골몰하게 된다.

직장에서도 이런 경우를 보게 되는데 바로 리더가 모든 일을 챙기고 가르치려고 할 때 그렇다. 구성원들의 생각과 일을 대하는 자세가 리더를 넘지 못하고 리더를 닮아가는 것은 구성원들의 문제가 아니라 리더 자신의 문제다. 이것은 리더 한 사람의 기준으로 구성원들을 대한 결과다. 그러니 리더는 구성원들과 각기 다른 거리를 두고 재량권을 주어 스스로 생각하고 질문하게 하여야 한다.

현실이란 항구에 묶여 항구를 벗어나지 못하는 배는 더 이상 배가 아니다. 과감하게 미시를 포기하고 거시를 추구하여 미지의 세계로 나아가야 한다. 거시는 아직 가보지 않은 길이고, 모르는 상태고, 상상의 공간이다. 낯선 곳에 가면 그곳의 사람에게 물어야 하고 모르는 것은 아는 사람에게 물어야 한다. 무능의 시간이 있어야 유능해질 수 있고, 새로운 배움이 있어야 그만큼 성장한다. 이것은 나 아니면 안 된다는 생각에서 벗어날 때 가능한 일이다.

함께 일하는 습관을 가져라

리더는 외롭다고 한다. 처음 리더가 되면 팀원들과 함께 일하다 뚝 떨어져 나온 기분, 조직의 기대에 부응해야 한다는 부담감이 충분히 외로움을 느끼게 할 만하다. 그리고 힘들고 어려운 사항을 구성원들에게 일일이 말하기도 어려워하면서 고립감마저 느낀다. 거기다 이전과 다르지 않게 말하고 행동하는데도 구성원들은 태도나 해석을 다르게 받아들인다.

함께 마시던 커피 한잔도 부담을 느끼고 점심때가 되면 어느덧 혼자 남아있는 자신을 발견하게 된다. 시간이 갈수록 무겁고 고독한 책임감마저 커지면서 외로움도 커진다. 이쯤 되면 리더 자신도 구성원들과 자연스럽게 거리를 두기 시작하고, 혼자 일하는 것을 당연하게 받아들인다. 혼자 일하는 것이 당연해지면 리더가 자기 기준에 의존하게 되고 다른 의견을 다름으로 받아들이지 않고 틀리다고 부정하면서 스스로 섬이 되어간다.

이렇듯 리더의 외로움은 어쩌면 혼자 일하는 데 있다고 할 수 있다. 그러나 이제 리더가 더 이상 외로우면 안 된다. 함께 일하지 않으면 안 되기 때문이다.

4차 산업혁명으로 세상은 더 복잡해지고, 더 투명해지고, 긴밀하게 연결되어 있다. 무엇을 계획하거나 준비할 수 있는 시간은 점점 더 짧아지고, 경제와 환경은 불안정하고 빠르게 변하고 있다.

그런가 하면 산업의 주력으로 성장한 밀레니얼 세대는 공동체나 연대감을 형성해서 일하는 것을 선호하기 때문에 함께 협의해서 일하는 문화를 만드는 것이 중요하다. 더 이상 조직을 예측과 통제의 수단으로 생각하면 안 된다.

조직이 산업화 시대 예측과 통제 원리에 따라 선행계획과 중앙 집중적 통제의 수단으로 움직였다면 이제 조직은 개인의 생각과 감각이 표현할 수 있는 통로가 되어야 한다. 조직은 한 개인이 감지한 중요한 사실이 그대로 묻히는 무덤이 아니라 감지한 문제가 공론화되어 변화로 이끌 통로가 되어야 한다는 것이다.

현실과 상황을 감지하는 개인의 능력을 통해 조직이 어떻게 대응하고 준비해야 하는지 알게 되는 것이지 조직이 감지하고 인지하는 것이 아니다. 그러므로 각기 다른 개인의 재능, 배경, 역할, 전문분야에서 나온 서로 다른 생각과 감각들이 리더의 의견에 따르는 쉬운 방법을 통해 결론 내려져서는 안 된다.

이제 조직과 리더는 사람을 바꾸려고 하는 시도들을 멈추고 틀을 바꾸는 일을 해야 할 때다. 더 이상 리더가 혼자 일하며 외로우면 안 된다. 훌륭한 조직도 리더의 기준이 아니라 훌륭한 개인이 기준이 되어야 한다. 훌륭한 조직이란 통제 시스템에 의해 움직이는 조직이 아니라 훌륭한 개인들이 상호작용을 통해 자발적으로 급변하는 환경에 적응하며 발전하는 조직이다.

우리는 여러 사람이 모여 함께 일을 하다 보면 꼭 누가 이끌어나가는 것을 세뇌된 것처럼 중요하게 생각한다. 누구나 기억할 것이다. 우리가 학교라는 제도권에 들어가면 가장 먼저 하는 것이 반장과 부반장을 선출하는 것이었다. 이런 구조가 기능적으로 어떤 의미가 있는지도 모르고 당연히 그래야 된다고 생각했다. 이후 직장에 들어와서 생각한 것은 직장의 계급과 직급 제도가 우리 모두 계급 제도 속에서 일할 필요가 있다고 믿게끔 우리를 세뇌하는 데 사용되는 것 같다는 것이었다.

어떤 조직이든 한 명의 책임자를 선정하는 것은 자연스런 일이었다. 대표로 선정된 책임자를 통해 자신의 영향력을 행사할 수 있고, 책임자로 선정된 대리인은 자기에게 주어진 예산과 평가를 통해 막강한 통제권을 가진다. 조직은 기능적으로 세분하여 관리의 편리성을 추구하고, 구성원들은 극도로 고립되었다.

조직은 열정적으로 일하기를 원하지만 같은 일을 반복하면서 열정을 유지할 수 있는 사람은 세상에 없다. 열정이 없으니 쉽게 수용에 길들고, 개인은 지시를 수용해 자기 할 일에 충실하면 되었다. 조직이 어떻게 돌아가든 자기 일만 하면 되고 공동의 문제에 대해서는 누구도 책임지지 않았다. 다행히 조직은 지금까지 가장 효율적으로 운영되었다.

그러나 이제 상황이 바뀌고 있다. 인터넷과 클라우드를 기반으로 하는 4차 산업혁명과 최근 코로나 19로 인한 급변하는 시장의 변화는 더 이상 한 사람의 생각만으로는 조직이 지속할 수 없다는 것을 잘 보여주고 있다.

리더는 이제 함께 일하는 방식을 택해야 한다. 리더가 구성원들과 함께 일하는 방법 중 가장 먼저 해야 하는 것은 자기가 알고 있는 지식을 구성원들에게 넘겨줄 수 있는 열린 마음의 학습 공유자가 되는 것이다. 동시에 구성원들로부터 배울 수 있도록 열린 사람이 되어야 한다.

이렇게 정보와 지식이 자유롭게 흘러 모두가 공유하면 일의 효율은 배가 되고 구성원 간 소통은 막힘이 없어진다. 반대로 정보가 공유되지 않고 조직이 기능적으로 움직이면 조직력은 약해지고 한 사람이 휴가를 가거나 자리가 공석이 생기면 모든 일이 원활하게 진행될 수가 없게 된다.

그러므로 리더는 자기의 지식과 정보를 구성원들과 공유하고 반대로 구성원들로부터 배우면서, 새로움을 추가하는 능력을 갖추어야 구성원들과 함께 생산적인 일을 할 수 있다. 리더가 먼저 모범을 보이지 않으면 쉽지 않은 일이다.

이런 방법이 효과적이다. 조직의 어떤 문제를 해결해야 한다고 가정해보자. 물론 그 문제는 중요한 일이어야 한다. 먼저 리더 자신과 그 문제해결에 가장 적합하다고 생각되는 팀원과 함께 문제를 풀어가는 방식인데, 팀원에게 이 문제를 해결하는 데 도움이 되는 정보와 지식, 자원을 글로 적게 하고, 리더 자신도 같이 적는다. 다 적으면 공유하고 문제를 해결할 두 사람이 자원을 배분하여 실행 계획을 함께 만드는 것이다. 그리고 결과를 공유하는 방식이다. 이렇게 하면 정보와 지식이 공유되면서 자연스럽게 함께 일하는 것이 자연스러워진다.

다음은 질문하는 것이다. 특히 구성원 모두가 조직의 문제를 공유하고 각자 자기 의견을 말하게 하는 것이 좋다. 그리고 각자 의견이나 아이디어에 대해 "이 의견의 좋은 점은 무엇입니까?"와 같은 질문으로 다른 구성원들의 인정과 동의를 구하는 방식은 함께 일하는 긍정적인 분위기를 조성하는 데 도움이 된다. 그뿐 아니라 후속 질문이나 자연스런 문제 제기, 비판을 받아들일 토대가 마련된다.

그런 다음 "그럼 어떻게 하면 이 의견을 조금 더 보완할 수 있을까요?"와 같은 질문을 하여 의견을 구하는 것이다. 비판이 아니라 보완에 초점을 맞추어 갈등을 피하고 구성원들이 의견을 낼 수 있도록 하는 것이 좋다.

이 방법은 부정적인 의견을 보인 구성원도 건설적인 방향으로 의견을 개진하는 데 효과적이다. 이렇게 함께 일하는 것이 인식되고 정착되면 자연스럽게 어떤 쟁점에 가장 많은 관심을 가진 사람이 그 문제의 지휘권을 잡고 그 문제를 해결하게 하는 것이다. 지휘권은 조직도상의 권한이 아니라 일의 구심점이라고 할 수 있다.

조직도를 연필로 그려라

여기서 리더가 주목해야 할 것이 바로 조직도다. 현대의 기업은 조직도가 있어 그 이름이 나타내는 그대로의 기능을 한다. 이것은 업무의 속성이 변하지 않는다는 전제, 직원들이 매일 똑같은 작업을 처리한다는 전제하에 조직도 속에 구성원들을 집어넣는 산업화 시대의 유물이다.

업무의 속성이 변하지 않는다면 조직도를 바꿀 필요가 없다. 사실 지금까지는 한 번도 변하지 않은 조직의 사다리를 타고 지금의 자리에 오른 리더들도 있을 것이다. 그러나 상황이 바뀌었다. 일의 본질이 바뀐 것이다. 즉 육체노동 중심에서 지식 노동으로 바뀌면서 일하는 기술과 방식이 빠르게 그리고 수시로 바뀌고 있어, 이런 업무 환경 변화를 수용할 수 있는 조직도가 필요하게 되었다.

그래서 유능한 경영자들은 조직도를 연필로 그린다고 한다. 연필로 그린 조직도는 해결해야 할 문제와 제품을 중심으로 최적의 팀을 구성할 수 있게 해준다는 것이다.

실제로 고어텍스로 유명한 미국의 혁신 기업 W. L. 고어 & 어소시에이션은 1958년 설립 이후 꾸준히 연필로 조직도를 그려 오고 있다. 고어텍스는 상하 계층 조직이 아니라 서로 협력하게 되어 있는 격자무늬 조직을 택하고 있는데, 고어텍스의 혁신력은 바로 격자무늬 조직 운영에서 나온다고 한다. 고어텍스는 새로운 프로젝트를 제안하면 관심 있는 구성원들이 자발적으로 참여하고, 마치면 또 자기의 재능과 관심 분야 프로젝트로 이동한다. W. L. 고어가 창사 이래 지속적으로 혁신하며 성장할 수 있었던 것은 격자 조직 즉 수평적인 조직에서 함께 일하는 조직문화에 있다고 할 수 있다.(경영의 이동/데이비드 버커스)

나도 직장에 있을 때 이보다는 덜 유연하지만 희망보직제도란 것을 도입하여 구성원들이 하고 싶은 일을 할 수 있는 기회를 제공했었다. 이 제도는 말 그대로 구성원들이 희망하는 보직을 미리 받아 다음 인사에 반영하는 방식인데, 처음 관심을 보이지 않던 사람들도 반영률이 높아지면서 높은 관심을 보여 부문에서 하던 것이 회사 인사제도로 정착되었다.

지시 말고 질문하라

중요한 것은 자기가 일하고 싶은 보직에 대해 높은 관심과 사전학습을 한다는 것이다. 인사철이 되면 익숙한 일을 떠나 전혀 다른 일을 해야 한다는 부담 때문에 누구나 불안감을 느끼기 마련인데, 희망보직제도를 도입하면서부터는 인사철이 설렘으로 바뀌었다. 그뿐 아니라 구성원들이 자기가 희망하는 보직의 부서에 관심을 가지면서 부서 간에 소통도 좋아졌다.

실천 자기 한계를 인식하는 법

우리는 한계를 인식하는 것을 부정적으로 받아들인다. 마치 자기 능력의 한계로 생각하기 때문이다. 그러나 능력이 고정적인 것이 아니고 유동적이듯 한계도 끝이 아니라 넘어야 하는 벽에 불과하다. 벽을 무너뜨리면 새로운 세계로 가는 다리가 된다고 하듯이 한계를 인식한다는 것은 새로운 세계로 가는 가능성이고 시작의 경계다. 자신의 한계를 넘는다는 것은 지금 자신이 가지고 있는 관념이나 선입견, 지적 한계를 넘어 도전하는 것이다. 그러므로 리더가 자기 한계를 인식한다는 것은 자신과 조직의 발전을 위해 필수적이다.

자기 한계를 인식하기 위해서는 이런 실천이 필요하다.

첫째, 안전에 안주하지 마라. 자기 한계를 인식하는 것은 한계를 넘기 위한 경계선을 확보하는 것이지 안주하기 위한 안전한 성을 쌓는 것이 아니다. 성공이 또 다른 성공을 만들지 못하는 것은 새로운 길을 닦지 않고 안전한 성을 쌓고 안주하기 때문이다.

안전한 성 안에 안주하는 사람은 경험을 중요하게 생각한다. 그러나 과거 경험을 기준으로 삼는 조직은 과거에 머물게 된다. 그러므로 안전은 새로운 가치를 만드는 시도와 한계를 넘어서는 것을 방해한다.

그렇지 않고 자기 한계를 인식하면 지금까지 쌓은 것을 과거로 인식하게 되고 새로운 것을 찾는 활동을 하게 된다. 모든 것의 출발은 내가 믿고 근거했던 안전지대의 한계를 인식하고 그곳에서 벗어나야 가능하다.

둘째, 성찰하는 습관이다. 자기 한계 인식은 성찰과 각성을 통해 가능하다. 자기 행동에 대해 뒤돌아보고 자신의 의식과 관념들을 살펴 자기 한계를 인식하기 때문이다. 자기 한계 인식이 있어야 다른 세상에 대한 관심과 호기심을 갖게 된다.

그러나 자기 한계를 인식하지 못하면 변화를 인지하지 못하고 과거 자기 경험과 시대 지난 관념을 기준으로 삼는다. 반대로 자기 한계를 인식하면 관심과 호기심을 나침판으로 삼게 된다.

성찰이 습관이 되면 멈추지 않고 더 나은 모습으로 성장이 가능하다. 그러나 성찰하지 않으면 문제의식이 없고 자기 맘에 들지 않는 것은 받아들이지 않으면서 성장도 멈춘다. 성찰은 성장의 필요조건이다.

셋째, 나 아니면 안 된다는 생각을 버려라. 나 아니면 안 된다고 생각하는 리더는 질문하지 않고 지시한다. 지시는 일방적이면서 독선적이기 때문에 직원들은 역량을 발휘하지 못하고 리더의 주변만 빙빙 도는 행성으로 남는다.

그러나 리더가 나 아니면 안 된다는 생각을 버리면 질문하게 된다.

지시 말고 질문하라

질문은 상호작용이 자연스럽게 이루어지기 때문에 직원 개인들이 잠재력을 발휘하여 스스로 빛을 내는 항성으로 존재하게 한다.

급변하고 다변하는 암흑 같은 환경에서 리더 하나의 빛으로 어둠을 밝히는 것은 무리다. 구성원들 모두가 빛나는 별이 되게 하여 서로 비추는 상호작용을 통해 어둠을 밝혀야 가능한 일이다. 직장은 수용하는 곳이 아니라 표현하는 곳이다.

넷째, 함께 일하는 습관을 가져라. 리더가 모든 일을 지시하고 챙기고 책임져야 한다고 생각하는 것은 산업화 시대 수직적인 조직문화의 유물이다. 4차 산업혁명으로 세상이 더 복잡해지고 투명해지고 초연결 사회가 된 환경에서 조직은 예측과 통제의 수단이 아니라 개인의 생각과 감각이 표현할 수 있는 통로가 되어야 한다.

일은 리더의 지시를 수용하는 것이 아니라, 함께 공유하고 공감하여 목적을 이해하고 자율적으로 최고의 가치를 만들고 책임도 함께 하는 것이다. 그리고 산업의 중추적 역할을 하고 있는 신세대는 지시를 수용하기보다는 공동체나 연대감을 형성해서 함께 일하는 것을 선호한다.

그러므로 더 이상 수용을 강요하지 말고 일을 중심으로 구성원 모두가 자율적으로 역량을 발휘하게 해야 한다. 이때 일은 노동이 아니라 놀이가 된다. 이제는 사람을 바꾸려고 하는 시도를 멈추고 조직의 틀을 바꾸는 일을 해야 한다.

사유(思惟)하고
질문하라

질문으로 파고드는 사람은
이미 그 문제의 해답을 반쯤 얻은 것과 같다.

프랜시스 베이컨

서울대학교 배철현 교수는 '사유'와 '질문'을 이렇게 말한다. "사유(思惟)란 내 손에 쥐어져 있는 정과 망치를 통해 어제까지 내가 알게 모르게 습득한 구태의연함을 쪼아버리는 작업이다. 지금 이 순간 몰입해 나의 생각을 만질 수 있고 볼 수 있도록 만들어내는 마술이다. 앞으로 다가올 미래도 내 생각에 의해 결정될 것이다. 그 미래는 조각가 앞에 놓여 있는 다듬어지지 않은 커다란 돌덩이다."

반면에 "질문은 무지의 경험에서 유능의 단계로 넘어가기 위한 문지방이며, 미지의 세계로 진입하게 해 주는 안내자다. 질문은 지금껏 매달려온 신념이나 편견을 넘어 낯선 시간과 장소에서 마주하는, 진실한 자신을 찾기 위해 통과해야만 하는 문이다."

사유란 과거 경험으로 쌓은 기준을 허물고 새로움을 더하는 작업이고, 질문 또한 자기 경험으로 만들어진 신념이나 편견을 버리는 무능의 경험을 통해 유능해지는 과정이다.

그리하여 우리는 사유를 통해 미래의 가치를 만들고 질문을 통해 변화를 거부하는 기성(旣成)을 넘어서는 것이다.

이 책을 쓰고 있는 도중 코로나 19 팬데믹이 엄습했다. 쉽게 끝날 것 같은 상황은 점점 더 혼란의 소용돌이 속으로 빨려 들어갔고, 기업은 물론 사회 전반에 걸쳐 한 번도 경험하지 못한 상황에 방향을 잃었다. 만남과 대면의 가치는 상실되고 거리두기와 비대면이 일상이 되었다.

비대면이 일상이 되면서 기업문화에도 일대 변혁이 일어났다. 재택 근무를 당연하게 받아들이고 줌 기반의 화상회의는 보편화되었다. 교육은 온라인이나 유튜브 스트리밍으로 진행하고 팀원 간 소통은 카톡방을 넘어 디스코드와 같은 음성 채팅앱으로 빠르게 대체되고 있다. 그러나 이러한 현상은 인터넷과 디지털 혁명으로 인해 이미 우리들의 일상에 와 있었지만 코로나 19로 인해 빠르게 전개되었을 뿐이다.

마치 이런 상황에 대한 빠른 대처가 기업의 생존과 지속가능한 길이라고 생각하지만 착각이다. 기술로 인해 조직의 구성원들이 서로 고도로 연결되어 있다고 생각하지만 이것은 환상에 가깝다.

현실에서 대부분 구성원들은 연결되어 있지만 고립감을 느낀다. 기기에 의존하고 문자와 영상이 관계를 대체하면서 우리는 더 외로워지고 있다. 외로움을 많이 느낄수록 구성원들은 자기 역량을 발휘하지 못하고 업무 성과는 떨어지기 마련이다. 그뿐 아니라 직장에 대한 소속감이 부족하고 자기 일에 대한 책임감도 낮아진다.

그러므로 중요한 것은 형식이 아니라 본질이다. 형식은 말 그대로 형식에 불과하다. 내가 생각한 본질이란 바로 사람이다. 사람만이 진정한 소통을 하고 창의적인 생각과 새로운 가치를 만들고 협력과 협업을 통해 집단지성을 높여 지속가능한 문화를 만들 수 있다. 우리가 다시 사람에 집중해야 하는 이유다. 사람에게 집중한다는 것은 사람의 영역에 집중하는 것이다. 사람만이 할 수 있는 것, 사유하고 질문하는 것이다.